あやかしの深川

受け継がれる
怪異な土地の物語

東雅夫 編

猿江商會

深川七不思議　永代橋の落橋

「深川七不思議浮世絵風木版画」（絵：北葛飾狸狐、刷り：三木淳史）より。＊後のページの版画いずれも。

深川七不思議 高橋の息杖

深川七不思議 閻魔堂橋恨みの縄

5

深川七不思議 仙台堀血染の駒下駄

深川七不思議　八幡山の破れ障子

7

深川七不思議 六万坪の怪火

深川七不思議 万年橋の主【番外】

まえがき◎東雅夫

自分は憤然として昔の深川を思返《おもひかへ》した。幸ひ乗換《のりかへ》の切符は手の中《うち》にある。自分は浅間《あさま》しい此《こ》の都会の中心から一飛《ひとと》びに深川へ行かう……深川へ逃げて行かうと云ふ押へられぬ欲望に迫《せ》められた。

数年前まで、自分が日本を去るまで、水の深川は久しい間、あらゆる自分の趣味、恍惚、悲しみ、悦《よろこ》びの感激を満足させてくれた処であつた。電車はまだ布設《ふせつ》されてゐなかつたが既に其《そ》の頃から、東京市街の美観は散々に破壊されてゐた中で、河を越した彼《か》の場末の一画ばかりがわづかに淋しく悲しい裏町の眺望《ながめ》の中《うち》に、衰残《すゐざん》と零落《れいらく》との云盡《いひつく》し得ぬ純粋一致調和の美を味《あぢは》はして呉《く》れたのである。


明治四十一年（一九〇八）十二月に書かれた「深川の唄」に、永井荷風はこう記している。

深川へ行こう、水の深川へ逃げて行こう――この切なるルフランは、ひとり荷風散人にとどまらず、幸田露伴しかり、泉鏡花しかり、佐藤春夫しかり、あるいは北原白秋、吉井勇、石井柏亭ら「パンの会」に集う人々またしかり、帝都東京にあって幻妖耽美を愛でる文人墨客が、ひとしく共有する思いであったとおぼしい。

幻視者たちの水辺のアジール、深川。

荷風先生の顰《ひそみ》に倣ったわけではないが、深川へのとば口──新大橋通りをはさんで墨田区と江東区が接する界隈に移り住んでから、早いもので二十年近くが過ぎた。最初は竪川《たてかわ》畔の賃貸マンションを仕事場にしていたが、それこそ水が合ったのだろうか、たいそう棲み心地が良くて、気に入った物件と際会したのを幸い、すっかり腰を据えてしまうことになったのである。

もとより深川も、そして近接する本所や両国も、関東大震災や東京大空襲の惨禍、さらには東京オリンピックやバブル経済の狂騒を経て、荷風の時代とは較ぶるべくもないほど様変わりしたが、それでも今なお、たとえば黄昏時や払暁、ひとけのない路地を抜けて、運河特有の昏《くら》い水辺に臨むときなど、遠く往時を偲ばせる気配を、おぼろげに感得することがある。

そう、まさしくそれは本書のカバー装画を、くるりと天地逆にしたかのごとき趣なのだった（さ、おためしあれ）。

これはあながち、気の迷いではなかろう。

深川七不思議をはじめとする口碑伝承、あるいは鶴屋南北、三遊亭圓朝から、本書にその精華を収めた近現代の文学作品に至るまで……深川の地中や水底には、目には視えないけれど豊饒このうえない「土地の記憶の物語」が、幾層にも折り重なり、ひそやかに息づいているのだから。

自分がふだん食事や買い物や散策で行き来する見慣れた街角が、かつて親しんだ物語の舞台であったり、物語の語り手たちに所縁の場所であることに気づいたときの、日常と非日常がつかのま交錯するかのような不思議な昂揚感は、一度味わったら忘れがたいし、クセになる。

これもまた、深川探訪の醍醐味だろう。

先年、私が角川選書から上梓した『江戸東京　怪談文学散歩』は、そうした体験の結実だったが、酔狂にもわざわざ同書を携え、新企画の相談に来られた御仁がいる。

本書の版元・猿江商會主人の古川聡彦氏である。

俵藤太ならぬ猿藤太のあやしき伝承（本書一九二頁参照）が今に伝わる猿江の地で、新たに独力で出版業を始めてまもないという同氏は、深川をテーマにしたアンソロジーの編纂を打診してくださったのである。

こちらとしても、得たりやオウ！　の御依頼であった。

同好のおばけずき諸賢と共に「深川怪談」と銘打つイベントを、平成二十二年（二〇一〇）から毎年、深川資料館通り商店街で開催している御縁もあり、深川という土地に根生いの怪談奇聞およびそうした怪異の土壌に育まれた文芸作品を一巻のアンソロジーにまとめる構想を、以前からひそかに温めていたのである。

かくして、本書『あやかしの深川』は誕生した。

御当地アンソロジーの類はさして珍しくもないし、私自身も『みちのく怪談名作選』（荒蝦夷）などを手がけているが、怪談奇聞と幻想文学に特化し、ここまで地域を絞り込んだアンソロジーは、管見の及ぶかぎり先例を知らない。

全体は四部より成る。

第一部は「七不思議」篇──世に謂《い》う「深川七不思議」の原資料に加えて、明治期の講談『深川七不思議』の抄訳と梗概を収録した。

第二部は「小説」篇──深川ゆかりの三大家による、深川とその周辺を舞台とする名品を収めた。

第三部は「随筆・論考」篇──深川をこよなく愛した三文人の達意のエッセイに加えて、深川の妖しさの淵源に迫る碩学の論考を収めた。

第四部は「怪談」篇──深川の地にまつわる名高い幽霊談・妖怪談四篇を収めた。

そして巻頭口絵には「深川怪談」イベントの発起人でもある「化けもの人形師」北葛飾狸狐による「深川七不思議」の今様錦絵を掲げ、巻末には、これまた当地と所縁ある「江戸ッ子怪談作家」加門七海による書き下ろし小品を収録するという万全の布陣を敷くことができた。

かつて深川に魅せられ、地霊の囁きに耳かたむけた先人たちが、それぞれのスタイルで紡ぎあげた妖しき物語の数々。

その精華を史上初めて集成したアンソロジーたる本書が、時を超えた深川探訪の好き水先案内となり、深川再発見の一契機となることを、編者は願ってやまない。

深川の地に集まり散じる、おばけずき諸賢に――

目次

深川七不思議◎松川碧泉

■思ふに是《これ》は文化文政の頃から流布された説であるらしい。文化四年八月、富岡八幡宮の祭礼に永代橋が人の重みで破壊陥落して二千余人の死傷者を生じた。此《この》落橋を発端として其後《そののち》色々の不思議を寄せ集め、之《これ》を本所の例に倣《なら》ひ七個の数に纏《まと》めて斯《か》くは唱へ始めたものであらうと思ふ。

■永代の落橋　文化四年八月十九日、富岡八幡宮祭礼の当日朝の四ツ時（今の八時）一ツ橋家の姫君の乗つた船が橋下を通ると云ふので、橋番が縄を引いて一時橋上の往来を止めた。丁度人の出盛《でさか》り時《どき》なので橋詰は忽《たちまち》人の山を築いた。小半時も止置《とめお》いて散々待ち疲れた所をソレ通れと縄を引いたので、我勝ちにドッと数千人が駈通《かけとお》る足の力、体の重みに、中央から深川の方へ十間《じつけん》程の所をアナヤと云ふ間に踏崩《ふみくず》して、踏止《ふみとど》まる術《すべ》も横へ避ける道も無く夢のやうに二千人程墜落して仕舞つた。爾来《じらい》雨のそぼ降る晩など海辺の漁師達は其辺《そのあたり》の川中から人の助けを呼ぶやうな悲鳴を聞くと云ふのである。

■髙橋の息杖　髙橋《たかばし》は森下町通りから霊岸寺前の方へ小名木川に架す橋である。森下辺は昔から賑《にぎや》かであつたが、橋の向ふは両側とも寺の墓地で、日が暮れたら女小供など到底独り歩きは六ケ敷《むずかし》かつた。

偖是《さてこれ》も雨の降る夜などに橋の近くに佇《たたず》んで耳を傾けると、橋の上を絶えずコトン〳〵と駕舁《かごかき》が息杖《いきづえ》を突く音が聞える。然《しか》しながら駕籠《かご》などは勿論の事、人の姿も何も見えないのである。昔此《この》橋の上で籠舁が殺された事がある。其《その》怨念が残つて居るのだと云ふ。前号本所七不思議に書いた「幽霊橋」とは或《あるい》は此処の事かも知れぬ。

■閻魔堂橋恨《うらみ》の縄　閻魔堂橋とは万年町から黒江町へ渡る橋で、嘉永図には富岡橋とある。現時の黒亀橋が其《その》後身である。橋北法乗院に閻魔堂があるので今以て里俗《りぞく》に呼ぶ。一度或る場所で人が死ぬると其《その》怨念が残つて身投《みなげ》や首縊《くびくく》りの続出する場合がある。此《この》橋にも一時そうした巷説を伝へられた事があつて、物思ひに沈みながらフラ〳〵と通りかゝると、此《こ》れで首を縊《くく》れと云はぬばかりに、橋の欄干に屹度《きつと》縄切れがぶら下がつて居ると云ふのである。

■仙台堀血染の下駄　お定《さだま》りの人殺しで血染《ちぞめ》の下駄が河岸に残される。土地の者が川の中流へ流して仕舞ふ。翌朝見ると又元の場所へ流れ着いて動かない。又流す。又翌日もと云ふ訳である。仙台堀は佐賀町河岸から木場へ通ずる入堀《いりぼり》で、北岸に仙台様の倉屋敷があつた。丁度大川端三ツ又に向ひ合つて居る所だけに此《この》話なども、例の仙台高尾の吊《つる》し切《ぎり》の伝説と臭みが似通つて居る。

■木場の錆鎗　名目だけで、如何《いか》なる巷説が伴つたか不明である。刀剣なら村正とか正宗とか云つたやうな危《あぶな》つかしい話であつたと記憶する。

■八幡山破れ障子　八幡山とは富岡八幡宮近傍の俚称《りしよう》で、料理茶屋や別荘などの多かつた所である。或る家に祟りのある部屋があつて、幾度障子を張り替へても或る一ケ所が翌日見ると屹度《きつと》破れているので、遂には其儘《そのまま》になつている一間《ひとま》があつたと云ふ。

■六万坪の怪火　洲崎の奥の方で現今西平井町、豊住町、千田町辺は以前は十万坪六万坪など唱へ茫々たる草原で、俗に八丁畷《はつちようなわて》と云つて木場から砂村へ通ふ一条の細道が纔《わずか》に通じて居るのみであつた。芝居でする妲妃《だつき》のお百が桑名屋徳兵衛を殺害する場面に慥《たし》か此処《このところ》が用ひられてある。元来が海浜の塵捨場を漸次埋《うめ》立てた所であるから、雨の降る夜などは燐火の燃えるやうな事もあつたかも知れぬ。

■弁天の高下駄　冬木町にあるので俗に冬木の弁天と呼ぶ。本尊は弘法大師の作だなどゝ伝へて居る。其《その》昔此《この》本尊へ毎年一足宛《ずつ》高歯の下駄を供へると云ふ風習があつた。それは此《この》尊像が夜中諸所を遊行《ゆぎよう》する為なので、翌年又新らしいのを奉納する迄《まで》には、すつかり歯が減つて居ると云ふ、それで里俗之《これ》を弁天の高下駄と称して不思議として居る。但《ただ》し之《これ》は七不思議の内には入れて居らぬ。

■万年橋の主　之《これ》も七不思議の内ではないが一寸《ちよつと》書き添へて置く。

万年橋は髙橋の西に架し、小名木川の大川へ合流する出口にある。此橋《このはし》の下には主《ぬし》が居て、それは大きな緋鯉であるそうだ。日照り雨（東京で所謂《いわゆる》狐の嫁入《よめいり》）の時に傘をさして橋上から水面を窺ふと其《その》姿が見えるとも云ふ。此《この》橋下を過《す》ぐる時、船頭は「頼むよう」と声を掛ける。さもないと船を覆《くつが》へされて仕舞ふなどゝ伝へる。尤《もっと》も是《これ》は其《その》昔此処《ここ》に船番所が在つて（中川番所の前身、今マサキ稲荷の処）船頭は一々挨拶して通つたと云ふ故事が誤り伝へられたものであらう。

■其他《そのほか》　今清住町本誓寺の辺に提灯横町の名があり、東大工町に幽霊横町がある。本所と同じく何《いず》れも狐狸の悪戯《いたずら》が俚説の讖《しん》をなして居る。

深川七不思議◎伊東潮花（口演） 門賀美央子（抄訳）

深川七不思議といいますのは、第一が「永代橋の落橋」、第二は「閻魔堂恨みの縄」、第三に「高橋の息杖」、第四「木場の錆槍」、第五「八幡山の破れ障子」、第六「仙台堀血染めの下駄」、第七「六万坪の怪火」の七つと江戸の昔より伝わっております。本所七不思議ほどは人に知られていないものの、背景には因果の巡る大変な話があるとの由を、当時を知る古老から聞きましたので、皆様のお耳に入れようというような次第です。少々長いお話ではございますが、どうかひとつお付き合いください。

一、永代橋の落橋のこと

まずは「永代橋の落橋」のお話でございます。

隅田川にかかる永代橋といえば、元禄の時代、忠臣蔵の赤穂浪士たちが両国（現墨田区両国）・吉良屋敷から高輪《たかなわ》（現港区高輪）・泉岳寺まで引き上げる折に渡った橋として人に知られておりますが、もうひとつの椿事でも有名です。

それは文化四年（一八〇七）八月十九日、深川八幡の祭礼日に起こった落橋という大惨事。祭りを見ようと押せや押せやの人だかりとなっていた橋は、大勢の人を乗せたまま大崩れに崩れ、大変な人死を出す事態とあいなりました。落ちた人数は千五百人を超えたといいますから、どれほどの人出だったかという話ではございますが、かといってガタがきていた古橋ならともかく、架け替えてほんの半月ほどで橋が破れたというのですから、ただごとではありません。案の定、これには恐るべき因縁があったのでございます。

話は文化元年に遡りまして、桜花咲き乱れる弥生三月の中旬、深川木場（現・江東区木場）の材木問屋・天満屋の店先に、七十ばかりの老人がひとり現れました。裕福な武家と見えて身なりよく、整えられた白い顎髭《あごひげ》が水戸の黄門様を彷彿させる御姿に奉公人どもも腰を低くして迎え入れましたところ、望みは店の主《あるじ》・六兵衛との面会だと申します。大方、茶室かなにかの普請《ふしん》の相談であろうと座敷に通した六兵衛でしたが、旗本志貴家の隠居・玄斎と名乗ったその老人の持ち込んだ話は、とんでもないものでありました。江戸城天守閣の再建話だったのです。

ご存じの通り、江戸城の天守閣は明暦の大火――振袖火事といった方が怪談好きのお歴々には通りがよいかもしれませんが――で焼け落ちて以来、百五十年間再建されず、そのままになっております。それを建てるというのですから、天下の大普請になること間違いありません。

玄斎曰く、娘婿が普請奉行であり、大口の木材を扱える問屋を内々に探さなくてはならなくなったため、義理の父である自分が一肌脱いで動いている。これだけの御用を務められる大店《おおだな》はそこもとしかなかろうと持ち上げられ、六兵衛は取らぬ狸のなんとやら、頭の中では算盤《そろばん》が激しく鳴り始めました。

日を改めて詳しい相談をということになり、中一日経ってから玄斎の住居だという柳島（現・台東区柳橋）の別荘に参上したところ、これまた立派な屋敷でございまして、六兵衛はすっかり玄斎を信用し、さっそく調達を始めることにしたのでございます。

しかしながら、江戸城天守閣の建設ともなれば万を数える木口《きぐち》が入要《いりよう》になるのは必定。江戸近郊で大量の木材を一度に仕入れるとなると、なかなかの骨であります。そこで目をつけたのが秩父（現・埼玉県秩父地方）の山林でした。六兵衛はさっそく心当たりの山主に話を持ちかけましたが、十本や二十本の話ならともかく、まるまる一山丸裸にしようというような話ですから、みな中々首を縦には振りません。木を育てるには何年も掛かりますれば、山主も安い値では切らせてはくれないのです。しかし、仕入に金が掛かり過ぎると利益が薄くなる。これでは儲けが出ないと六兵衛が頭を悩ませていたところ、何を考えたのか番頭の幸七が突然、秩父に旅立ってしまいました。三月下旬のことであります。

さて、秩父には畠山重忠末孫《ばっそん》の秩父太郎左衛門という者がおりました。この男、近隣で知らぬ者のおらぬ分限者《ぶげんしゃ》で、なにせ五里四方は人の土地を歩かないほどの土地持ち、広大な家屋敷の周囲は堀で囲まれ、二丁四方も杉並木が辺りを覆うといいますからたいしたものです。

そんな太郎左衛門家の玄関先に、旅の僧が立ったのは四月上旬の頃。見たところ三十をいくらか出たばかりで、人品卑しからぬ美しい顔立ちはただの乞食坊主とも思えず、白湯《さゆ》を乞われた作男は台所に引き入れ、弁当を使わしてやりました。ところがこの僧、最初は当たり障りのない世間話をしておりましたのが、やがてとんでもないことを口にしました。当家が三年絶たぬうちに滅ぶというのです。

作男に呼ばれた太郎左衛門が改めて僧に真意を問うたところ、太郎左衛門所有の山中にある社《やしろ》が、森に取り囲まれているがゆえに鳥獣の糞で穢《けが》され、神が怒っているのだと言います。家族の縁の薄いこと、また世継ぎが絶えることの不安を言い当てられた太郎左衛門は、すっかり僧の言葉を信じ、その勧めに従って一度も斧を入れたことがない先祖伝来の神の森をすっかり伐採することに決めてしまいます。こうして切り倒された御神木は五万本余り。しかし、売るとなると、皆、神の祟りを恐れて買い手が付きません。そんな時に我こそはと名乗りでたのが、天満屋六兵衛でした。まんまと、大量の木材を二束三文の値で手に入れたのです。

これほどうまく事が運ぶとは、六兵衛はさぞや果報者とお思いになるやもしれません。しかし、これには裏がありました。件《くだん》の僧侶、正体は天満屋番頭・幸七だったのでございます。舌先三寸で数百年の禁忌を破らせたのですからたいした商人《あきんど》ですが、人を騙して金儲けしようというのだから感心できるものではありません。案の定、ことは思惑通りには運びませんでした。

木材が用意できたと玄斎に申し伝えた六兵衛、それまでも普請奉行への賄賂《まいない》として金子三千両やらなにやらをせっせと柳橋の志貴屋敷まで運んでおりましたが、突如出入りを止められてしまいました。近頃大量に木を仕入れた木材問屋が、普請奉行を女婿に持つ旗本の屋敷に頻繁に出入りしては世間の目もうるさかろう。天守閣再建のお触れは近々出る予定なので、それまでは安心して控えておれ、との命でした。六兵衛は、「なるほど、それも道理」と一度は柳橋参りを控えたものの、そうなると気になるのが、江戸市中でまるで天守閣再建の噂を聞かないことです。いくら政《まつりごと》の秘とはいえ、天下の大普請がちっとも人の口に上らないなどということがあるでしょうか。一度考え始めると不安は募るばかりです。そこで、幸七と相談の上、柳橋に赴いたのですが、屋敷の前に着いてみると、表札が「志貴別荘」から「鹿島別荘」に変わっているではありませんか。間違ったかとキョロキョロしてみても、目印となる受地仕入の赤松を見違えるはずはなく、柴折戸《しおりど》を開けて中を覗いてみても、いつもの玄関が見えるばかり。そこで思い切って声を掛けましたら、出てきたのは見たこともない白髪交じりの親爺でした。いつもなら玄斎の妾という十六七の娘子《むすめご》が出てくるのに、と不審に思いつつ、御隠居にお目通りをと願い出ても、どうにも話が食い違います。ついに、この屋敷の主は誰かと尋ねたところ、ここは新川《しんかわ》（現・中央区新川）の鹿島という酒屋の別荘、志貴玄斎など知りもせぬ、とにべもない返事ではありませんか。そしてさらに話すうちに、玄斎は吹けば飛ぶような御家人の隠居と判明したのです。

六兵衛はもう顔面蒼白、泡を食って玄斎の本当の棲み家があるという馬込（現・大田区馬込地区）の片町に駆けつけましたが、柳橋の屋敷とは似ても似つかぬ薄暗い家にいたのは息子ばかり。しかも、父親は、あまりの不行跡ゆえ勘当したと前代未聞のことを言ってのける始末です。

ここに至り、ようやく六兵衛は玄斎めに騙されていた、詐欺にあったのだと気づいたのでございます。話を聞いた幸七も驚いたのなんの。坊主の姿になってまで大芝居を演じたというのにすべては水の泡です。悪銭身につかずとは申しますが、人を騙して利を得ようと欲の皮を突っ張らせたがゆえに、天満屋は木材五万余、金子に換えますと約五千両分を、売る宛《あて》のないまま抱えることになってしまっただけでなく、三千両もの大金をかっさらわれてしまいました。そして、この出来事が、続く数々の不幸不祥事の種となったのでございます。

数年後、天満屋は次にお話し致します次第で失脚いたしますが、幸七が財を継いで木材問屋の商いを続けておりましたところに持ち上がったのが、永代橋架け替え工事の沙汰でした。これに、神の御勘気に触れた祟りの御神木が使われてしまったのでございます。しかし、橋が真っ二つに折れ、大勢の人々が生命を落とすほどの事態を招いたのは、幾重ものむごたらしい出来事が起こったゆえ。悪因縁が雪坂を転がる雪塊のように膨れ上がり、祟りの御神木が恨み重なる呪いの木材となっていった顚末、とくとお話し申し上げましょう。

二、閻魔堂恨みの縄のこと

ところ変わりまして、高輪《たかなわ》の泉岳寺門前に、牛飼いを渡世にしております千場太郎兵衛という男がおりました。界隈ではちょっとは知られた豪家でありまして、使用人も多数抱えていましたが、そのうちのひとり、牛飼い五介という男は、働き者ではあるものの酒癖の悪さが困りもので、しばしば大酔してはしくじりをやっておりました。

文化三年如月《きさらぎ》七日、この日は底冷えに冷えた一日で、五介はあまりの寒さに辛坊堪《たま》らず、牛追いの帰途、ちょいと一杯ひっかけようという気になりました。牛を門辺に繋ぎ置きまして、体が暖まればすぐ帰るつもりではありましたが、それで済まぬのが酒飲みの性《さが》。一合飲み干せば、まだ足りぬ、次は二合持って来いと、こんな具合で案の定の長尻《ながッちり》になったものですから、待たされている牛は堪《たま》ったものではありません。いくら畜生といえども、寒中吹き晒《さら》しで待たされるのはモー御免と、自力で縄を解き、とっとと我が牛小屋へと帰っていきました。

牛だけが戻ってきたのを見た仲間の牛追いたちは、また五介が悪い癖を出した、今度ばかりは勘弁ならねえ、とそのまま打ち捨てておくことにしたのですが、そこにやってきたのが親方の千場太郎兵衛。この男、牛を何より大事に思っていますので、夕方には必ず牛小屋の見回りをすることにしておりましたが、世話もされずに放り出されている牛が一頭いるのを見つけ、これはどうした始末だと牛追いどもに尋ねたところ、五介の横着《おうちゃく》を聞かされ怒り心頭。酩酊して帰ってきた五介を叱りつけ、見せしめを兼ねてその場で首にしてしまいました。

生計《たつき》を失った五介は、身から出た錆にもかかわらずたいそう太郎兵衛を恨みまして、とんだ悪巧みを思いつきます。腹いせに、太郎兵衛の屋敷に火を点けてやろうというのです。

その日、三月四日は朝から大風の吹く荒れた天気でございました。こんな日に付け火をすればさぞかしよく燃えるだろうとは愚夫の浅知恵、己の家が風下にあることも忘れ、太郎兵衛宅の物置に火を放ったのです。大風に煽られた火は本宅に火が点くか点かないかのうちに泉岳寺の門前町にまで飛び火、南風に運ばれて日本橋（現・中央区日本橋）に至り、さらには千住（現・足立区千住）まで広がって、まさに江戸市中を七分も燃やし尽くす大火となったのでございます。その被害たるや、焼失した家屋は二千万軒以上、千三百人近い死者を出し、明暦の大火以来の大惨事となりました。

後に「牛町火事」と名付けられたこの火事は、大方の江戸っ子には艱難辛苦《かんなんしんく》でしかありませんでしたが、一部には大喜びした者たちもいました。類矢を免れた深川木場の問屋連中です。

特に天満屋六兵衛は、例の御神木を抱え、内心大火事でもないものかと日々念じておりましたところ、望み通りに江戸の町が焼け野原。ここぞとばかりに二束三文で買った木材にべらぼうな高値を付けて売り出しました。それでも飛ぶように売れていきます。出せば売れるとなると、調子に乗るのが商人というもの。木場の問屋の主人たちは、四月にはお上から人々の難儀に乗じての値上げはあいならぬと厳命があったのも無視して、好き放題に値を釣り上げていきました。

しかし、中には良心を失わぬ者もおります。天満屋の通い番頭・清兵衛です。清兵衛は恐れながらと六兵衛の前に出て、このような儲け方をしてはならぬと主を諫《いさ》めました。清兵衛の、真実面《おもて》にあふれる説得に一度は心を動かされた六兵衛でしたが、幸七に相談したところ、幸七は商人が商機を活かすのは当たり前、お上からお咎《とが》めがあれば天満屋は我が身を犠牲にしてでもお守りしましょうと口八丁。さらには、清兵衛が芸者遊びに手を出した末に店の金に手を付けていると讒言《ざんげん》したのです。

驚いた六兵衛、抜き打ちで帳面を改めましたら、確かに幸七の言うとおり、清兵衛の受け持ちに六百両の不足がありました。八つの頃から面倒を見てきた清兵衛のこと、芸者遊びなら大目に見ようと考えていた六兵衛も、お店《たな》の金に手を付けているとなれば見過ごすこともできず、あわれ清兵衛はその日を境に天満屋を追い出されてしまいます。

こうして見れば、幸七という男はさぞ主家思いの忠義者と思われるかもしれませんが、金儲けのためなら坊主に化けて大芝居を打ってみせる男だけあって、ただのお店者《たなもの》ではありません。元は甲州の産で鍾鬼《しょうき》の幸七と二つ名を取った悪党だったのです。それが猫かむりして商家に入り込み、誠実そうな素振りで勤めていたものの、腹の中は烏もびっくりの真っ黒け。虎視眈々と天満屋乗っ取りの悪計を立てていたのでございます。清兵衛を陥れたのも、主人思いの真人間は己の野望の邪魔と見たからでした。そうとも知らず、六兵衛は幸七に言われるままご法度の商いを続け、八月には幸七に暖簾《のれん》分けで深川冬木町（現江東区冬木）に上州屋と名付けた店を持たしてやるまで、気を許すようになりました。

これを期に幸七は陰謀を一気に進めます。いつの間にやら手下にした五介を使って六兵衛をゆすらせるも、これは水棹《みさお》の千太という木場の筏《いかだ》船頭にして、界隈では顔の遊び人に邪魔をされ、企みは五分《ご》《ぶ》しか叶いませんでしたが、お上への密告は大成功いたしまして、まもなく大晦日という師走十七日、天満屋六兵衛以下十人の仲買が、お上のお達しに背いた廉《かど》で引っ捕えられてしまいました。

主がお縄になって、天満屋は上を下への大騒ぎ。幸七も忠義面《づら》して駆けつけ、表向きは天満屋の妻子を慰め、小伝馬町の牢屋に入れられた六兵衛がひどく扱われぬようにと役人に賄賂を届けるなど、細やかな心遣いを見せておりましたが、それも天満屋六兵衛がお咎め無しでは済まぬことを算段に入れての振る舞い。実は幸七、天満屋の姉娘おうめを狙っておりました。当年取って十七歳、器量良しの主家の娘を嫁にして、まだ幼い惣領息子・六之助の後見となり、天満屋の身代を合法的に乗っ取ろうと、色と欲を一石二鳥に叶える魂胆です。

そうとも知らず、閉門になった天満屋の家屋敷を追い出された六兵衛の妻お高、おうめ、六之助の三人は上州屋に引き取られ、涙に明け暮れておりましたが、せめて六兵衛の身だけは無事にと、夜毎深川八幡宮に詣で、真冬というのに水垢離《みずごり》をして祈っていたのですから健気なことでございます。

しかし、祈りも虚しく六兵衛は江戸所払《ところばら》い、天満屋もお取り潰しのお裁きが下りました。六兵衛は妻子を残したまま、越ヶ谷（現・埼玉県越谷市）の親戚宅へ身を寄せることとなり、清兵衛と千太に伴われて江戸を後にしたのでございます。大欲は無欲に似たりと申しますが、非道の儲けを考えたりしなければこのような憂き目に合わないものを、誠に慎むべきは強欲でございます。

さて、片田舎で逼塞《ひっそく》の身となった六兵衛は、なぜ清兵衛の忠言を用いず、幸七の甘言に乗せられてしまったかと後悔百度の日々を送っておりましたが、五月に入った頃、清兵衛がわざわざ越ヶ谷までやって参りました。

申し上げますと言上するには、幸七がおうめを我が嫁にとしきりに迫り、お高が弱り切っているとのこと。幸七の不実は、かつて天満屋、今は上州屋の中番頭を務める丹次郎も呆れているといいます。これを聞いて六兵衛は我もとに家族を呼び寄せる決心をし、幸七宛《あて》に手紙をしたためました。

これを持って江戸に帰った清兵衛は、千太とともに上州屋を訪れ、幸七に直談判しましたところ、幸七は、旦那様が娘は嫁にはやらぬ、家族は引き取るとのご意志ならばと殊勝気に申します。越ヶ谷に送り届ける算段もこちらで致しましょうと請け合うので、清兵衛と千太は安心して上州屋を去りました。しかし、そこは幸七、一筋縄でいく男ではございません。またしても胸の内にとんでもない計画を立てておりました。おうめを嫁にできぬなら、一家はもう邪魔者でしかない。三人を越ヶ谷に送り出すように見せかけて、一気に片付けてしまおうというのでございます。

今と違い、昔の街道筋には雲助もいれば盗賊も出る。旅の途中に奇禍に遭うのは珍しくもない時代です。「五介の野郎に言いつけよう、なあに金になるならなんでもするやつだ、うまく始末するだろうよ」と薄ら笑いを浮かべひとりごちておったところ、たまたまそれを聞いていた者がありました。丹次郎でございます。おどおどとした丹次郎の様子に、企みを聞かれたと悟った幸七は、丹次郎の始末を決心。その夜のうちに人気のない中木場の入江におびき出し、首を絞めて殺してしまいましたが、なんという因果でございましょう。哀れ丹次郎、二十三歳を一期《いちご》に相果てたのは、あの御神木の上でした。神の怒り隠《こも》る木に、人の無念が積み重なっては、祟らぬはずもありません。永代橋の落橋は、まさに幸七の奸計が生んだ惨事だったのでございます。

ところで、この一部始終を黙って見ていた者がおりました。上州屋の飯炊き男・弁太こと熊次でございます。慌てる幸七に、熊次はにやりとしてみせ、死体の始末は任せろと腕をまくって見せるではありませんか。主が悪党なら、下僕も悪党。誰知らぬ間に、上州屋は、酒呑童子《しゅてんどうじ》が棲まったという大江山の鬼ヶ城も色を失う悪の巣窟となっていたのです。

さて、熊次が丹次郎の遺体を小舟に乗せて、木場から隅田川東岸に架かる下之橋へと繋がる水路・油堀を進んでいきますと、いつのまにやら雨がぽつりぽつりと落ちてまいりました。折しも深川八幡宮の時の鐘がボーンと響き、さしもの悪党も気味悪く思っていたところ、背後から、「これ熊さん、私をどこに連れて行く」としわがれ声が聞こえます。おまけに水面に怪光が走り、周囲はただならぬ様子。これは早く仕事を終えようと、船を進めるとちょうど閻魔堂橋の橋間に掛かりました。そこで熊次は、丹次郎がここで首吊りをしたように見せるため、細い紐縄を丹次郎の首に掛け、欄干にぶら下げる細工をしたのでございます。

幸七と熊次の悪巧みはひとまずうまく運び、丹次郎の無念も晴れることなく事が運んでいきますれば、残った恨みが凝り固まったか、以来毎夜のように閻魔堂橋の欄干には首を吊る人の姿が現れるようになりました。また、雨夜となりますと、橋間に首縊《くく》りの縄がぶらりと下がり、通行の船人たちを脅かす始末。やがて誰ともなく、この縄を「閻魔堂橋恨みの縄」と呼び倣わすようになったのでございます。

三、高橋の息杖のこと

水無月八日、お高、おうめ、六之助の三人はようやく越ヶ谷へと向かうこととなりました。駕籠《かご》に乗り、これで間もなく懐かしい夫、父に会えると喜んでいた一家でありましたが、なぜか妙に脚の遅い駕籠で、常なら日のあるうちに越ヶ谷に入れるものを、途中の山中で日の入りを迎えてしまいます。駕籠かきどもがしばし休みを取るというので、三人はおとなしく駕籠の中で待っておりましたが、待てども動き出す様子がありません。訝《いぶか》しく思ったお高が外に出てみれば誰もいない。これはどうしたことかと気を揉んでおりますと、後ろからいきなり猿ぐつわを噛まされ、縛られたではありませんか。おうめも同じ目に遭い、六之助は逃げ出そうとして曲者《くせもの》に蹴倒され気絶。おうめは何が起こっているのかもわからぬまま、再び駕籠に乗せられ、どこかへ運ばれていきました。

残されたお高に向かい、憎々しげに名乗りを上げた曲者は五介でした。幸七に命じられ、お高と六之助はここで殺し、おうめはどこぞの女郎屋に売ってしまうというのです。

お高は必死に命乞いするも、悪党はせせら笑うばかり。精一杯抗《あらが》い、逃げまわりましたが、最後には背中を一突きされて絶命いたします。しかし、おっかさんの抵抗は無駄ではなかった。その間に目を覚ました六之助は、とっぷり暮れた山の闇に紛れ、五介の魔手から逃れることができたのであります。

そうこうしているうちに梅雨空からは篠突く雨が降り始め、びっしょり濡れてしまった五介は、六之助はしくじったが、餓鬼が山中ひとりではどうしようもあるまいと高をくくり、草加宿《そうかじゅく》に戻ることにいたしました。

ところが行けども行けども、背なに人の気配が致します。五介が走れば走り、止まれば止まる。はて、妙なやつと誰何《すいか》しましたところ、「はい」と答え現れ出たのは髪をおどろに振り乱し、喉と胸から血を流したお高でした。「お前さんをお家まで送って差し上げましょう」と言いつつ恨めしそうにぐっと睨みつけるお高の物凄さに、さしもの五介も肝をつぶし、一目散に逃げ出します。

途中肥溜《こえだ》めに落ちるなど、散々な目に遭ったものの、なんとか深川六万坪（現・江東区東陽町あたり）の我が家に帰り着いた頃には、もう日が昇っておりました。女房のお関は、裸で帰ってきた亭主に、何があったのかと当然尋ねましたが、五介は千住の寄り合い帰りに肥溜めに落ちたとごまかします。

ところが、お関の様子がどうにもおかしい。「おや、お前さん、そうじゃあるまい。行っていたのは草加の先の山奥で、そこで私を殺したじゃないか」と泣き伏すのです。そして、戸惑う五介にむしゃぶりつくと右の耳や頬に食いつき、がりがりと歯を立てるではありませんか。

驚いた五介、お関を殴り突き放しましたが、転んだ拍子に口や耳から血を流し、恨みがましく睨むその顔は、昨夜のお高の幽霊そっくり。五介もようやくお高の怨念がわが女房に取り憑いたと悟ったものの、己の悪行を声高に責め立てられては適《かな》いません。近隣に人のおらぬ一軒家なのをいいことに、お関を柱に括《くく》りつけ、まずは幸七の元へと向うことにしたのですが、外に出た途端に声を掛けてきた者がおりました。お高母子を山中に運んだ駕籠屋の泣芳です。この悪党、分前《わけまえ》が少ないと五介をゆすりに来たところだったのです。その場はなんとか取り繕ったものの、こいつも口封じをせねばなるまいと考えた五介。さっそく野良竹という小悪党を手下にし、雨のそぼ降る日の夕刻、小名木川に架かる高橋《たかばし》辺りに潜ませておきました。そして、泣芳に森下（現・江東区森下）の居酒屋で一杯飲ませて、やっこさんが千鳥足になったところを野良竹に襲わせたのです。しかし、泣芳も力自慢の駕籠かきですから、そう簡単にはくたばりません。結局は五介も加勢し二人がかりで取っ組み合い、なんとか手ぬぐいで首を締めて殺しました。遺体は川に突き落とし、さあこれで一件落着と見えたわけですが、これより後、高橋では四つ（午後十時頃）過ぎになりますと、きっと籠屋の息杖《いきづえ》を突く音が聞こえるようになり、やがて「高橋の息杖」として深川七不思議のひとつに数えられるようになったのでございます。

四、木場の錆槍のこと

水無月も末、諸々の悪巧みがうまく運びすっかりご満悦、妾の家で一杯やっておりました幸七の元に、霊巌島《れいがんじま》（現・中央区新川）で古道具屋を営んでおります義兵衛が参上いたしました。ぜひお目にかけたいものがあると取り出《いだ》したるは、一本の古びた槍先。義兵衛曰く、これは剣を槍に直したもので、元はといえばあの名工相州貞宗の手によるものだそうでして、なかなかの珍品、旦那のような目利きこそ持つべき品ですから、ここはひとつお求めなさい、と口上手に勧めます。おだてられてその気になった幸七は、では白鞘の短刀にでも仕立てるかと買い取りましたが、腹の中で大喜びしたのは義兵衛の方でした。

実は義兵衛、この錆槍を手に入れてからというもの災難続きでほとほと参っておったのです。一見ただの錆の浮いた無銘の槍穂というのに、見ればなぜか欲しくなる。そして、むらむらと人を突きたくなる。どうにもおかしな代物だ。事によれば貞宗どころかあの妖刀・村正を打った鍛冶の作に違いないと、改めて穂先を買った芳町（現中央区人形町）の古物商・武蔵屋金兵衛を訪ね、話を聞きましたところ、金兵衛は「お見立て通り、あれは確かに村正」と申します。しかも、これを金兵衛に売った牛込（現・新宿区牛込地区）に住まう旗本が、御腰元をぶすりと突き殺した曰くつきだというのです。金兵衛も、義兵衛と同じく、手に入れてからはどうにも不幸続きだったもので、これは腰元の無念が宿ったか、それとも妖刀の祟りかと、厄介払いに義兵衛に売ったとのこと。

そんな刃物が悪党の手に渡ったのですから、何も起きないはずがありません。案の定、妖刀が新たな血を吸う騒ぎとなってしまうのですが、それはまた改めてお話し申しましょう。

五、八幡山の破れ障子のこと

さて、清兵衛と水棹の千太は、送り出したはずのお高たちから梨のつぶてとあって、気を揉んでおりました。しかし、例の永代橋架け替え工事が始まるということで、深川で仕事をする清兵衛は何かと忙しく、また千太は千太でちょいと不都合があってしばらく田舎に身を隠す羽目になったものですから、なかなか様子を聞けずにおりました。そんなわけで、幸七の悪事は露見せぬままだったのですが、いつまでも隠しおおせるはずもありません。それを重々承知の幸七は、まずは事情を知る清兵衛と千太のふたりを亡き者にせねばと、虎視眈々と狙っておりました。

そんな折、ようやく暇のできた清兵衛が、三人の消息を聞こうと上州屋を訪ねて参りましたものですから、まさに飛んで火に入る夏の虫。幸七は、八幡宮の裏手に買った別荘に清兵衛を連れて行き、越ヶ谷からは無事に到着したとの便りが届いたと嘘八百を並べ、清兵衛を安心させつつ、酒をたらふく飲ませて酔い潰してしまいました。そして、運びこんだ四畳半の間で清兵衛が鼾《いびき》をかくのを確かめ、八つ（午前二時頃）の鐘が鳴るのを聞いて、別荘番に据えておりました熊次とともに部屋にそっと忍び込み、ふたりでえいやとばかり清兵衛の首を手ぬぐいで締めにかかったのでございます。

その直前、人の気配で目を覚ました清兵衛は大いに抵抗し、男三人の大立ち回りとなりましたが、じれた幸七に樫の定木《じょうぎ》ではっしと眉間を打れた清兵衛は、裂けた額から血がだらだらと流れるままに

「おのれ幸七、われは俺を騙し討ちにするか。むざむざ殺されてたまるものか」と叫びながら掴みかかったものの、再び脳天をしたたか打たれ、意識朦朧のまま逃げようとしたところへ、そうはさせじと飛びかかる熊次。再び喉に手ぬぐいを掛け、やたらと締め付けますから、清兵衛は苦し紛れに目の前の障子をむんずと掴みました。しかし、抗《あらが》いもそこまで。忠義者は障子紙をビリビリと破りながら、息絶えていったのでございます。

一仕事終えた悪党どもは遺体を別荘の裏手に埋め、何食わぬ顔でそのまま三日七日と過ごしておりました。しかし、九日経った頃から、夜中になると清兵衛殺害の部屋から「くやしい恨めしい」とすすり泣く声が聞こえ始め、やがては清兵衛が殺された時の姿で現れ出ては、毎夜熊次とその女房を悩ますようになりました。いくら強悪の夫婦といえどもさすがにこれには耐え切れず、別荘番を降りてしまいます。幸七は、仕方がなく後釜に目の悪い爺さんと耳の遠い婆さんの夫婦者を置きましたところ、ふたりも清兵衛の幽霊を見るのですが、事情がさっぱりわからぬゆえ、とりあえず菩提寺の和尚に経を上げてもらうことにいたしました。すると、幽霊は出なくなったものの、四畳半の間の障子に怪事が起こるようになりました。いくら貼っても貼っても、夜になると必ず破れてしまうのです。

後に、別荘が人手に渡っても怪事は収まることなく、やがて「八幡山の破れ障子」として深川七不思議の一に数えられるようになったのでございます。

六、仙台堀血染めの下駄のこと

五介が女房お関は、お高の怨霊に取り憑かれてからというもの、暴れる叫ぶで、さしもの五介も弱り果てておりました。とにかく大声で、お高殺しはもちろんのこと、お関は知らぬはずの泣芳謀殺や野良竹口封じを企む心の内まで並び立てるものですから、いつ誰に聞かれるかと気が気ではありません。幸い、家のあります深川六万坪界隈は人気のない寂しい場所でしたから、女房を縄で縛り付けていても見咎められる心配はありませんでした。だが、いずれはどうにかせねばならぬと思っていたところ、ある日、縄が緩んでいたのか、お関がいきなり五介に跳びかかってきたのです。突然の勢いに押され、五介が縁側から落ちてひっくり返ったのを見たお関は、「その筋にお前の悪事を訴えてやる」と言い捨てるやいなや、下駄を履いて飛んで出たものですから、五介は慌てたのなんの。取り押さえようと追いかけるものの、月もだいぶ細くなった二十二日の宵闇の中、お関はとても下駄履きの女とは思えない、飛鳥の如き速さで進み、あっという間に仲町（現・江東区門前仲町）の往来に着きました。

そして、佐賀町（現・江東区佐賀）の入口に達しましたところ、向こうから来た男にどんとぶつかった。お関は、その男にむしゃぶりつき、大声で恨み言を並べ立てます。男は驚き、おいおいどこのお内儀か知らないが俺はお前に恨まれる覚えはないぜと言うてはみたものの、ぎゅうぎゅう締め付けられながら聞かされるのは身に覚えのあることばかり。そう、男は幸七でした。そこにやっとの思いで駆けつけた五介によって、目の前の女がお高に取り憑かれたお関と知り、人目がないのをこれ幸いと、懐刀に仕立てていた例の鋳槍で、お関の脇腹をざくっと一突き。刺されたお関はきゃっと叫び、人殺しと喚くやいなや、いきなり駈け出して脇を流れる仙台堀にざんぶと飛び込んでしまいました。

暗闇の川の中となれば、もう探しようもありません。悪漢どもは、むしろこれで死体の始末の手間が省けたと笑いながら、仲町の料亭・尾花屋で遊ぶ相談がまとまったのですから、太い野郎どもでございます。

尾花屋に着くと、さっそく小蝶と頓子というふたりの芸者を呼びまして、飲めや歌えや、陽気にやっておりました。ところが、どうにも妙なもので、時が経てば立つほど部屋が陰気になっていく。点けておりますす蠟燭の灯もやけに薄暗い。座敷一同何やらおかしいと思っておりましたが、やがて夜もかなり更けた頃、隣の座敷からしわがれ声が聞こえてきたではありませんか。「私をこんな目に合わせておいて、ふたりは遊び呆けるなどあんまりです」との恨み節、小蝶が席を立ち、「どなたですか、こっちにお入んなさい」と夏障子を開け、あたりを見回しましたが誰もいません。

すっかり薄気味悪くなった幸七は、座を明るくしようと小蝶にかっぽれを弾かせ、頓子に躍らせます。やがて酔いが回ったか、幸七と五介の目には頓子が二重に見えてきた。いや、頓子とともに踊る女がいるようだ。五介は小蝶にあれは誰だと尋ねましたが、あらいやだと一笑に付される始末。ところが、だんだん芸者たちにも女の姿が見えるようになってきたのですから不思議です。

頓子が「おやおや、私と一緒に踊っているのはどなた？」と聞きましたら、「はい、私でございますよ」と上げた女の顔の物凄さ。二人の芸者は腰を抜かし、お酌《しやく》の女は逃げ出す、幸七でさえもわっと仰向けにひっくり返ってしまいました。座敷の中はもう大騒ぎでございます。

さらにさっと吹いてきた夜風が蠟燭の炎を一斉に吹き消したものですから、辺りは真っ暗闇。そこに庭から「罪も報いもない私をよくもむごたらしく殺したな。人の恨みを思い知らせてやる」とすすり泣く声が聞こえてきて、もう一同生きた心地もいたしません。やがて、騒ぎを聞いて駆けつけた尾花屋の者によって灯は点けられましたが、皆青い顔をしてブルブルと震えるばかりでありました。

しかし、これでも幸七と五介は知らぬ存ぜぬで押し通し、大方狐狸《こり》の仕業であろうという話に落ち着いたのですが、これほどのことで晴れるような恨みではありません。

お関が飛び込んだ佐賀町仙台堀の川岸には、お関の血で汚れた下駄が残されておりました。翌朝、気づいた町の者が、いやな下駄だと川に捨ててしまったのですが、なぜか翌朝にはまた血染めの下駄が置かれております。これが繰り返されますと、町の者たちもこれは不思議だと言い立てるようになり、やがて誰からともなく「仙台堀血染めの下駄」と噂するようになりまして、深川七不思議に加えられたのでございます。

七、六万坪の怪火のこと

いよいよ、七不思議も最後のひとつとなりました。

文化四年、五月より着工しました永代橋の架け替えも、深川八幡の祭礼にどうやら間に合いまして、七月二十八日にはめでたく開通。今年は三年に一度の例大祭、しかも大火のおかげで深川全体の景気がよいものですから、例年以上に町は盛り上がっておりました。そうして迎えた本祭りで、あの大騒動が起こったわけですが、その陰に隠れてひとつの奇跡があったのでございます。

八月十九日、水棹の千太は旦那衆に請われて隅田川に屋形船を出しておりました。陸の混みあいへし合いを避け優雅に舟遊びといったところですが、千太の船が永代橋辺りを通りかかったちょうどその時に橋が落ちましたから、もう遊びどころではありません。

橋を渡っていた人たちは無論、橋の袂《たもと》にいた人々も後ろから押されてどんどん落ちていくのを、ちょうど付近にいた船数十隻が次々と助けていきます。もちろん千太も目に付くはしから船に救い上げていきましたが、中にひとり、六つか七つほどの男の子がおりました。千太はその顔に見覚えが。そう、天満屋六兵衛の倅・六之助だったのでございます。千太は「おやぼっちゃん、祭礼を見に江戸に戻りなすったか」と声をかけましたが、六之助は答えません。千太もふと気づきまして、他の人たちを陸に上げるまで黙っておりました。そして、騒ぎが収まった後、佐賀町の我が家に六之助を連れ帰ったのでございます。

そして、六之助の口から事情を聞いた千太は、すべてが腑に落ちる思いがいたしました。実は以前から、表面上は主家思いの顔を見せながらも、天満屋の財産をたくみに我が物にしていく幸七を胡散《うさん》臭く感じていたのです。また、上州屋に五介が出入りしていたことを知っていました。

そこで、六之助は我が家に匿《かくま》うこととし、懇意にしております八丁堀の与力・土浦小五郎の家に行き、かくかくしかじか、どうも上州屋は怪しいと訴え出たところ、小五郎は千太の言葉に深くうなずくではありませんか。実は小五郎、閻魔堂橋で丹次郎の死体が見つかった時、ひとまずは自死で片付けたものの、首についた傷がどうにも首吊りのものとは思えず、密かに上州屋への内偵を続けていたのです。これに力を得た千太は、小五郎に命ぜられるままに幸七を見張ることにしたのですが、悪の栄える例《ためし》なし、この時すでに連中の悪運は尽きかけておりました。

御祭礼の仕舞日、すなわち二十一日のこと、深川蛤町（現・江東区永代）にある熊次の家では男三人――熊次、五介、野良竹が酒盛りをやっておりました。初めはみな機嫌よく呑んでいたものの、ゴロツキどもの酒席とあって、酔いが回るにつれ揉め始め、挙句、野良竹が、火付けに始まり人殺しに至る五介の旧悪を大声でがなり立て始めたから、もう大変。五介は慌てて止めようとしますが、野良竹は調子に乗ってべらべら話し、熊次も最初は殊勝げに止めに入っていたものの、最後には三人で組んず解《ほぐ》れつの大立ち回りになってしまいました。

そこに突然飛び込んで来たのが、八丁堀の定廻《じょうまわ》りと御用聞きたち。「御用だ、神妙にしろ」と十手《じって》をつきつけられ、驚いた三人は逃げようとしたものの身がすくんでかなわず、大番屋に引かれて行ったのであります。一味捕縛の報を聞いた土浦小五郎は、自ら番屋に出向いての取り調べを開始。三人ともしらを切り通すことはできず、上州屋幸七の悪事は、ようやくすべて白日の下に晒《さら》されたのでございます。北町奉行の小田切土佐守《とさのかみ》はすぐに幸七を召捕れと御下知《ごげじ》、いよいよ幸七にも王手が掛かりました。

その日、八月二十五日、五介たちの一件をいまだ知らぬ幸七が、洒落た身なりで人形町へ赴こうと新大橋を渡りかけていましたところへ声をかけたのは、千太でございます。

千太は何食わぬ顔で幸七に近寄り、挨拶もそこそこに、近頃評判になっているという噂話をし始めました。最近、六万坪で夜な夜な鬼火が出るという怪談です。「土地の百姓連が言うには、あれは五介という悪者が女房を殺したので、その幽霊が出ているのだそうでして、どうにも妙な話でございます」と千太が言うと、さしもの鉄面皮も顔色を変えました。それに気づいた千太、一気呵成と畳み込み、二十一日に起きた蛤町での捕物を話して聞かせると幸七は絶句。千太が冷ややかに笑いながら「旦那、天命尽きちゃあ仕方がございません」と言うやいなや、後ろから「御用だ」の声が響き、ついに幸七に捕縛の手が掛かったのであります。

しかし、そこは大悪党、跳びかかってくる捕手《とりて》たちをひらりとかわし、丁々発止の大乱闘が始まりました。幸七は十手をかいくぐり、鋳槍の懐刀を抜くより早く逆手に構え、さあ来やがれと啖呵《たんか》を切ります。八方四面を囲む捕方を放り投げては橋から川へ投げ込んでしまうなど、なかなかの手強い働き。千太も助太刀に入って幸七と取っ組み合いになり、はずみで二人とも隅田川に真っ逆さまに落ちました。しかし川の中ともなれば、千太は河童に教えるほどの泳ぎの名人でございますから、幸七も敵わず、とうとうお縄になりました。

とはいえ、それで音《ね》を上げるような男ではなく、強情を張って一向に罪を認めません。ですが、熊次の女房おかんや、実は高瀬の船頭に助けられて命拾いをしておりました泣芳まで出てきて証言した上、五介たちはとうに白状しておりましたので、とうとう言い逃れできず、十月二十九日には市中引き回しの上、鈴ヶ森にて磔《はりつけ》に処せられたのでございます。時同じゅうして、五介は市中引き回しの上、鈴ヶ森で火あぶり、野良竹と熊次の両人は打首となりました。

天網恢恢疎《てんもうかいかいそ》にして漏らさずとは申しますが、悪人どもはこうして皆滅んでいったのでございます。

一方、六之助は天満屋の親類筋があれこれと手を回し、上州屋の財産が下されるようお上にお願いして、これが認められたものですから、無事身代《しんだい》を回復。女郎に売られていた姉のおうめを身受けいたしました。千太は土浦小五郎に説諭され堅気になることを決意、六之助が恩返しにと持たせた材木見世の商いをすることになりました。また、江戸に戻ったおうめは別家して清兵衛の家を継ぎ、忠義の清兵衛の女房を母として、最後まで面倒を見たといいます。

さて、発端の六兵衛、ことの仔細を聞いて、己の強欲がこのような騒動を巻き起こしたことを深く後悔し、せめてもの罪滅ぼしと閻魔堂橋の陽岳寺の林秋和尚の弟子となり、名を林岳と改めまして、この度のことで横死した人たちの菩提を越ヶ谷にて弔っておりましたが、文化十四年に御赦免となりまして江戸に戻り、柳橋の妙見様の傍らに庵室を結び、善根を尽くして七十有余の天寿を全うしたということでございます。

【解説】

この「深川七不思議」抄訳の底本としたのは、明治三十三年（一九〇〇）九月に東京の三新堂という出版社から上梓された講談の速記本『深川七不思議』である。

講談の口演者は伊東潮花と記載されているが、これが幕末から明治十年代にかけて活躍し、名人として知られた講談師・伊東潮花（一八一〇—一八八〇）のことだとしたら、速記自体は本の出版より少なくとも二十年以上前に取られたものということになる。しかしながら、落語や講談の速記本は明治十七年（一八八四）に発行された三遊亭圓朝の『怪談牡丹燈籠』が嚆矢とされているため、その頃にはすでに没していた伊東潮花の口演記録だとすると年代が合わない。

一方、速記者の浪上《なみうえ》義三郎《ぎさぶろう》とは明治期の講談師・悟道軒円玉《ごどうけんえんぎょく》の本名であり、浪上が速記者として活動し始めたのは早くとも明治二十二年頃以降と見られるので、これまた年代がずれる。

よって、この「深川七不思議」は浪上が記憶していた潮花の口演を元に起こされたか、もしくは伊東潮花没後、二代目を名乗った伊東清斎（潮花の孫弟子）の口演を記録したものということになるが、その辺りは詳らかでない。諸賢のご教示を賜われると幸いである。

また、前書きではこの内容を史実とし、文中の口上で地元深川の古老に聞いた話を講談化したものという体《てい》にしているが、実際には、幕末頃に成立した「深川七不思議」に数えられる怪異の一つひとつに、タイトルから想像を膨らませたエピソードを付加して、最終的にひとまとまりの物語になるよう創作したもので、そのため話の流れに矛盾や不自然な点がある。また、いかにも昔の講談本らしく、固有名詞が定まらない（たとえば、天満屋六兵衛の娘の名前がおうめのページとおそめのページがある）、話が枝葉末節に脱線し、後になればなるほど怪異の発端が省略されていくなど、口演の事情で物語が左右されるきらいがあるが、それもまた講談速記本の味わいと言えるだろう。

しかしながら、逐語訳では冗長すぎて物語の展開がわかりづらく、また登場人物も多いので、話の筋に直接関係しない部分は省略し、構成も怪異に区切る形に変更したので、その点は御了承いただきたい。また、主な登場人物を左に整理しておいたので、参考にしてもらえれば幸いである。

【主な登場人物】

天満屋六兵衛　中木場で材木問屋を営む分限者。話の発端となる人物。
志貴玄斎　柳島に隠居する旗本。しかし、その正体は……。
幸七　天満屋の大番頭。やり手で六兵衛の信頼も厚い。後に、上州屋主人。
清兵衛　天満屋の番頭。幼い頃から天満屋に仕える忠義者。
五介　高輪の牛追い。後に、幸七の手下となる。
熊次　幸七が暖簾分けで始めた上州屋の飯炊き男。
お高　六兵衛の妻。おうめと六之助の母。
水棹の千太　深川の船頭にして、侠客。清兵衛の相談相手。

刺青《しせい》◎谷崎潤一郎

其れはまだ人々が「愚《おろか》」と云ふ貴い徳を持つて居て、世の中が今のやうに激しく軋《きし》み合はない時分であつた。殿様や若旦那の長閑《のどか》な顔が曇らぬやうに、御殿女中や華魁《おいらん》の笑ひの種が尽きぬやうにと、饒舌《じょうぜつ》を売るお茶坊主だの幇間だのと云ふ職業が、立派に存在して行けた程、世間がのんびりして居た時分であつた。女定九郎、女自雷也、女鳴神、――当時の芝居でも草双紙でも、すべて美しい者は強者であり、醜い者は弱者であつた。誰も彼も挙《こぞ》つて美しからむと努めた揚句は、天稟《てんぴん》の体へ絵の具を注ぎ込む迄になつた。芳烈な、或は絢爛な、線と色とが其の頃の人々の肌に躍つた。

馬道を通ふお客は、見事な刺青《ほりもの》のある駕籠舁《かごかき》を選んで乗つた。吉原、辰巳の女も美しい刺青の男に惚れた。博徒、鳶の者はもとより、町人から稀には侍なども入墨《いれずみ》をした。時々両国で催される刺青会では参会者おの〳〵の肌を叩いて、互に奇抜な意匠を誇り合ひ、評しあつた。

清吉と云ふ若い刺青師《ほりものし》の腕きゝがあつた。浅草のちやり文、松島町の奴平《やつへい》、こんこん次郎などにも劣らぬ名手であると持て囃されて、何十人の人の肌は、彼の絵筆の下に絖地《ぬめじ》となつて拡げられた。刺青会で好評を博す刺青の多くは彼の手になつたものであつた。達磨金《だるまきん》はぼかし刺《ぼり》が得意と云はれ、唐草権太は朱刺《しゆぼり》の名手と讃へられ、清吉は又奇警な構図と妖艶な線とで名を知られた。

もと豊國國貞の風を慕つて、浮世絵師の渡世《とせい》をして居たゞけに、刺青師に堕落してからの清吉にもさすが画工《えかき》らしい良心と、鋭感とが残つて居た。彼の心を惹きつける程の皮膚と骨組みとを持つ人でなければ、彼の刺青を購《あがな》ふ訳には行かなかつた。たま〳〵描いて貰へるとしても、一切の構図と費用とを彼の望むがまゝにして、其の上堪へ難い針先の苦痛を、一と月も二た月もこらへねばならなかつた。

この若い刺青師の心には、人知らぬ快楽と宿願とが潜んで居た。彼が人々の肌を針で突き刺す時、真紅に血を含んで脹れ上る肉の疼《うず》きに堪へかねて、大抵の男は苦しき呻き声を発したが、其の呻きごゑが激しければ激しい程、彼は不思議に云ひ難き愉快を感じるのであつた。刺青のうちでも殊に痛いと云はれる朱刺、ぼかしぼり、――それを用ふる事を彼は殊更喜んだ。一日平均五六百本の針に刺されて、色上げを良くする為め湯へ浴《つか》つて出て来る人は、皆半死半生の体《てい》で清吉の足下に打ち倒れたまゝ、暫くは身動きさへも出来なかつた。その無残な姿をいつも清吉は冷やかに眺めて、

「嘸《さぞ》お痛みでがせうなあ」

と云ひながら、快《こころよ》さゝうに笑つて居る。

意気地のない男などが、まるで知死期《ちしご》の苦しみのやうに口を歪め歯を喰ひしばり、ひい〳〵と悲鳴をあげる事があると、彼は、

「お前さんも江戸つ児だ。辛抱しなさい。――この清吉の針は飛び切りに痛《いて》えのだから」

かう云つて、涙にうるむ男の顔を横目で見ながら、かまはず刺《ほ》つて行つた。また我慢づよい者がグツと胆を据ゑて、眉一つしかめず怺へて居ると、

「ふむ、お前さんは見掛けによらねえ突《つ》つ張者だ。――だが見なさい、今にそろ〳〵疼《うず》き出して、

どうにもかうにもたまらないやうにならうから」

と、白い歯を見せて笑つた。

彼の年来の宿願は、光輝ある美女の肌を得て、それへ己れの魂を刺り込む事であつた。その女の素質と容貌とに就いては、いろ〳〵の注文があつた。啻《ただ》に美しい顔、美しい肌とのみでは、彼は中々満足する事が出来なかつた。江戸中の色町《いろまち》に名を響かせた女と云ふ女を調べても、彼の気分に適《かな》つた味はひと調子とは容易に見つからなかつた。まだ見ぬ人の姿かたちを心に描いて、三年四年は空しく憧《あこが》れながらも、彼はなほ其の願ひを捨てずに居た。

丁度四年目の夏のとあるゆふべ、深川の料理屋平清《ひらせい》の前を通りかゝつた時、彼はふと門口に待つて居る駕籠の簾のかげから、真つ白な女の素足のこぼれて居るのに気がついた。鋭い彼の眼には、人間の足はその顔と同じやうに複雑な表情を持つて映つた。その女の足は、彼に取つては貴き肉の宝玉であつた。拇指《おやゆび》から起つて小指に終る繊細な五本の指の整ひ方、絵の島の海辺で獲れるうすべに色の貝にも劣らぬ爪の色合ひ、珠のやうな踵《きびす》のまる味《み》、清冽な岩間の水が絶えず足下を洗ふかと疑はれる皮膚の潤沢。この足こそは、やがて男の生血に肥え太り、男のむくろを蹈みつける足であつた。この足を持つ女こそは、彼が永年《ながねん》たづねあぐんだ、女の中の女であらうと思はれた。清吉は躍りたつ胸をおさへて、其の人の顔が見たさに駕籠の後を追ひかけたが、二三町行くと、もう其の影は見えなかつた。

清吉の憧れごゝちが、激しき恋に変つて其の年も暮れ、五年目の春も半ば老い込んだ或る日の朝であつた。彼は深川佐賀町の寓居で、房楊枝《ふさようじ》をくはへながら、錆竹《さびたけ》の濡れ縁に万年青《おもと》の鉢を眺めて居ると、庭の裏木戸を訪《おとな》ふけはひがして、袖垣のかげから、つひぞ見馴れぬ小娘が這入つて来た。それは清吉が馴染の辰巳の藝妓《はおり》から寄こされた使の者であつた。

「姐さんから此の羽織を親方へお手渡しゝて、何か裏地へ絵模様を描いて下さるやうにお頼み申せつて……」

と、娘は鬱金《うこん》の風呂敷をほどいて、中から岩井杜若《いわいとじやく》の似顔絵のたゝうに包まれた女羽織と、一通の手紙とを取り出した。

其の手紙には羽織のことをくれぐ〵も頼んだ末に、使の娘は近々に私の妹分として御座敷へ出る筈故、私の事も忘れずに、この娘《こ》も引き立てゝやつて下さいと認《したた》めてあつた。

「どうも見覚えのない顔だと思つたが、それぢやお前は此の頃此方《こつち》へ来なすつたのか」

かう云つて清吉は、しげ〵と娘の姿を見守つた。年頃は漸う十六か七かと思はれたが、その娘の顔は、不思議にも長い月日を色里《いろざと》に暮らして、幾十人の男の魂を弄《もてあそ》んだ年増のやうに物凄く整つて居た。それは国中の罪《つみ》と財《たから》との流れ込む都の中で、何十年の昔から生き代り死に代つたみめ麗しい多くの男女の、夢の数々から生れ出づべき器量であつた。

「お前は去年の六月ごろ、平清から駕籠で帰つたことがあらうがな」

かう訊ねながら、清吉は娘を縁へかけさせて、備後表《びんごおもて》の台に乗つた巧緻な素足を仔細に眺めた。

「えゝ、あの時分なら、まだお父さんが生きて居たから、平清へもたび〵まゐりましたのさ」

と、娘は奇妙な質問に笑つて答へた。

「丁度これで足かけ五年、己はお前を待つて居た。顔を見るのは始めてだが、お前の足にはおぼえがある。――お前に見せてやりたいものがあるから、上つてゆつくり遊んで行くがいゝ」

と、清吉は暇を告げて帰らうとする娘の手を取つて、大川の水に臨む二階座敷へ案内した後、巻物を二本とり出して、先づ其の一つを娘の前に繰り展《ひろ》げた。

それは古の暴君紂王《ちゆうおう》の寵妃《ちようひ》、末喜《ばつき》を描いた絵であつた。瑠璃珊瑚《るりさんご》を鏤《ちりば》めた金冠の重さに得堪へぬなよやかな体を、ぐつたり勾欄に靠《もた》れて、羅綾《らりよう》の裳裾《もすそ》を階《きざはし》の中断にひるがへし、右手に大杯を傾けながら、今しも庭前に刑せられんとする犠牲《いけにえ》の男を眺めて居る妃の風情《ふぜい》と云ひ、鉄の鎖で四肢を銅柱へ縛《ゆ》ひつけられ、最後の運命を待ち構へつゝ、妃の前に頭をうなだれ、眼を閉ぢた男の顔色と云ひ、物凄い迄に巧に描かれて居た。

娘は暫くこの奇怪な絵の面《おもて》を見入つて居たが、知らず識らず其の瞳は輝き其の唇は顫へた。怪しくも其の顔はだん〳〵と妃の顔に似通《にかよ》つて来た。娘は其処に隠れたる真の「己《おのれ》」を見出した。

「この絵にはお前の心が映つて居るぞ」

かう云つて、清吉は快《こころよ》げに笑ひながら、娘の顔をのぞき込んだ。

「どうしてこんな恐ろしいものを、私にお見せなさるのです」

と、娘は青褪《あおざ》めた額《ひたい》を擡《もた》げて云つた。

「この絵の女はお前なのだ。この女の血がお前の体に交つて居る筈だ」

と、彼は更に他の一本の画幅を展げた。

それは「肥料」と云ふ画題であつた。画面の中央に、若い女が桜の幹へ身を倚せて、足下に累々と斃《たお》れて居る多くの男たちの屍骸《むくろ》を見つめて居る。女の身辺を舞ひつゝ凱歌《かちどき》をうたふ小鳥の群、女の瞳に溢れたる抑へ難き誇りと歓びの色。それは戦《たたかい》の跡の景色か、花園の春の景色か。それを見せられた娘は、われとわが心の底に潜んで居た何物かを、探りあてたる心地であつた。

「これはお前の未来を絵に現はしたのだ。此処に斃れて居る人達は、皆これからお前の為めに命を捨てるのだ」

かう云つて、清吉は娘の顔と寸分《すんぶん》違はぬ画面の女を指さした。

「後生《ごしょう》だから、早く其の絵をしまつて下さい」

と、娘は誘惑を避けるが如く、画面に背《そむ》いて畳の上へ突俯《つッぷ》したが、やがて再び唇をわなゝかした。

「親方、白状します。私はお前さんのお察し通り、其の絵の女のやうな性分を持つて居ますのさ。――だからもう堪忍して、其れを引つ込めてお呉んなさい」

「そんな卑怯なことを云はずと、もつとよく此の絵を見るがいゝ。それを恐ろしがるのも、まあ今のうちだらうよ」

かう云つた清吉の顔には、いつもの意地の悪い笑ひが漂つて居た。

然し娘の頭《つむり》は容易に上らなかつた。襦袢《じゆばん》の袖に顔を蔽うていつまでも突俯したまゝ、

「親方、どうか私を帰しておくれ。お前さんの側に居るのは恐ろしいから」

と、幾度か繰り返した。

「まあ待ちなさい。己がお前を立派な器量の女にしてやるから」

と云ひながら、清吉は何気なく娘の側に近寄つた。彼の懐には嘗て和蘭医から貰つた麻睡剤の壜が忍ばせてあつた。


日はうらゝらかに川面を射て、八畳の座敷は燃えるやうに照つた。水面から反射する光線が、無心に眠る娘の顔や、障子の紙に金色《こんじき》の波紋を描いてふるへて居た。部屋のしきりを閉《た》て切つて刺青の道具を手にした清吉は、暫くは唯恍惚《うつとり》としてすわつて居るばかりであつた。彼は今始めて女の妙相《みようそう》をしみ〴〵味はふ事が出来た。その動かぬ顔に相対して、十年百年この一室に静坐するとも、なほ飽くことを知るまいと思はれた。古のメムフイスの民が、荘厳なる埃及《エジプト》の天地を、ピラミツドとスフインクスとで飾つたやうに、清吉は清浄な人間の皮膚を、自分の恋で彩《いろど》らうとするのであつた。

やがて彼は左手の小指と無名指と拇指の間に挿んだ絵筆の穂を、娘の背にねかせ、その上から右手で針を刺して行つた。若い刺青師の霊《こころ》は墨汁の中に溶けて、皮膚に滲《にじ》むだ。焼酎に交ぜて刺り込む琉球朱の一滴々々は、彼の命のしたゝりであつた。彼は其処に我が魂の色を見た。

いつしか午《ひる》も過ぎて、のどかな春の日は漸く暮れかゝつたが、清吉の手は少しも休まず、女の眠りも破れなかつた。娘の帰りの遅きを案じて迎ひに出た箱屋迄が、

「あの娘《こ》ならもう疾うに帰つて行きましたよ」

と云はれて追ひ返された。月が対岸の土州《としゆう》屋敷の上にかゝつて、夢のやうな光が沿岸一帯の家々の座敷に流れ込む頃には、刺青はまだ半分も出来上らず、清吉は一心に蠟燭の心《しん》を掻き立てゝ居た。

一点の色を注ぎ込むのも、彼に取つては容易な業《わざ》ではなかつた。さす針、ぬく針の度毎に深い吐息をついて、自分の心が刺されるやうに感じた。針の痕は次第々々に巨大な女郎蜘蛛《じよろうぐも》の形象《かたち》を具《そな》へ始めて、再び夜がしらしらと白み初《そ》めた時分には、この不思議な魔性の動物は、八本の肢《あし》を伸ばしつゝ、背一面に蟠《わだかま》つた。

春の夜は、上り下りの河船《かわふね》の櫓声《ろごえ》に明け放れて、朝風を孕《はら》んで下る白帆の頂から薄らぎ初める霞の中に、中洲、箱崎、霊岸島の家々の甍《いらか》がきらめく頃、清吉は漸く絵筆を擱《お》いて、娘の背に刺り込まれた蜘蛛のかたちを眺めて居た。その刺青こそは彼が生命のすべてゞあつた。その仕事をなし終へた後の彼の心は空虚《うつろ》であつた。

二つの人影は其のまゝ稍ゝ暫く動かなかつた。さうして、低く、かすれた声が部屋の四壁にふるへて聞えた。

「己はお前をほんたうの美しい女にする為めに、刺青の中へ己の魂をうち込んだのだ、もう今からは日本国中に、お前に優《まさ》る女は居ない。お前はもう今迄のやうな臆病な心は持つて居ないのだ。男と云ふ男は、皆なお前の肥料《こやし》になるのだ。………」

其の言葉が通じたか、かすかに、糸のやうな呻き声が女の唇にのぼつた。娘は次第々々に知覚を恢復して来た。重く引き入れては、重く引き出す肩息に、蜘蛛の肢は生けるが如く蠕動《ぜんどう》した。

「苦しからう。体を蜘蛛が抱きしめて居るのだから」

かう云はれて娘は細く無意味な眼を開いた。其の瞳は夕月の光を増すやうに、だん〳〵と輝いて男の顔に照つた。

「親方、早く私に背《せなか》の刺青を見せておくれ、お前さんの命を貰つた代りに、私は嘸《さぞ》美しくなつたらうねえ」

娘の言葉は夢のやうであつたが、しかし其の調子には何処か鋭い力がこもつて居た。

「まあ、これから湯殿へ行つて色上げをするのだ。苦しからうがちツと我慢をしな」

と、清吉は耳元へ口を寄せて、労《いた》はるやうに囁いた。

「美しくさへなるのなら、どんなにでも辛抱して見せませうよ」

と、娘は身内《みうち》の痛みを抑へて、強ひて微笑《ほほえ》んだ。

「あゝ、湯が滲みて苦しいこと。………親方、後生だから私を打《う》つ捨《ちや》つて、二階へ行つて待つて居てお呉れ、私はこんな悲惨《みじめ》な態《ざま》を男に見られるのが口惜《くや》しいから」

娘は湯上りの体を拭ひもあへず、いたはる清吉の手をつきのけて、激しい苦痛に流しの板の間へ身を投げたまゝ、魘《うな》される如くに呻いた。気狂いじみた髪が悩ましげに其の頰へ乱れた。女の背後には鏡台が立てかけてあつた。真つ白な足の裏が二つ、その面へ映つて居た。

昨日とは打つて変つた女の態度に、清吉は一《ひ》と方《かた》ならず驚いたが、云はれるまゝに独り二階に待つて居ると、凡そ半時ばかり経《た》つて、女は洗ひ髪を両肩へすべらせ、身じまひを整へて上つて来た。さうして苦痛《くるしみ》のかげもとまらぬ晴れやかな眉を張つて、欄干に靠れながらおぼろにかすむ大空を仰いだ。

「この絵は刺青と一緒にお前にやるから、其れを持つてもう帰るがいゝ」

かう云つて清吉は巻物を女の前にさし置いた。

「親方、私はもう今迄のやうな臆病な心を、さらりと捨てゝしまひました。——お前さんは真先に私の肥料《こやし》になつたんだねえ」

と、女は剣《つるぎ》のやうな瞳を輝かした。その耳には凱歌の声がひゞいて居た。

「帰る前にもう一遍、その刺青を見せてくれ」

清吉はかう云つた。

女は黙つて頷《うなず》いて肌を脱いた。折から朝日が刺青の面《おもて》にさして、女の背《せなか》は燦爛とした。

鵺の来歴◎日影丈吉

一

理学士の増村孝《ますむらたかし》とは、ときどき会って話し合う。わたくしがこの頃、探偵ものを書いているのを知っていて、その方面に話が及ぶこともある。あまり読んでいないようだが、嫌いではないらしい。が、かれのいうことには、とかく学者らしく、分類したり限界をきめたり、したがる癖がある。

「推理小説にも、絶対に書けない条件というものが、あるだろうね？」こんな風に、問題を提出して来るのである。

「案外ないかも知れないね……想像力や論理の方法と同時に、推理小説も進歩している筈だからね」

などと、わたくしはわざと反対してやる。

「そうかな……でも、変えられない法則というものは、ある筈だ……たとえば……犯人が探偵するなんてことは、ありえないだろう」

「それは、いわゆる逆手でね……探偵が犯人だったというのは、古典小説の中にさえ、あるんだよ」

「それでは、どうだ……殺人事件の被害者が犯人を探偵するってのは」

「推理小説の文章論は——AはBを殺したCを指摘する——だ。ふつう、Aという探偵とBという被害者と、Cという犯人が必要なわけだね……ところが、こういうバランスは陳腐《ちんぷ》でおもしろくないという、型破りも出て来る……だから、A（探偵）すなわちC（犯人）だったり、B（被害者）がA（探偵）のかわりをするということにも、なって来る」

「だって、殺された奴が、どうやって探偵するのかね」

「被害者が幽霊になって、自分を殺した奴を探すという小説も、現にあるんだよ」

「そんな型破りが出たんじゃ、かなわないな……そうなると、なんでもできるわけだ」

「しかし……」相手が降参すると、わたくしは逆に出るのだ。

「きみのいう、絶対に書けない条件というのは、やはりあるかもしれないね……たとえば連続殺人というのは、よくあるが、同じ人間を二度殺すことは、できないだろう」

「そうかな……それも、ありうるんじゃあないのか」と、今度は増村が反対の気ぶりを見せて、考えこんだのには、わたくしは、すくなからず驚かされた。

「おやおや専門のぼくが、寡聞《かぶん》にして知らないのに、そんな小説を読んだことがあるの……」

「小説ではない……実は、ぼくに、そんな事件の経験があるんだよ」増村は、ちょっと、ためらいながら答えた。

かれのいうことが事実だとすれば、推理小説に、またひとつ奇手が殖えることになる。いや、事実だといわれてみると、いよいよ奇怪で、見当もつかない。

「驚いたね……さしつかえなかったら、その話を聞かせてもらいたいもんだな」と、わたくしは熱心だった。

二

増村理学士には柄になく——と、いっては失礼だが、見るからに堅人《かたじん》だから仕方がない——しかし、イキな思い出があった。もっとも当人にとっては、イキだの、隅におけないなぞといわれれば、腹を立てかねない真剣な経験だったのである。

日支事変のはじまった頃、増村孝はまだ理科の学生だった。あるとき、先輩につれて行かれた天神裏の三業地で、偶然知りあった若い芸者と、増村はいわゆる熱い仲になってしまった。「分染《わけそめ》よし」の染葉《そめは》という、まだ一本になったばかりの妓《こ》だった。

とはいえ、増村もまだ学生だったから、気のすむように女と逢えたわけではない。女も戦後のこの種の女のように、自由ではなかった。

大川の東の低地帯にある、有名な天神の社の裏手に固まっていた三業地は、工場の薬品を流して来る臭い泥溝川《どぶがわ》が、寺の門前の石橋の下を通って、三味線屋の前を流れて行くといった、ひなびた土地柄ではあったが、この社会の苛酷さに変りはなかった。

それ故、女のひまを見て、二人でこっそりそこらを歩いたり、たまに双方から都合して小待合で一夜を明かすという程度の、他愛のない恋だったものが、お互いに誠意があればあるほど、そんなことでは飽きたらない。飽きたらないが、それ以上どうにもならないという、やるせない関係におちいって行った。

いまから考えると、そう古い時代でもないのに、まるで浄瑠璃に語られるような恋があったことになるが、その頃はとにかく、いまほど開放的ではなかったし、増村にとっては最初の女でもあったのだ。かれのように純真で、しかも物ごとを割切ってしまえぬ性格では、こんな場合、やがて手も足も出なくなって、ひとりで怒ったり悲しんだりするようになるのは当然だった。だが、こういう制約された苦しい恋の間をつづける、しびれるような楽しみというものは、そういう時代の者でないと判るはずがない。そのために、他人には馬鹿らしく思える苦しみも、しのぶのである。

増村には、そのうち毎日のように天神裏の三業地のあたりを、うろつく癖がついてしまった。うろついたところで、だが、いつでも染葉に逢える見込みがあるわけではなかったから、よけい、いらいらする結果になるのだが、その頃ではもう、染葉の幻に憑《つ》かれていて、家にじっとしているなぞ思いもよらず、せめて、その界隈《かいわい》の水っぽい町の空気を吸って来るだけでも、はかない満足を感じるのであった。学校の方もいきおい身が入らなくなった。

染葉に逢えないとき、はじめ増村は天神の境内に入って、時間をつぶした。それが癖になって、彼はときどき自然に、そこへ行きたくなった。染葉といっしょに行ったこともあった。少しゲテモノじみたところのある、その場所が、なんとなく彼の気に入ってしまった。

雑然たる場末の町の中に、俗っぽいコンクリの塀で仕切られた長方形の、その神域があった。表通りから入って行くと、両側の仲店には、いつも長い髯をピンと張った張子の虎が、のほほんと首を振っていた。正面の四足門《しそく》の下に立ってみるながめは、なかなか見事だった。

そこから随身門《ずいじん》までは池になっていて、中央の通路には、大小二つの太鼓橋が架っていた。池は半ば藤棚におおわれ、水にのぞんで掛茶屋があった。池の周囲の通路に、縁日には香具師《やし》が店を張った。この景色の背後に、二層の随身門が、どっかりと空をくぎっていた。

その楼門の大屋根の棟の両端には、長い尾を逆だてた虎が遠くむかいあって、咆哮《ほうこう》しているらしく、その虎が空中にポツリと小さく緑青の色に光っているのが、大屋根のそりをいよいよ高く見せていた。

その頃の東京にも、もう随身門のある神社というものは珍らしかった。太鼓橋の、女橋という小さい方を渡ると、ちょうど、この楼門の入り口になっていて、入口の左右の、金網を張ったところを覗くと、薄暗い中に、箙《えびら》をしょった右大臣左大臣の、つくねんと坐っているのが見えるのだった。この楼門の一翼は池にのぞんだ歩廊で、そこが額堂になっていた。増村の話の、ほんとうの主人公格の大絵馬はここにかかっていたのである。

天神の社殿は、楼門の奥の小高いところにあったが、増村はいつも敬遠した。社殿のうしろにも、ちょっとした広場があって、縁日には大道芸人などが出た。増村もそこで、ひどく年をとった割にカクシャクとしている、独楽《こま》まわしの松井源水などを、見たことがあるが、どっちかといえば、そういう人出の多いときは、なるべく避けて、行かないようにしていた。

増村がそこへ、ふらりと入って行くのは、広い境内にほとんど人影を見ないような、平日の、ぽかんとした昼間だった。

池の中の小径には、まっすぐな橋や、折れまがった八ツ橋が、無数に架っていた。増村はその上にたたずんで、緑色によどんだ池水の中を泳ぎまわる緋鯉や、泥亀などをながめた。

丹鶴叢書にも入っている享保頃の写本で、「本所あまやどり」というのがある。天神橋の下を流れる運河は、むかしの割下水のあとだというが、その辺に住んでいた旗本だか御家人だかの書いた随筆で、増村も読んだことがある。その本の中には、この境内のむかしの面影が描かれていて、そらに届くような松の老樹に藤蔓がからみ、花房をたらしているというような蒼古《そうこ》のおもむきを伝えている。天神の祭礼の古雅なようすなど、その本を書いた武士に古典の素養があるため、王朝のイメージの影響を受けているのではないかと、思われるように書いてあるが、なにしろ、江東の低地にある境内だけに、数度の洪水や火災のため、そうした面影をみとめるのは無理だった。

そのかわりには庶民的な人工の楽しさがあった。子供の喜ぶ太鼓橋は、風雨にさらされてはいたが、人間の接触で脂っぽく、つるつるしていた。池の上に座敷を張り出して作った講中《こうじゅう》茶屋は、軒に酸漿《ほおずき》提灯《ちょうちん》をかけつらねていた。太鼓橋や藤棚の茂みや鬼灯が、池にさかさに映って、きれいだった。しかし、荒川の水が毎年、秋になると溢れて、そのあたりまで侵すために、藤棚は貧弱な花しかつけなかった。

そういう景色は、うつけた増村の心を多少なぐさめた。たまたま、茶店の座敷に真白な障子が立てきってあったりすると、増村はその中で行われている密会のさまなぞ、悩ましく空想したり、そんなことを考える己れを恥じたりした。

かれもいつか、そこへ染葉をつれて行ったことがあった。その時は二人で名物の葛餅を食べたり、手を握りあったりした。それ以上に、思い出すと胸のほてって来るようなことまで、障子のかげでやった。かれはもう一度そこへ、染葉をつれて行きたいと思った。

増村はまた、暇つぶしに額堂にもよく行って、同じ絵を何度も見た。額堂の鴨居に、薙刀《なぎなた》や弓矢といっしょにあがっている、いくつかの板額は、博物館で見る古画とは違った、一種のなまぐさい刺戟があった。一面ずつ、下に立ってながめて行くと、かれのまだ生れて来ないさきの時代から、冷たい風が襟もとに吹きおろして来る感じだった。

そのなかでも、いちばん大きく、絵としても優れているように思えたのが、池にむいた方に掛っていた鵺《ぬえ》の図だった。もっとも、増村はふしぎと、他にもあった額にどんな絵が描いてあったのか、ほとんど覚えていない。ひとつだけ覚えているのは、法眼狩野裕川院《ほうげんかのうゆうせんいん》筆という白鷹図だが、それも絵が他のよりよかったからか、画家の名をかれが偶然おぼえていたからであろう。

裕川は将軍家のいかりに触れて、駕籠の中で腹を切った奥絵師だった。しかし、こういう絵が、常時そこに掛っていたのか、あるいはときどき掛け替えられて、何度かに見たのかということも、はっきりしなかった。ただ、鵺の額だけは大きすぎて、取りはずしに不便だったせいか、いつもそこにあったように思えるのだ。

「この絵だけは、いまでも眼をつぶると、ありあり瞼にうかぶんだ」と、増村はいった。額ぶちは黒漆塗で、ところどころに黄金《きん》色の金具が打ってあった。額の大きさは六尺に四尺もあった。そして、そのなかに、大きな板を胡粉で下塗して奇妙な動物が描いてあるのだ。首は兎、胴体と脚は鷲、尻尾は蛇。翼の間に、梅鉢の紋のついた鞍がおいてある風がわりな鵺の絵馬だったのである。

額堂はさっきもいったように、随身門の階下の歩廊にあるのだが、池のほとりに建っているために明るく、水紋の反射が鴨居から天井にかけて、動く木理《もくめ》のようにゆらゆら揺れていた。が、この大絵馬の中にだけは、いつも冷たい風が吹いているようだった。

ところが、印象のうすい白鷹図の方は筆者を覚えているのに、この異様な鵺図の作者の名は覚えがなかった。「○保○年○月、第○代法橋《ほつきよう》、藤原○○写」というようなサインがあって、大きな花押《かきはん》が書いてあったように思うが、保の字と法橋だけが、やや確実という心細さだし、藤原は名告《なのり》のかざりで、きまった姓ではないから、これだけでは判らない。ただそのサインの仕方で、加納裕川院よりは古い絵師かと想定できるだけであった。

ところで、ある日、この額の下に立っていた増村は、蓑島金作に声をかけられたのである。

三

蓑島と口をきいたのは、それがはじめてだった。

「これ、何の絵だか、わかりますか」と、その男はいった。四十前後の、髯の濃い、陰気な顔つきの男で、どこかで見たことがあるような気がしたが、すぐには思いだせなかった。

「鵺でしょうか」増村はあいまいな調子で答えた。

「よくわかりましたね」と、相手はすこし馬鹿にしたようにいった。「金平本《きんぴら》の挿絵や、源三位《げんざんみ》頼政の武者絵に出てくる鵺は、たいがい猿・虎・蛇で、頭が猿、胴体が虎、尻尾が蛇という化物だが、これはそんな俗っぽいのと違う……傑作ですな」

そういわれて額を見なおすと、この絵が特に独創的なのかどうかは別として、頭は兎、体は鳥、尻尾は蛇で、たしかに変っている。猿虎蛇の、思っただけでも獰猛《どうもう》な悪相はないが、おとなしかるべき兎の頭にしても、妙に凛然とした神性を帯びて物すごい。さわればバリバリしそうな羽毛におおわれ、鋭い爪の生えたあしを踏んばった怪鳥の胴体が、千里もひと飛びにしそうな翼をひろげかけていて、毒蛇の尻尾などは、むしろ、はにかんでいるようだった。

青みがかった白兎の顔から、尻尾のさきの蛇の頭まで、神秘的な恐怖で、ぴんと張りきっていた。

「わかりますか……これはね、天神の乗る神馬《しんめ》のみたてですよ」と後で蓑島金作と名乗った、その男は説明してくれた。

蓑島にすすめられて、増村は池のへりのベンチへ腰かけに行った。そういえば、増村はこの境内で、すでに何度か蓑島を見かけたことがあるし、天神裏の大弓場《だいきゆう》でも、二三度、顔を見ているのを思いだした。

増村は大弓場へ入ったことはないが、その大弓場は、かれがときどき染葉をさそい出して泊った「遅月」という、名ばかり気のきいた三流の待合のうしろにあって、二階の窓から中がよく見えたのである。

遅月は「水上」という、その辺ではちょっとした温泉旅館のとなりにある、目だたない小さい家だった。

大弓場には、あまり客のいたことはなかった。いつも、古ぼけた黒ちりめんの着物に袴をはいて、すこしヨボヨボした感じの、えたいの知れない老人が、片肌ぬぎになって弓をひいているのが見えた。

蓑島の姿を二度ほどそこで見かけたが、弓を引いていたことはなかった。ぼんやり床几にかけて煙草を吸っていたり、一度なぞは、つっ立って、遅月の二階の窓をじっと見あげていたのと、いきなり眼が合って、増村は何故かあわてて顔をひっこめたりしたこともある。それで、はじめは蓑島を、大弓場の主人かと思ったのだった。

蓑島は増村とならんで、ベンチに腰をおろした。紺がすりの着物に黒い巻帽をかぶった増村が、学生とわかると、安心したように、いろいろなことを喋った。おしゃべりの内容はなかなか博学で、増村はこの男を、すこし尊敬する気持になった。

その頃は、こういう東京の名所みたいなところへ行くと、その土地の故事来歴《こじらいれき》などに明るい人に、たまたま出合ったりしたもので、かといって学者でも土着の人でもなく、とんでもない遠方に住んでいる人だったりしたものだが、そういう好事家ともすこし毛色のちがう熱心家もいた。

増村の知人には、場末の薬屋で、よる店を閉めると薬局の二階にとじこもって、永久不変色の顔料の研究を、こつこつやっている男がいた。いまでは、こんな人たちを、あまり見かけなくなったように思うが、だから、その頃では大弓場のオヤジが鵜の考証にくわしくても、別にふしぎはなかったのである。

だが、蓑島は大弓場とは関係がないらしかった。本所にある某中学校の教官だと、じぶんで名乗った。大学生の増村にはインテリの先輩らしいから、いきおい後輩の礼をとらなければならなかった。同時に、そう聞くと、その男に対して、気をゆるして口がきけるようにもなった。

蓑島と増村は、鵺の額について、こんな対話をしたのだ。

「きみは鵺というものを、どう考えているか知らないが、これは日本的な着想だね」と、蓑島はいった。

「日本民族の複雑な創造能力をしめしているものですよ」

「それほどのものですかね」増村はやや疑わしそうに、いった。

「そうだよ……外国にも、複合畸型的な怪物は、いくらもあるでしょう……大部分は人面獣身か、獣面人身で、エジプトのホルスやスフィンクス、ユリシーズの中に出て来る人魚などは傑作の方だろうね……エジプト、アラビア、ペルシャ、インド、シナ、ギリシャ、ローマ……どこにも、かなり混んがらかった複雑な恰好の怪物はいるが、たいてい二種類複合で、鵺のような三種混合は、意外なようだが、ほとんどないのじゃないか……」

「三種混合って、注射みたいですね」

「混ぜっかえしちゃあ、いけない——ギリシャの英雄ベレロポンが退治した、キマイラというのは、体の前の方が獅子と山羊で、うしろの方は竜だった……これは三種混合だが、ぼくの知ってる範囲では、他にこんな例はない……キマイラも形体があいまいで、この鵺のように、すっきりしてはいませんよ」

「すると、日本人の空想力が特に卓抜だということになりますか」

「空想の怪物といったって、むかしは実在を信じられていたんだからね……天然現象の錯覚がきっかけになって生みだされたり、あるいは意識的に構成された、ヒモつきの怪物というのもある」

「ヒモつきの怪物って、何のことですか」

「紫宸殿《ししんでん》のいぬゐの空に、夜、女の声を出して鳴くものがあった……と、いうのが、源三位頼政の射落した鵺で……これが猿虎蛇です」

「つまり、鵺の複合は何かを意味しているというのですか」

「これはぼくの研究なんだがね……」と、蓑島はすこし勿体《もったい》をつけて説明した。

「猿虎蛇《さるとらへび》にしても、兎鳥蛇《うさとりへび》にしても、みな十二支の中に含まれている動物でしょう……申《さる》・寅《とら》・巳《み》または、卯《う》・酉《とり》・巳《み》だね……これは時刻とか方位とか、星宿などに関係のあるものですよ……いぬゐの空にさる・とら・み……きみは方位なんて古臭いものは知らないでしょうが、天文学でも子午線という言葉を使っているように、北が子《ね》、南が午《うま》、東が卯《う》で西が酉《とり》――北東はうしとら（艮）、南東はたつみ（巽）、南西ひつじさる（坤）、西北はいぬゐ（乾）と、なるんです……つまり、乾と申寅巳が、陰陽師などが占って凶と出た、天皇家にわるい方角だったわけですね」

　増村は呆気にとられて、聞いていた。

「それで、ヒモつきの怪物ってわけですか」

「ヒモつきにしろ、たいしたものだよ」

「だが、方位なんてのは、シナから来たんでしょう……西洋にもありますかね」

「シナの二十八宿は、東西南北の四宮を七つに分けて、二十八に区分したものなんだが、西洋の古代にはゾディアコスというのがある……これは天宮を、羊・牛・雙女・蟹・獅子・処女・秤・蠍《さそり》・人馬・磨羯《まかつ》・宝瓶《ほうへい》・魚の十二星座に分け、太陽が春分の日から一年がかりでへめぐる経路を、あらわしています……方位とはちがうが、発想は似たようなもんだね」

「しかし、九星の暦なぞは、西洋にはないでしょうね」

「フランスのアルマナというのは、九星暦みたいなものだね」

「そういう方位や星宿のような、動物の形象を借りたものが人間の運命に影響をおよぼすという考え方は、西洋にもあるんですか」

「それはあるよ……きみは人間も動物だということを、忘れちゃいないでしょう……すくなくとも動物は人間の随伴者であり、宝であった……ノアの方船のような話は、ギリシャ神話にもある……エジプトでもシナでも、死者は動物をつれて、あの世へ行った……」蓑島はちょっと言葉を切って、

「パリシダス刑罰のことを知っていますか……パリシダス、つまり親殺しは、ギリシャでもローマでも、たいへん重い罪だった。キケロの有名な弁護録にあるでしょう……この罪を犯したものは、革袋に入れられて河に流される、地水火風の四大《しだい》をへめぐって、苦しみを受けなければならない、とされた……そのとき、革袋にいっしょに入れる、あの世のお伴は猿・雄鶏・犬・蛇ということに、なってたんです」

「鶺よりも複雑ですね……しかし、組合せが似ているじゃありませんか」

増村がそういうと、また混ぜかえしたと思ったのか、蓑島はぎょろりと眼をむいた。

四

こんな話を、その日一日でしたのか、それとも、その後数日かかってしたのか、増村はもう、はっきり覚えていない。が、天神の境内で、それから蓑島と何回か会って、親しくなったのは事実だった。しかし、蓑島が何故、額堂になぞ入りびたっているのか。増村にはその理由がわからなかった。かれの話してくれたような奇妙な研究のためだとすれば、すこし酔狂すぎるような気がした。増村は自分のことを棚にあげて、蓑島という人物をふしぎに思った。が、ふとしたきっかけで、そのわけを蓑島の口から聞くことができた。

増村は逆に蓑島から、何故きみはこんな場所へ、しばしば暇つぶしに来るかと、きかれたのだ。あなたこそ、どうなんだ、と、反問してやりたかったが、その頃の憂鬱な気持を誰かに聞いてもらいたい気も十分にあった際で、つい染葉との関係を蓑島に打明けて話した。

すると、蓑島は顔色を変えて、まっこうから反対した。もうすこし軟かにいえないものかと、増村が恨みがましく思ったほど、容赦のない口調だった。

「とんでもないことだ……きみのような前途有為の青年が、商売女なぞといっしょになるなんて、それこそ自殺にも等しい行為じゃあないか」

「そんなにいうことはないでしょう」と、増村もさすがに顔を青くした。

「商売女だからって別に、みんな悪い女だというわけでもなし……」

「いかん、いかん、絶対にだめだ」と、蓑島はそれでも青筋たてて否定してやまない。

「どうして蓑島さんは、そんなに反対されるのですか」増村もとうとう気色ばんだ。

「そのわけを聞きたいかね……」蓑島は急にがっくりした顔つきになって、「きみは、どうしてぼくが、こんな絵馬堂へ日参していると思う……」

「ぼくも、ふしぎに思ったんです」と増村は正直にいった。

「だろうね……実は、ぼくの家内も、もと天神裏の芸者で、ぼくが落籍《ひか》せた女なんだ」蓑島はひどく意気銷沈したようにいった。

「ところが、ぼくたちの仲はうまく行かなかった……それだからこそ、縮尻《しくじ》った先輩として、きみにも忠告するんだが、艶子《つやこ》（というぼくの家内）は、ひとつ所に落ちつけない女なんだ……それに、あいう場所の女にえてしてある、ひどい迷信家でね……ということも原因のひとつだろうが、柳島に住んでいる野口という易者と、できてしまったらしい。夜になると堅川通りに四角い行灯を出していた、若い易者なんだ……すこし前に艶子が家出してから、すべて判ったことなんだがね……」

　増村は意外な話を聞いて、びっくりした。

「それで、おくさんはまだ、お宅へ帰らないんですか」

「どこにいるか行方も知れないんだ……警察にも捜索願いを出してあるし、野口のことも話してある。柳島の野口の家を探してもらったが、からっぽで、いっしょに逃げたものらしい……だから、こうやって、ぼくも絵馬堂へ探しに来てるんだ」

増村はまた狐につままれたような気持になった。額堂へ探しに来て何になるのだろう。

「つまり、手がかりを探しているんだよ」と、蓑島はいいなおした。「説明しないとわからないが、艶子のやつ、家出をするとき、あわてて男から来た呼出状を落して行った……その手紙に、天神さまの絵馬堂へ来いと、書いてあったのさ」

「すると、この境内で二人が落ちあう手筈だったんですね」

「ぼくも、はじめ、そうかと思ったが、ここへやって来て、よく考えてみると、そうじゃあないらしい……やつら前からときどき密会していて、出会宿《であいやど》も決っているだろうから、こんな場所で逢う必要はない筈だ……要するにこの天神の絵馬堂というのは、やつらの匿し言葉みたいなもので、何か特別の意味があるらしいと気がついた……そこで、絵馬堂をしらべてたわけさ」

「わかりましたか」

「それがわかれば、やつらの居どころについて情報が手に入る可能性もある……そう思って、一心になって探した、が、なかなか手がかりになるようなものが見つからない……やっと気がついたのは、あの鵺の額だ……あの額は絵馬堂の主《ぬし》のようなものだから、何かあの額にひっかけて意味が匿してあると、考えた……それで、額をにらみながら、いろいろ頭をひねってみた。が、わからない……また振出しからやりなおす気で、額の絵が何を意味しているか考えてみた……気の長い話だが、鵺の研究をやりだしたのだ……と、きみにも前に話した方位の問題に気がついた……やつらは易者と迷信家だから、方位なぞには詳《くわ》しい筈だ」

「で、どんなことが、わかったんです」増村は好奇心をそそられて、きいた。

「あの鵺の図は、卯と酉と巳と、三つの方位をしめしていると考えられる……卯と酉は反対の方向だから直線になる、卯酉線《ぼうゆう》は子午線に対して直角にまじわる直線だ……卯酉線に対して巳の斜線を引くと、ほぼ六十度ぐらいの内角ができる……そこで、この方位幾何図は何を暗示するか」蓑島教諭は、ちょっと教壇に立っているときの声になった。

「巳の線の延長は、亥《い》の方位にあるということだ……鵺図にしめされた卯酉巳の方位が暗示するものは、亥の方位であるということである……しからば亥とは何か……亥、亥、亥と考えてるんだが、ぼくにはまだ何のことだか、いっこう、わからない……」そういうと蓑島は、答案のできない生徒のように、頭をかかえこんだ。

増村の方は、鵺の図の謎にはひどく好奇心をそそられたが、商売女に関する蓑島の意見を、鵜のみにする気にはなれなかった。しかし、染葉とのこれからについて、切ないほど不安にさせられた。いやな予言だった。

そういえば染葉も、だんだん、かれに逢うことを、はばかるようになって来たようだった。だが、増村の方から積極的に出て、何とかなるという自信もなかった。増村はちかごろすこしやけに荒《すさ》んだ気持になっていて、女との間の亀裂を意識していた時だから、蓑島の呪いじみた言葉は、よく利いた。だが、そういう気持とは逆に、染葉のまだ肉のつかない、靭帯《じんたい》の薄そうなからだが、ひどく欲しくなるのだった。

増村は蓑島の悲劇的な話にかえって刺戟され、むしょうに女と逢いたくなって、その晩「遅月」へ、都合をつけて出かけ、染葉を呼んでもらった。女がなかなか顔を見せないので増村はふと思いついて女中を呼び、「方位のことは、何を見たら、出ているかね」ときいてみた。女中が、にやにや笑いながら持って来てくれたのは、九星の暦だった。

増村は畳の上にひっくり反って、暦をめくってみた。かれはその時まで、九星暦なぞというものを注意して見たことはなかったが、なるほど最初のページに、蓑島が教えてくれたような方位図が出ていた。

卯と酉、それから巳の方位を、かれは寝ころんだまま、指でたどってみた。巳の線をまっすぐ伸ばすと、たしかに亥の方向になる。だが、「亥」に何の意味があるのだろうか。

しばらく図面をにらんでいるうち、増村は妙なことに気づいて、はっとして、身を起した。思わず、むずと坐りなおしたのである。

五

方位図の亥のとなりは、「みづのへ」になっていたのだ。北を三分して、各コマに右まわりに、「みづのへ・子・みづのと」と、書きこんである。これを逆にたどると、みづのへの前が、「ゐ・乾・いぬ」となる。それ故、亥とみづのへは隣りあっていたのである。

増村のいまいる「遅月」の隣りは、ちょっとした温泉旅館で「水上」といった。もちろん、みなかみと読むのだが、「みずのえ」と読むことだって、できる。遅月も水上も、天神の社からは、ちょうど図のしめす方位にあった。すると情人たちが鵜の額の中にかくした言葉の「亥」は、水上のとなりの遅月で、ここが彼らの出会宿だったのか。

増村は思いがけぬ発見をした心のおどりよりも、いつか裏の大弓場から、この待合の二階を見あげていた蓑島の顔を思いだすと、思わずぞっとしていた。弓もひかない蓑島が、何故たびたび大弓場にいたのだろう。かれはとうに、鵜の図の秘密に気づいていたのではなかろうか。

増村は女中を呼んで、暦を返しながら、柳島の易者と、もとこの土地で左褄《ひだりづま》をとっていた中学教諭の妻との情事を、それとなく聞いてみた。

「ひとのことなんか、気にするんじゃ、ないの……」と女中はいったが、肯定した。待合は連込宿《つれこみやど》とはちがうが、むかしのよしみで断われなかったのだと、いいわけがましく、いった。

その晩、染葉としっくり行かなくて、増村はぷりぷりして宵の口に帰ると、ごねたが、女にはそれがかえって好都合らしく、増村はよけい癇癪を起した。かれは蓑島の妻の話を持ちだして、芸者なんて、みんなそんなものだろうと、あてこすりをいったりした。

染葉は他人の噂など、あまり好まない方だったが、増村の厭味に腹を立てたらしく、あの姐さんは特別だ、あんな人とくらべるなんて、ひどいといって、蓑島の妻がまだ美津奴《みつやつこ》といっていた頃の、ある噂をひきあいに出して話した。

美津奴はちょっと風変りな、あまり他人となじまない女で、そのため、よくいわれなかった。美津奴の実母は暮らしに困っていたらしく、彼女のいた置屋へ、たびたび小遣いをせびりに来た。ある日、彼女が二階の大屋根の上の物干場へ上って、洗濯物を干しているところへ、母親が訪ねて来て、ないしょの話でもあるらしく、あがって行った。

それから、屋根の上にかけた狭い梯子を、二人して降りかけたとき、どうしたはずみか母親が足を踏みすべらし、そのまま路地裏の地面まで落ちて、即死してしまったという事件があったのである。誰も現場を見ていた者はなかったが、そのときの美津奴の態度が、ちょっと冷静すぎたためか、彼女が厄介者の母親を突きおとしたのだという噂が立った。

この話を染葉の口から聞いたとき、増村はぞっとして、そんな噂を知らずに結婚したかも知れぬ蓑島が、気の毒になった。後でそんな話をどこかで聞かされたら、どんな気持がしたろうと思った。それとも、男はそんな場合、かえって噂を立てられた女を、庇《かば》う気持になるものだろうか。そんなことを考えると、増村のむしゃくしゃした気持の中で、染葉も一皮むけば、美津奴のような女だと思えて来るのだった。

しかし、二、三日たって気がしずまると、増村はそんなことを考えた自分を恥じて、自分の方が無理だったと思うようになった。すると、この間の発見を、蓑島も気がついているかどうか、たしかめたくなって、天神の境内へ行ってみた。

ところが、その日は蓑島に会えなかったばかりか、額堂へ行ってみると、あっと眼をみはるような意外なことが、かれを待っていたのである。それまで、いつ行っても必ずそこにあった額堂のぬしのような鵺の額が、なくなっていて、池にむいた方の鴨居に、大きな空虚が口をあけていたのだ。そして、増村はそれ以来その額を二度と見たことはなかったし、蓑島金作にも、それっきりばったり会わなくなってしまった。

しかし、増村はそのうち蓑島に会えるものと思って、続けて額堂へ通っていた。と、鵺の額の見えなくなった日から二三日後に、かれは私服の警官に尋問された。私服は増村がよく額堂にいたのを、知っているらしく、そこにあった鵺の額について、何か知らないかと、しつこく尋ねた。増村は何も知らないと答えた。私服に同行を求められて、増村は、仕方なく、所轄の警察署へ行った。三十五、六歳の小肥りにふとった警部補に、増村はしらべられた。杉《すぎ》という名の柔和な男だった。

「きみは何故、天神様の額堂へ通っているのですか」と、杉警部補は、きいた。

「卒業論文の構想をねりに行くのです、あそこは静かですから……」と、増村はとっさに嘘をついた。

「きみは、あそこで、ある中年男と、よく話をしていたというが、あれは誰ですか」

「蓑島さんという、中学の先生です」

「蓑島金作かね……」警部補は驚いたように、いった。

「蓑島はあんなところで、毎日、何をしていたのかね」

「鵺の額を研究をしていたようですね」

警部補はまた驚いたように、増村の顔を見つめた。

「その鵺の額が盗難にあったのを、きみは知っていますか」

「盗難ですって……」今度は増村が驚く番だった。「あんなものを盗んで、どうしようって、いうんです……」

「ぼくは犯人じゃないから、どうするか知らないがね……」

と警部補は苦笑して、

「きみ、今朝の新聞を読んだかね……まだなら、これをちょっと読んでごらん」

杉という警部補が貸してくれた新聞の、三面に出ていた小さな記事を読んで、増村はまた驚かされた。

——栃木県の、男体山の南の方にある夕日岳の山続きで、木樵《きこり》が心中者らしい男女の死体を発見した。女は三十二、三歳の美人でお召の、単衣《ひとえ》に肌襦袢、レースの腰巻をしめている。男も同年配で、セルの着物を着たなかなかの美男子、男がさきに短刀で女の喉を突いて殺し、それから自分の胸を突いて自殺したように見える。女の下肢がはだかって、山蟻がそこにたかっていた。死体は両方ともかなり腐爛していたが、人相は見わけられぬ程ではなかった。本所の某中学校の教官、蓑島金作氏から、同人の妻の捜索願が出ていたため、警察は死体を認知させるため同人を召喚したが、呼出しに応じないので、しらべてみると、本人も失踪していた。蓑島の内妻艶子の実弟（人形町の足袋屋の職人）が出頭して、艶子の死体と確認した。もう一つの死体も、柳島の易者野口某であることが判明した……。

「いったい蓑島さんは、どこへ行ってしまったんですかね……」と、増村は呆然として呟いた。

「それで、蓑島が研究していたという、鵺の額の問題は、きみも聞いているでしょうね……いったい、どんな研究をしていたの」

増村は連れて来られた時とは、すっかり気が変って、できるだけ詳しく鵺の額をめぐる話をし、蓑島の鵺の講釈から、かれの発見したことまで、警部補に話してきかせた。杉はひどく興味を感じたらしく、「面白い話だね、それは」と、何度もくり返し感歎したが、その顔は次第に暗くなって行った。

それから増村は、何か判ったら連絡するようにいわれ、住所を書きとめられてから帰された。

六

ところが増村は、それから二三日後、染葉に逢った帰り、天神裏のあたりを歩いていると、五加《うこぎ》新一《しんいち》に呼びとめられた。

五加は天神裏の地廻りで、最初かれに声をかけられたとき、増村は因縁をつけられるのかと思ったが、そうではなかった。五加はむしろ哀願するような調子で、私娼窟のあるあたりに近い、アキ壜屋の納屋のはいこみ二階の、かれのねぐらに増村をつれこんだ。五加は蓑島の身の上を心配しているのだった。

五加はもと蓑島の学校の生徒で、近所の女の子に暴行して退校処分になった。当時の級友からつけられたゴカシンという綽名《あだな》を通り名にしている男だった。ゴカシンは増村がときどき蓑島といっしょにいるところを見ていたので、増村が蓑島の居所を知っていれば聞きたかったし、相談もしたかったと、いった。

「実はぼくも、あれきり蓑島さんに会わないんで、すこし心配してるんだ」と、増村もいった。

「ひょっとしたら、あの天神さまの額と関係のあることじゃないの」

「そうなんだ、驚いた、ずばりだね」と、ゴカシンは頓狂な声を出した。それから、驚くべき話をしだしたのだ。

「おれは蓑島先生に手を貸してくれと頼まれてね、二人で夜、あの額をおろして運び出したんだ」

「じゃあ、きみたちが盗んだのか」

「盗んだなんて人聞きがわるいが、やっぱりそういうことになるね……それから大八車の上に額を裏返して乗せて、上から薦《こも》をかぶせ、運河のへりまで引いて行った……そこに小舟をつけておいたんだ、車も舟もみんな他人《ひと》のものを、だまって借りたんだよ……そこで、額を舟に移して、おれが艪を押して小名木《おなぎ》川のへりの、先生の家まで漕いで行った……先生は、川に尻を向けた洋服屋の二階を借りてるんだ」

「それからどうしたの」

「先生はおれに、ちょっと待っていろといって、一人で岸にあがり、家のなかへ入って行ったようだったが、やがて、何か重そうに横抱きにして出て来て、そいつを抱えて舟に乗った」

「何だったの、それ……」

「何だか、わからない……大きな麻袋に入れてあったが、どう見ても人間のからだみたいだったね」

「それから……」

「それから、おれは駄賃をもらって、陸へあがった……先生はこわい顔をして、誰にもいうな、というと、そのまま額とその変てこな物を乗っけて、下の方へ漕いで行っちまった……それっきり、先生の顔を見ないんだよ……」

ゴカシンは情ない顔になって、いった。川下へ漕いで行ったとすると、小名木川から放水路へ抜け、新川、袖ケ浦に出て、行徳あたりまで行ったのか、あるいは東京湾内へ、更に遠くまで漕ぎだしたのだろうか。そして蓑島が小舟に、大絵馬といっしょに乗せていった、人体のような物はなんであろう。

ゴカシンと別れてから、ゴカシンは怒るかも知れないが、この話は杉警部補に知らせるべきだと、増村は決心した。

杉は増村からその話を聞くと、

「やっと結論が出そうだね」

と、いった。

「きみはあの新聞記事をどう考えます……情況はほとんど心中と考えられるようなものなんだが……ひとつ怪訝《おか》しいところがある。女がみにくい死にざまをしていたということなんだ……覚悟の心中なら、新聞に書かれたような恰好にはならない……男の方からしかけた無理心中としても、あとで男が女の姿を整えておくのが、ふつうです……

「蓑島は細君が失踪してから、ずっと学校を休んで、天神の額堂へ通いだした……おそらく、かれはきみが発見したのと同じ方法で遅月という待合に眼をつけていたろう……それから、もうひとつ、区役所の寄留簿をしらべてみれば、野口という易者の本籍が、栃木県の鍋沢というところだとわかるが、これはちょうど天神のあたりからは、いぬゐの亥の方角に当るんです……そこで蓑島は、細君と野口が遅月に落ちあって、野口の故郷の、夕日岳の下の山村に逃げたとあたりをつけた……そこで、かれらの後を追って行って、二人を殺し、心中を偽装したと、わたしは見る……だが、証拠はありません

……

「わたしはしかし、きみや蓑島のように、方位の謎を信じてるわけじゃない……野口の呼出状に書いてあったとおり、二人は額堂で落ちあって、その晩は細君の知りあいの遅月に泊ったと考えて、いっこう、さしつかえない……蓑島の故郷が『亥』の方角にあったのも、偶然の暗号で、ひとまず故郷へ逃げるというのは方位に関係がなくても、誰でも考えそうなことだ……

「わたしの考えでは、蓑島はきみと会った初期に、細君と野口を殺しに行って、そっと帰って来ている……ところが、蓑島はもう一度、細君を殺したくなった……こういう考察は、むしろ蓑島の好きな領分かも知れないが、中世のヨーロッパで、死んだ魔女の追《おい》裁判や、吸血鬼の墓あばきが行われたように、かれの悪妻をもう一度こらしめたくなった……そして実母を殺した女には、親殺し《パリシダス》の刑が、もっ

ともふさわしいと考えた……蓑島は兎と鳥と蛇をお伴につけて、袋につめた細君を、放水路から海へ流しに行ったのだろう」

「しかし、そのとき蓑島さんのおくさんは、もう夕日岳の下で死んでいたのでしょう」

呆気にとられて聞いていた増村は、ここまで来て、やっと抗議の声を出した。

「だから蓑島は、下宿先の洋服屋の人型《マヌカン》を拝借して、細君の代用に麻袋に入れたと考えてもいい……蓑島を狂人と見るのも、茶人と見るのも、きみの勝手ですがね……」

「ちょっと待ってくれ」

と、これは増村が杉警部補を遮ったのではない。わたくしが増村の話に口をはさんだのだ。いや、増村の話はもう終っていた。

「狂人でも茶人でもかまわないが、蓑島はどうなったんだね……それから肝心な鵺の額は……」

「蓑島は溺死体になって見つけられたよ……放水路の河口で、舟が転覆したらしい……鵺の額も漁師に拾われて、天神様へ帰った筈だ……しかし、空襲で焼けてしまったんじゃないかね……」

増村はいっこう興味がなさそうにいった。同じ人間を二度殺したという話も、彼が最初の恋に、実を結ばせなかったという、かれの一生を通じての後悔にくらべれば、つまらぬ挿話にすぎなかったかも知れぬ。

増村はその頃から、次第に意志的な人間になって行ったのだという、ある人の批評は、決して穿《うが》ちすぎではないと、わたくしも信じている。

時雨鬼◎宮部みゆき

新大橋を渡り猿子《さるこ》橋を越え、南六間堀町へさしかかったあたりで、爽《さわ》やかな秋晴れのはずの空が、急に暗くなってきた。見あげると、西から東へと雲が流れてゆく。どうやら時雨《しぐ》れてくるらしい。

お信《のぶ》は小走りになった。おかみさんには、生家《うち》にいたころお世話になった差配人さんが危篤だという、ありもしない嘘をついて出てきたのだから、もとより、ぐずぐずしている余裕はない。日ごとに秋の色合いが深まり、ここ数日は朝夕など手足が冷えるほどだというのに、ちょっと走っただけで額に汗が浮く。これも心の内の有様《ありよう》のせいだと思うと、なおさら気が急《せ》いた。

角を折れて三間町に入ると、懐かしい桂庵《けいあん》の古看板が、すぐに目についた。お信はそこでわざと足を止め、自分を励まし踏み切るために、「男女御奉公人口入所《くちいれ》」と縦に並んだ漢字を繰り返し読んだ。出入り口の障子は閉まっている。開けて入らねば来たことにはならない。このままくるりと踵《きびす》をめぐらせて帰れば、何事もなく加納《かのう》屋での奉公人暮らしが続いてゆくのだ。

身体が震えるような感じがした。耳たぶまで熱くなる。

お信は一瞬、目をつぶった。それから戸を開けて、ごめんくださいと訪《おとな》いをいれた。

狭い土間があって、あがり口のついた四畳半ほどの座敷。帳場格子に囲まれた小机と、積みあげられた帳面。五年前、ここの主人《あるじ》に加納屋への女中奉公を世話してもらった時と、ほとんど変わるところのない眺めだ。しかし、お信が知っている限りでは、日中店を開けているあいだは、この小机から動いたことがなかったはずの禿頭《はげあたま》の主人の姿は、今は見えない。色あせた藍《あい》紫の座布団が、寂しく敷かれているばかりである。

お信はもう一度、声をあげてごめんくださいと呼んだ。すると小机の後ろの暖簾《のれん》の奥から、「はあい」と女の声が応じた。

「ちょいとお待ち願いますよ」

女の声は、きびきびとそう続けた。お信は逸《はや》る心に急かれてじっとしておられず、土間をうろうろと歩き回った。

暖簾を分けて、切前髪《きりまえがみ》に派手な格子柄の着物を着た、ざっと四十ばかりの女がつと姿を現した。前掛けで手を拭《ふ》いている。

「あら、いらっしゃい」と、帳場格子の内側の、主人の座布団の上に膝《ひざ》をつきながら声をかける。「口入れのご用でおいでかね?」

ここでは一度も見かけたことのない女である。お信は何とかうなずいて、両手をもじもじと絞った。

女は愛想笑いをした。「それは気の毒なことをしたねえ。うちの人は、昨日から風邪で大熱を出して、うんうん唸《うな》りながら寝込んでいるんだよ。まったく鬼の霍乱《かくらん》だけれども、放っておくわけにもいかないからね」

それを聞いて、身体からふうと力が抜けた。もちろん落胆したからであるはずなのに、そこには安《あん》堵《ど》の念のようなものも混じっている。

「そんな次第で、口入れの方はあの人が治るまではお世話できないけれど、訪ねて来た人には用向きを聞いておけと言われているんでね、表戸は開けてあるんだ」

「そうでしたか……」お信はおとなしくうなずいた。「あの、おかみさんですか」

「そうだよ。さんのつくほど洒落《しゃれ》た女じゃないけどさ」

女は笑って、前髪を揺らした。お信から見れば母親のような歳だろうが、顔立ちは美しい。華もある。しかし、五年前にはここの主人、富蔵《とみぞう》といういいげんのいい名前の小金持ちだが、たしか独り者だったはずである。

お信の疑念を悟ったように、女は明るい声で訊《たず》ねた。「あんたはひょっとすると、先《せん》にもここへ来たことがあるんだね？」

「はい、五年前の出替わりのころに」

「それじゃ、あたしのことは知らないはずさ。あたしがここの主人と一緒になったのは、ほんの二年前だから」

女は言って、にぃと笑った。「爺《じい》さんと大年増《おおどしま》の所帯だから、今さら祝言も何もあったもんじゃないからね。お披露目もしなかったけれど、あたしはちゃんとここの女房なんだよ。怪しい者じゃないから、安心おし」

お信はあわてて首を振った。「そんな……疑っていたわけじゃありません」

「そうかい？　何やら不安そうな顔をしておいでだからね。後先《あとさき》になったけど、あたしの名前はつた。おかみさんなんて照れくさいから、おつたと呼んでくれれば結構だよ」

おつたは帳場格子のなかに座り直すと、横長の白い帳面を広げた。

「さっきも言ったけど、用向きだけならあたしが聞いて、亭主にちゃんと伝えておくよ。あたしの頭じゃあてにはならないけど、ここに書いておくからさ、忘れやしない。空足《からあし》を踏ませたんじゃ、気の毒だからね。新しい奉公先を探しておいでなんだろ？」

お信は、おつたが指で示した横長の帳面を、ちらりとのぞいた。ひらがなの大きな字で、何やらずらずらと書き並べてある。おつたが来客の用件を書き留めたものだろうが、まるで子供の手習帳のような眺めだ。自分の言うことも、同じようにしてこの字でここに書き留められるのかと思うと、顔から火が出るような気がした。

「いいえ、あたしはまた、出直してきます」

自然と尻込《しりご》みするようになって、お信は口のなかで呟《つぶや》いた。

「あれまあ、それじゃ、ところと名前だけでも教えておくれよ。先にも来たことがあるんじゃ、あんたはお得意だ。いい加減にあしらったら、あたしが亭主に叱られるもの」

「そんな……それでもあの……」

「奉公先は、急いでお探しなんだろう？　だってこんな半端な時期だもの。人減らしにでもあったのかえ？　うちの人が先に口利きしたお店《たな》なんだよねえ。この五年、あんたはそこに奉公しておいでだったんだね？　その口がなくなるというんだね？」

屈託も悪意もないおつたの口振りが、かえってお信の心に刺さった。嘘をつき慣れていないお信の口では、おつたのたたみかけるような問いかけに、とうてい太刀打ちできそうもない。

「あたしは、あの」お信はしどろもどろに言った。「五年前の二月に、下谷《したや》の加納屋という搗米屋《つきまい》の女中奉公の口をお世話していただきました」

「下谷の加納屋ねえ。ふうん」

「それが――お暇をいただくことに」

「五年も正直に努めてきたのに、急にお暇を？」おつたは顔をしかめた。「あんた、何かしら粗相でもしでかしたのかえ？　そんなふうには見えないけれど」

お信はうつむいた。おつたは興味深そうにじろじろとお信をながめまわしている。

「何か言いにくい事が隠れているんだね」そう言って、おつたは声を落とした。「何しろあんたは若い娘さんだし、器量も悪くない。その荒れた手を見れば、身を惜しまずに働く気質《たち》だということもよくわかる」

お信はとっさに両手を袖《そで》に隠した。

おつたは笑顔になって続けた。「あたしは見てのとおりの莫連女《ばくれん》だけれど、その分、女を見る目はあるつもりだから、ずけずけ言わせてもらうよ。もしかしてあんた、お店で何か、色恋のもめ事にでも巻き込まれたのじゃないのかえ？　それで急にお暇を下されるような羽目におなりじゃないのかね」

お店のもめ事ではないけれど、色恋がらみということは図星である。どきりとした。すっかり気を呑《の》まれてしまって、お信は硬くうつむいたまま黙っていた。

「身よりはあるのかえ？　おとっつあんやおっかさんは？」

「いえ、いません……」

「兄弟姉妹もいないんだね。それで口入屋を頼って来たんだ」おつたは乗り出して、帳場格子の上に手を置いた。「うちの亭主は、あんな髭鯨《ひげくじら》のような顔だけれど、どうして人望はあるらしくてねえ。あんただけじゃない、ほかにもそういう相談事を抱えてやってくるお客が結構いるんだよ。だから気を兼ねることはないからね」

確かに、ここの主人は面倒見の良い人だった。顔が怖いのはおつたの言うとおりだが、その顔が笑うと、何とも温かいひょうきん面《づら》になることも、お信はよく覚えている。

五年前にここに来たときには、前年の夏のコロリと秋の水害で、あいついで父母を失い、まだ十三歳の少女でありながら、天涯孤独の身の上になって、途方にくれていたお信であった。そんなお信の身の振り方を、ここの主人は親身になって考えてくれた。加納屋に奉公が決まったときには、古着のひとつも買えと言って、いくばくかの金を包んで持たせてくれた。

そんな親切が身にしみていたからこそ、今日ここを頼ってくる気にもなったのだ。

「あたしは、あの」

お信は口を開いたが、上手《うま》く言葉が出てこない。頑《かたく》なに黙ったままでいては申し訳ないという気持ちと、胸のなかを打ち明けることの気恥ずかしさとで、身をふたつに裂かれるような思いだ。

「お店で――もめ事があるのじゃありません。加納屋の皆さんは、あたしのような端《はした》女中に、本当によくしてくださいます。台所のことなんか、あたしは何も知らなかったのに、一から教えていただいて」

「あんたは台所女中なのかい」おつたは納得したようにうなずいた。「搗米は力仕事だから、大食らいが多いんだってね。さぞかし飯炊きが大変だろう」

お信は急いで首を振った。「搗米は本当に大変な力が要りますけれど、でもそんな大食いの人なんておりません。人並みです」

「そうなの。じゃ、朝に晩に一升食うの、赤子の頭の大きさのおにぎりがお八つだのというのは、川柳のなかだけのお話かねえ」

「ええ、ええ、そうですとも。加納屋の安さんも蓑《みの》さんも銀さんも、みんな口はきれいな方《ほう》です」

お信が力を込めて言い募るので、それがおかしいと言っておつたは大笑いをした。

「だけどいい話じゃないか。あんた、すっかりお店に馴染《なじ》んでいるんだね」

言われて、お信もちょっぴり笑った。台所女中の務めは楽ではないが、確かに加納屋はいいお店だ。今では、お信にとって唯一無二の家も同様の場所である。

だからこそ切ない。

「でも……」おつたが口元だけに笑みを残して、真顔に戻った。「そんな居心地のいいお店から、またどうしてあんたはお暇になるのだえ？」

話が始めのところに戻ってきた。どうでも打ち明けないことには、もう逃げられない雲行きだ。

「あたしは、方向に何の不足もないのですけれど」お信はおずおずと言い出した。「もっと——良い給金をとれるところに替わった方がいい、うってつけのところを世話してやるというお話をもらったんです」

おつたはしげしげとお信の顔を見つめ直している。お信は下を向いた。

「あんたは加納屋のお給金に不満があるの」

お信は飛びあがる。「いえ、とんでもない！」

「だろうねえ。だってあんたには、仕送りしなくちゃならない身内も、借金もないんだろ？」

「はい……ですけど……」

「もっと稼ぎたい理由が、ほかにできちまったんだね」

お信は黙ってうなずいた。

「中《あ》ててみせようか。それは男だろう」

わざわざうなずかなくても、おつたはお信の顔を見て察しているはずである。頬が熱い。

おつたは開いたままの帳面に目を落として、歌うように節回しを付け、長々と息を吐いて、ふうんと言った。

「もっと中ててみるなら、あんたにもっと稼げる奉公先の口をきこうというのも、その同じ男だね」

「はい」お信は小さな声で認めた。「同じ人です」

「つまりさ、ざっかけない話、その男――あんたの情男《いろ》は、あんたにもっと稼いで欲しいんだね。あんたのためじゃなくて、自分のためにさ」

「いえ、違います。それは違います！」お信は帳場格子に両手をかけて身を乗り出した。それがあまりに凄《すご》い勢いだったので、格子に挟んであった蠟燭《ろうそく》立てを倒してしまい、それは机の向こうへ転がり落ちた。ごめんなさい、すみませんなどとあわてて拾い上げ、お信がそれを元通りに戻すのを、おつたは悠々と見物していた。そのあいだ、ずっと薄笑いを浮かべていた。

その場で走っているみたいに、はあはあ言いながらお信は続けた。「重太郎《しげたろう》さんはあたしのためを思って言ってくれてるんです。女中奉公なんて、若いうちはいいけど、歳がいったら務まるもんじゃない。働けるうちに稼げるだけ稼いでおあしを貯めて、ゆくゆくは表通りに小店の一軒も持ちたいなら、もっといい奉公先があるって。あの人はあたしよりずっと世慣れてるし、世間のこともよく知ってる。だから、本当にあたしのことを思って言ってくれてるんです。だいいちあの人は、柳橋じゃ人に知られた船頭で、だから稼ぎだって多くって、あたしなんぞをあてにしやしません。そんな情けない、だらしない人じゃないんです」

つんのめるようにして、ひと息に言ってのけたお信の顔を、おつたは可愛い子猫か子犬でもからかうような、笑みを含んだ目で見つめていた。そして小さくひとつ息をつくと、優しい声で尋ねた。「それでその重太郎さんとやらは、あんたにどこへ移れと勧めているのさ」

「浅草の――新鳥越町にある――」

「浅草ねえ」

「明月《めいげつ》という料理茶屋です」お信は言って、乾いた喉《のど》をごくりと鳴らした。「そこで、住み込みの仲居を欲しがっているんだそうです」

「仲居ねえ」

「ええ、お酌ぐらいはするそうですけど、お運びですから、あたしみたいなあか抜けない女でも大丈夫だって」

「それでも良い給金をくれようというんだね？　いくらぐらいさ」

重太郎の話では、年に五両ということだった。加納屋では年一両だから、比べものにならない大金である。

「五両ね」おつたは、さもあらんという顔でうなずいた。「ふうん、そりゃいい話だよ。いっそあたしが行きたいくらいだ。年増の仲居は要らないのかね」

笑っているけれど、鼻先から声が出ている。嘲《あざけ》っているのだ。お信は身を固くした。

「そうするとあんた、加納屋さんからお暇を出されたわけじゃない。あんたの方から加納屋を出ていこうというのだろ？　そうだね」

「――はい」

「そんならそうと、真っ直ぐにお言いよ。つまらない嘘をつかないでさ」

言いにくかったのだというような言い訳を、お信は口のなかでもごもご訴えたが、おつたは聞いてなどいない様子だった。

「それであんた、何が相談なんだい？　明月とやらへ移ると決めたのなら、べつだん、うちの亭主の耳垢《みみあか》をほじって報《しら》せるほどのことじゃない。加納屋には五年もいたのだし、あんたの都合でお暇をもらったって、口を利いた亭主の顔がつぶれるわけでもない。何を言いに、わざわざ下谷からこっちまで駆けてきたのさ？」

明らかに棘《とげ》のあるおつたの口調に、お信は怖くなってきたけれど、ちくちくやられれば腹も立つ。気がついたら言い返していた。

「べつに、何を訊《き》こうと思ったわけじゃありません。せっかく口利きをしてもらった恩があるから、ご挨拶《あいさつ》しようと思ったんですけど、そんな義理立ては要らないというのなら、さっさと帰ります」

意外なことに、あっはっはと声をたて歯を見せて、おつたは大笑いをした。

「何をそんなにとんがっているんだえ？　おかしな娘《こ》だね」

そして不意に身を乗り出すと、今度はおつたが帳場格子を両手でつかんだ。そして、お信の顔にくっつきそうなほどに顔を近づけ、内緒話のようにして言った。

「ねえ、ついでだからもうひとつ中ててあげよう。あんたはうちの亭主に、その明月という料理茶屋がどんなところか、そこに奉公したら、本当に仲居として働くだけでいいのか、それを訊《たず》ねにきたんだろう？　愛《いと》しい重太郎さんの言うことを信じちゃいるけれど、丸呑《まるの》みする気にも、ちょいとなれない。不安でしょうがないから、確かめに来たんだろう？」

ぐうの音も出なかった。おつたとお信では、うわばみとみみずくらいに器が違う。

「念には及ばない、訊くだけ野暮なくらいだけれど、あんた、その重太郎という男に惚《ほ》れているんだろう。だからこのおつたさんの言うことなんざ、右の耳から左の耳、かすりもせずに通り過ぎちまうんだろうけど、それでも言わないとあたしの気が済まないからね。あんた、惚れた女が、せっかくまっとうなお店で正直に奉公をしているというのに、それをわざわざ料理茶屋なんかに鞍替《くらが》えさせようという男に、まともな男がいるものか。そんな奴は、女に稼がせててめえは遊んで暮らそうという、性根の腐ったろくでなしと、最初《はな》から底が割れてるよ」

お信は叫んだ。「そんなことないわ！　重太郎さんは——」

おつたは大声を出すわけでもないのに、やすやすとお信を遮った。「あんたに優しくしておくれなんだね？　帯留めのひとつも買ってくれたのかえ？　かんざし？　白粉《おしろい》？　まさか、雨の日にぬかるみに足をとられて鼻緒が切れて、往生しているところを、手拭《てぬぐ》いを裂いて直してもらったとかいうのじゃあるまいね？　お店《たな》のお遣いで遠出した帰りに、盛り場で破落戸《ごろつき》にからまれているのを助けてもらったというのでもあるまいね？　そんな出来過ぎた話で、あんたころりとまいっちまっているのかえ？」

盛り場で破落戸に——というのは、的の真ん中だった。お信はまたぞろ言葉を失った。顔が上気して、伏せたまぶたの裏側まで熱くなるようだ。

「おやおや、とんだ金時《きんとき》の火事見舞いだ」おつたは手を打って喜んだ。「今時、そんな茶番に騙《だま》される町娘がいるなんて、まだまだお江戸は広いということだねえ」

お信は泣きたくなってきた。こんなところ、来なければよかった。ほんのちょっとでも重太郎さんの言うことに不安を感じて、あの口入《くちいれ》屋の主人なら知恵を貸してくれるかもしれない、相談してみようなどと思い立ったのが間違いだ。

それにしても、こんな大声でやりとりしているというのに、奥の方ではこそりとも人の気配がしない。富蔵の具合は、よっぽど悪いのだろうか。風邪は万病の元という。おつただっていつまでもお信を相手に油を売っていないで、病人の枕辺に戻ってやった方がいいじゃないか。なんでこんなにしつこくかまうのだろう。嫌らしいったらありゃしない。

「悪いことは言わないから、重太郎なんて男のことは、きっぱりと忘れておしまいよ」

お信の半ベソをかいたような顔に、おつたは優しく語りかけた。

「あんただって、ちょっと頭を冷やして考えたら、あたしの言っていることが正しいとわかるはずだ。本当にあんたのことを想ってくれる男だったら、今の良い奉公先を引いて茶屋女になれなんて言うもんかね」

お信はひるみそうになる自分の心をぐいと持ちあげて、頑固に口元を引き締めた。口先だけはやわらかだが、この人はあたしをバカにしてるんだ。世間知らずの小娘だと舐《な》めてかかってるんだ。わかったようなことばかり言ってるけど、こんな女、これっぽかしも信用できるもんか。

「おやおや、むくれておいでだね」おつたはお信の顔をのぞきこむ。「あたしに腹を立てるのはかまわないよ。あんたの愛しい重太郎さんはろくでなしだなんて言われたら、そりゃあ面白くないだろうサ」

「会ったこともないくせに！」お信は、思わずカッとなって噛《か》みついた。「重太郎さんを知りもしないくせに、いい加減なことを言って！」

「確かに重太郎さんには会ったことはないよ」おつたはまったく動じなかった。「だけど、似たような男どものことならよく知ってる。もう、うんざりだっていうくらい知り抜いてるんだ。何しろあたしの人生のケチの付き始めは、あんたの重太郎さんみたいに優しい色男の口車に乗って、のこのこ後をついていってさ、挙げ句に十年年季で女郎屋に売り飛ばされることだったんだから」

おつたは言って、短く笑った。今度はお信ではなく、自分の昔話を笑っているのだ。

「ついでに言っとくと、そのころあたしは十五だった。今のあんたよりまだ若い。男を見る目がなくたって、あんたより三歳分ぐらいは罪が軽いよ。それでも堕《お》ちた先は女郎屋だからね。こういうことは、一度間違うと、もう待ったなしなんだ。女なんて弱くって、自分にかまってくれる男には逆らえなくって、ずるずる引きずられて、結局は後戻りできないところまで行っちまう。あたしが見本さ」

おつたはぽんと胸を叩《たた》いた。目は真っ直ぐにお信を見ている。その顔にさまざまな表情が浮かんでは、また別のものに変わってゆく。笑うような、泣くような、怒るような。まるで、どんな顔をしたらお信に通じるか、一生懸命に試しているみたいだ。

お信は自分で自分につかまるように、着物の袖《そで》をつかんだ。あたし、恐ろしい。だけど、何がこんなに恐ろしいんだろう？　もっともっと腹を立てれば、この恐ろしさを消せるだろうか。

おつたはどこまでもお信の内心を見抜いて、容赦なくたたみかける。

「あんた怖がってるだろ？　だけど、あたしが怖がらせたわけじゃないよ。だって、あんた最初《はな》から怖がってたもの。さっきも言ったろ？　あんたがうちの亭主を訪ねてきたのは、明月って料理茶屋の素性を確かめるためだった。誰でもない。あんた本人が、愛しい重太郎さんの甘い甘いお話を、少しだけど疑ってるからさ。誰よりも、あんた自身がそれを知ってるはずだ。けっして悪いことじゃない。分別のあるしるしだものサ。それがあんたの、若いときのあたしとの違い。三つ分の歳の違いかもしれないし、おつむりの違いかもしれない。どっちかって言うと後の方だろうね、きっと」

お信は黙っていた。こんなふうに誉められたって、嬉《うれ》しくも何ともない。

気働きがある、よく気がつく、何でもすぐに覚えて手際がいい――そんな誉め言葉なら、加納屋でもしばしば頂戴《ちょうだい》する。だけどそれは、本当に誉められたことじゃない。ただ女中として出来がいいということを言われているだけで、お信でなくたって、同じようにできる者なら誰だっていいんだ。

でも、重太郎は違う。彼はお信だけを見つめてくれる。お信がこの世でいちばん大事だと言ってくれるのだ。そんな人には、今まで一人だって巡り会ったことはなかった。

おつたは、お信の顔を見守りながら、ふうっとため息をついた。

「あたしときたら、三十を過ぎてもまだ男に騙されることの繰り返しだったからさ。まったくねえ、あんたに説教できるような女じゃないんだよ。だけどさ――」

首をかしげる様子は、妙に娘むすめして見える。

「きっと良くないことになるってわかっているのに、放っておくのもねえ」

お信は半歩、後ろに下がった。ああ、もう嫌だ。

できるだけ憎々しげに聞こえるように、顎《あご》を持ちあげて言い放った。「余計な心配は要りません。重太郎さんは大丈夫です。あたしは加納屋を下がりますけど、旦那《だんな》さんにはよろしくお伝えくださいまし。お邪魔しました」

くるりと背中を向けて戸口へ出て初めて、雨が降り始めていることに気がついた。すっかり雲にふさがれてしまった空から、駆け足のような速さで冷たい雨が落ちてくる。

「おやまあ、時雨《しぐ》れてきたね」

おつたも土間へ降りてきて、お信の横に立った。すると、ごくかすかではあるけれど、彼女の身体から、何か金気くさいような嫌な匂いが漂うことに、お信は気づいた。ずいぶん変わった香だこと、と思った。

「妙だね……」おつたは雨足を見つめたまま、独り言のように呟《つぶや》いた。「こんなときに時雨《しぐれ》になるなんて。おかげで思い出しちまったよ、古い話を」

「古い話？」

「二十年近くも昔のお話だよ。ちょうどこんな時雨のときにね――あたしは――ちょいとおっかないものを見たことがあるのサ」

そんなことを言われれば、誰でも興味を惹《ひ》かれる。だが、そうやって引き留めるのが手だとわかっていたから、お信は何も言わなかった。

「たくさんの人間のなかにはね」

おつたは勝手に話を進める。

「自分の欲のためなら、親切そうな優しそうな顔をして、平気で他人を騙したり、殺すことのできるような連中がいるんだよ。そういう奴らは、いかにも人間らしいきれいな顔の下に、鬼の本性を隠してるんだ」

囁《ささや》くような小声。淡々と静かな口調だった。

「二十年近くも昔、そうこの深川のあたりがまだ朱引きの内に入らずに、下総《しもうさ》の代官差配地だったころのことさ。あんた、十万坪とか六万坪とか呼ばれている、猿江や大島の新田の方へ行ったことはあるかい？　あっちはずいぶん鄙《ひな》びているけれど、それでも今は武家屋敷がずいぶんあるだろ。あのころはもっともっと何もなくてさ、大きなお屋敷と言ったら一橋《ひとつばし》様があるっきりで、あとは広々と田圃《たんぼ》があるばっかり。ひとつの地主の家から次の地主の家まで、半町も歩かないとならないんだ。夏は油照りでたまらないし、冬の空っ風といったら目も開けられない。そのかわり梅林は見事でね。春には目も洗われるようだった。朝に晩に、青い掘割に沿って、満開の梅の花の上を、都鳥が群をなして飛んで行く。極楽の眺めってのは、こういうのを言うのかなって思ったくらいだったよ」

その光景がまぶたに浮かぶと言いたげに、おつたは目を細めた。

「そのころあたしは――ちょいとばかり江戸にいられない事情があって、名前も変えて、身元もでっちあげて、亀戸村《かめいど》のある地主の家で、住み込みの女中奉公をしていたんだよ。田舎のことだから、ちゃんとした請人《うけにん》証書なんかなくても転がりこむことができて、あたしには好都合だったんだ。古い話だけど、その地主の家は今も栄えているから、名前は勘弁しておくれね」

おつたは言って、お信の方を見ると、ちょっと微笑んだ。するとまた、さっきの金気くさいような匂いが、ほのかに漂った。彼女の息から匂うのかもしれなかった。

「その家には、米寿を祝ったばかりのご隠居さんがいてね。おそろしい年寄りさ。ほとんど寝床から出ることのできない暮らしで、頭の方もだいぶ弱ってた。それで、離れで一人で暮らしていたんだけど、あたしはときどきおかみさんのお手伝いをして、そのご隠居さんの世話をしてたんだ」

ご隠居はおとなしい人だったが、時折、おかしなことを口走る癖があった。

「何かと言ったらね、鬼が見えるって言うんだ。離れの窓からは、狭い庭と堀割越しに、田圃が一面に見渡せるんだけど、その一角に溜池《ためいけ》があって、ぐるりはきれいな梅林になっていた。その梅林のなかに、鬼がぽつねんと立っているのが見えるって言うのさ」

さすがに興味を惹かれて、お信は訊《たず》ねた。「昼間からですか?」

おつたはうなずいた。「昼間だよ。だって夜は真っ暗だものね。お天道さまの下に、頭から二本角をはやした、ひと目でそれとわかる鬼がいるっていうのサ。たいていは鬼が一匹だけだけど、時には小作人たちのあいだに混じったりしていて、でも、誰もその鬼には気がつかないんだって。おかしな話だろ？」

おつたが初めてその話を聞かされたのは、まさに梅の盛りの春のことだったそうである。彼女は前年の末にこの地主の屋敷に入り込んでいたので、そのころはようやく女中暮らしにも慣れてきたばかりだったから、何を聞いてもはいはいと、おとなしく頭を垂れていた。

「地主のお屋敷の人たちも、ご隠居さんの言うことを真に受けてはいないようだった。だから年寄りのうわごとだって、聞き流していれば済んでしまった。ところがね——」

夏を越し秋が来て、日に日に昼が短くなったと感じられるころ、ご隠居は急に身体が弱り、あっけなく逝《い》ってしまった。

「離れを取り片づけることになって、あたしはけっこう忙《せわ》しなく過ごした。そして一段落したころに、なんとなく——本当に何ということがあったわけじゃないんだけど、ご隠居さんが言っていた鬼のことが気になってね。ご隠居さんには、本当に何か見えてたのかなって、無性に知りたくなって、梅林の方まで行ってみたのさ」

それまでにもおつたは、屋敷の用人に言いつけられて遣いに出たりしていたから、小作人たちの小屋の方まで行ったこともあったし、実はこの梅林のあたりを歩いたこともあった。それでも、ご隠居の言葉を裏付けるものを探すような気持になったのは、このときが初めてだった。

「実を言うと、おっかなかったんだ」と、おつたは小さな声で言った。「ご隠居さんの亡くなり方が、あんまり急だったもんでね。もしかしたら、ご隠居さんだけに見えていた鬼が、見られていることに気づいて、ご隠居さんをとり殺してしまったんじゃないかって思ってサ」

庭を回っておつたが田圃のあぜ道の方へ出てゆくと、さわさわと雨が降り出した。

「時雨れてきたんだよ」

おつたはここで、また戸外を見た。銀の粉のような雨を見た。

「ちょうどこんな具合だった」

あぜ道を歩いて行くあいだにも、どんどん雨足は強くなる。空を見上げて、引き返そうかとためらったが、何かに引っ張られるようにして、結局おつたは梅林の方まで走ってしまった。

刈り入れの早いそのあたりの田圃はすっかり収穫も終わり、周囲はがらんとだだっ広いばかりだ。小作人たちも出ていない。もちろん梅林も花の時期ではないから、全体にやせ衰えたような寒々しい姿で、ただどこかで遠く鳥が鳴いていた。

おつたは独りぼっちだった。

「そこであたしは」

くっきりと美しい横顔を見せて、おつたは言った。

「鬼に会ったんだ」

梅林のなかに、ふと気がついたら居たのだという。時雨に濡《ぬ》れてしょぼしょぼと、鬼は寒そうで、ひもじそうで、ひどく悲しそうだった。

「それでも、とてつもなく忌まわしかった」

おつたは続けて、つと目を閉じた。

「あたしはそれで、思わず言った。ああ、あんたは鬼だね、雨に打たれて、人間の仮面が溶けちまったんだろう」

そして、後も見ずに逃げ出した。

「あぜ道の途中で振り返ってみたけれど、溜池の水面に梅林が映って、あたりは白く雨にけぶっているだけで、鬼の影も人の影も、何も見えはしなかった。だけどあたしは確かに鬼に会ったのだし、鬼と目があったって思っているんだ」

そこで、おつたは黙った。続きがあるわけではなさそうだった。

薄気味悪い話ではあるが、おさまりの悪い話でもある。鬼が追ってきて騒動になったというわけでもないし、鬼の正体が後になってわかったというわけでもない。脈絡がないようだ。お信は居心地の悪い思いをした。合いの手も入れようがない。

おつたはそれを察したのか、お信を見返ってにっと笑った。「つまらない話をしちまったね。時雨を見ると思い出すのサ」

「あたし、もう帰らないと」

「そうだろうね。うちの人には伝えておくよ。会えなくて済まなかったね」

時雨はじきにおさまるものだし、実際に雨は小降りになってきていたから、お信は何度も辞退したのだが、おつたは傘を貸してやると言ってきかなかった。そして、くれぐれも鬼のことを忘れるな、連中は人の皮をかぶってるんだからねと念を押した。何だか、それまでの話の筋道を見失ってしまったように、鬼のことばかり言う。それが剣呑《けんのん》で、お信は最後には逃げ出すようにして桂庵を離れた。走りたかったので、結局は傘もささずじまいであった。

それから二日後のことである。

お信が台所で青菜を茹《ゆ》でていると、女中頭のおしまが子細ありげに眉根《まゆね》を寄せて近づいてきて、深川の政五郎という岡っ引きの手下《てか》が、あんたに訊《き》きたいことがあると言って訪ねてきてる、ちょいとおいでと手招きした。深川と聞いてお信はどきりとしたが、もとより桂庵《けいあん》を訪ねたことは内緒であるから、おとなしくおしまに従って勝手口から外に出た。

岡っ引きの手下というのは豆粒のように小柄な男で、歳はせいぜい二十歳ぐらいだろう。粋《いき》がっているのか生来こういう顔つきなのか、右の口の端が打ち損ねた釘《くぎ》みたいに曲がっている。その口が開いて、邪魔して済まねえあんたがお信さんだねと、意外にやわらかい声が出た。

「ちょいと内緒で話したいんでね、お信さんをお借りしますよ」

小粒な手下はそう言って、おしまを遠ざけた。女中頭が不満そうな顔つきで立ち去ると、手下は声を落とし、その分、半歩ほどお信に近づいた。

「一昨日《おとつい》の午《ひる》過ぎ、あんた深川三間町の桂庵へ行ったね？　手間をとらせねえで、真っ直ぐに話してくれよ。こちとら商売柄で、あんたがあすこを訪ねたことは、とっくに調べてあるんだ。あんたの顔を、見知っていた者がいたんだからよ」

お信は足元から震えあがってしまい、すぐに正直に白状した。はい、確かに参りました。

「加納屋に奉公しているのに、また何をしに行ったんだい？」

お信が返事をためらうと、手下は気短そうに舌を鳴らして、

「そんなら、別のことを訊こう。あんたそのとき、主人の富蔵に会ったかい？」

「風邪をひいて寝込んでいるとかで、会えませんでした。会ったのはおかみさんだけです」

お信の返事に、手下の曲がっていない方の口の端も吊り上がった。「おか、か、か、みさん？」

「はい。おつたさんという人で――」

手下の口の端ばかりか、両目の端まで吊り上がるようなので、なぜ相手が驚くのかわからないまま、お信は一生懸命に説明した。四十路《よそじ》ばかりの婀娜《あだ》っぽい大年増で、切前髪を散らして格子柄の着物を着て――

「おいおい、ちょっと待ってくれ」

手下は乱暴にお信を遮った。そのまま、どこか痛いところでもあるみたいに大げさに顔をしかめて固まっていたが、

「あんたが三間町に行ったのは、本当に一昨日の午過ぎなんだな？」と、念を押すようにして訊ねた。

「はい、間違いありません。加納屋《こっち》へ帰ってきたら、浅草寺《せんそうじ》の鐘が八ツを打ち始めて――そうそう、

あたしが三間町へ行って間もなく降りだした時雨《しぐれ》が、大川を渡るころにはやんでいました」

確かに一昨日は九ツ過ぎに時雨が降った、半刻《はんとき》ばかり盛んに降ってやんだ——手下は口のなかでぶつぶつ呟《つぶや》く。

「いったい、何事でございますか？」お信はさすがに焦《じ》れてきた。

岡っ引きの手下はまじまじとお信を見つめて、呆《あき》れたような声を出した。「どうもおまえさんの驚きっぷりは本当のようだ。何も知らないんだな」

三間町の桂庵の主人富蔵は、一昨日の日暮れ時、店の奥の小座敷で首を刺されて死んでいるのを、訪ねてきた者が見つけたのだという。

「一昨日の日暮れ時？　じゃあ——」

両手で口を押さえたお信だったが、手下はおっかぶせるように言った。「驚くのはまだ早いよ。見つかったのは日暮れだが、検視のお役人のお調べで、殺されたのはさらにその前、どれほど遅く見積もっても、先一昨日の夜中までだろうという話だ。なにしろ、亡骸《なきがら》は臭い始めていたからな。家のなかは荒らされて、金目のものは洗い浚《ざら》い盗《と》られていた。どうして非道なことをやったもんだぜ」

お信は目を見張った。人殺し。物盗り。

鬼のような所業だ。

「あんたが訪ねて行ったとき、奥の座敷には富蔵の亡骸が転がっていたんだよ。ついでに言うが、やっこさんは独り身だ。かみさんなんざいないよ」

「そのおつたという女は、盗人の一味だろう。どうでも女一人でできる荒事じゃねえからな。口から出任せを並べて留守番をして、近所の者たちに、富蔵が殺されたことを悟らせないように芝居をうっていたんだ。そうやって時間を稼げば、ゆっくりと家捜しできらぁな。富蔵は小金を貯め込んでいるってんで、近所でも知られていたが、用心のつもりか、金を小分けにして、家じゅうのあっちこっちに少しずつ隠していたらしい。それがかえって仇《あだ》になっちまったようだ」

お信はやっとこさ口を開いて、声を出した。

「それじゃ——」

「そんな……信じられない」

「だろうなぁ。あんたも危ないところだったぜ。下手すりゃ奥に引きずり込まれて、口をふさがれるところだったかもしれねえ」

「だけど、帰るというあたしを引き留めたのは、そのおつたさんて人の方だったんですよ？　なんでそんなことをしたんです？　おかしいじゃないですか」

手下は曲がった釘のような口元を、得意そうにぐいと吊り上げた。「さっきの話によると、あんた、ところも名前も言わずに帰ろうとしたんだろう？　だから引き留められたんだよ」

「どうして？」

「おつたって女が、訪ねてきた者のところと名前を聞いて、書き留めていたっていうのは、誰がおつたの顔を見たのか、ちゃんと知っておくためだよ。その方が、あとあと安心だからな」

そうだろうか。本当にそれだけだろうか。おつたはそれだけのために、わざわざお信を引き留めて、色事の悩みだろうなんて持ちかけて、あんな長話をしたのだろうか。

鬼の話なんかしたのだろうか。

こいつぁ手強《てごわ》い悪党どもだぜ——と、手下は悔しそうにまた舌を鳴らしたが、何だか奮い立っているように見えなくもなかった。

「おつたという女は大事な手がかりだ。親分も一緒に、俺はすぐ引っ返して来るから、もっと細かいことを聞かせてくれ。人相書きをつくるんだ。どこへも行っちゃいけないよ。神妙に知っていることを話してくれりゃ、あんたが困るようなことは何もねえ」

お信は震えながらはいと答えたが、手下が今にも尻《しり》っぱしょりして走りだそうという背中に、あわてて声をかけた。

「あの、あたし傘を借りました！」

「富蔵のところでかい？」

「はい。おつたさんが——いえ、おつたという女の人が貸してくれたんです」

すぐに見せろというので、お信は飛んでいって傘を取ってきた。古ぼけた番傘で、何がどうということもない。

「広げていいかい？」

「ええ、どうぞ」

傘を広げると、若い手下はおうと声をあげた。お信は息を呑《の》んだ。

広げた傘の内側には、点々と黒い染みが飛び散っていた。

「こいつぁ、血しぶきの痕《あと》だ」

手下はますます勇み立つようである。

「大事な品物だから、預からせてもらうよ。あんたも災難だが、いいな、くれぐれも言って聞かせるが、関わりを嫌って逃げるようなことをしちゃいけねえよ。うちの親分はそこらの小ずるい岡っ引きとは違う。余計な心配は要らねえんだからな」

お信はすっかり恐れ入ってしまって、ただぺこぺこと頭を下げることしかできなかった。手下が走り去り、勝手口のところで一人になると、めまいがするような感じがして、その場にしゃがみこんで膝《ひざ》を抱えた。

おつたは――

（たくさんの人間のなかにはね）

人間の皮をかぶった鬼が混じっていると言った。

（人間らしいきれいな顔の下に、鬼の本性を隠してるんだ）

平気で人を騙《だま》したり、殺したりする。

（あたしが見本さ）

恐ろしさと悲しさで、お信はじっとその場にうずくまっていた。何を聞くのも恐ろしく、顔を上げるのさえ厭《いと》わしい。この世はいつから、こんな場所になってしまったのだろうか。

ぎゅっと身を固めているうちに、今日もまた空がにわかに翳《かげ》りだし、やがて雨が降り始めた。時雨だ。秋の日に付き物の、気まぐれで早足の冷たい小雨。

つい一昨日、何か思い詰めたようにくっきりとした横顔を見せて、時雨を見つめていたおつたを思い出す。ああ、そういえば、あの身体から感じた金気の臭い。あれは風変わりな香などではなく、屍《しかばね》と血の匂いだったのじゃなかろうか。

ぱらぱらと降り落ちる雨粒は、お信の頰に冷たく跳ね返る。

お信は手の甲で顔を拭《ぬぐ》いながら、台所へと引き返した。髪も顔も濡《ぬ》れているのに、あまりにも驚いたせいで、喉《のど》は渇いて苦しいほどだ。勝手口を入ってすぐのところにある水瓶《みずがめ》の蓋《ふた》を開けて、柄杓《ひしゃく》を手に取った。するとお信の顔が、瓶の縁まで一杯になっている水のおもてに、きれいに映った。

そのとたん、あっと声を出しそうになり、思わず柄杓を取り落とした。柄杓は水瓶の縁にあたり、カランと軽い音がした。

鄙《ひな》びた田圃《たんぼ》のなかの溜池《ためいけ》と、それを取り囲む梅林。時雨《しぐれ》に煙るそのなかで、おつたは鬼に会ったという。鬼と目があったという。

だが、その鬼の正体は、ちょうどこんな風にして溜池の水面《みなも》に映った、おつた自身の顔ではなかったのか。ご隠居が遠目に見たと訴えた鬼も、梅林に立つおつたの姿、小作人たちに混じるおつたの姿、彼女そのものではなかったのか。

冷たい時雨に人の皮という仮面を溶かされて、露《あら》わに佇《たたず》む鬼の姿ではなかったのか。

「お信ちゃん！」

呼びかけられて、お信は声が出ないほどに驚いた。

「重太郎さん……」

額に小手をかざして雨を避け、着物の裾《すそ》をからげて、重太郎は近づいてきた。

「おしまさんに見つかったら叱られるわ」

「わかっちゃいるけど、会いたくて辛抱ができないんだ」

あれこれと言葉を並べながら、彼はお信を抱き寄せた。鬢《びん》付け油の強い香りがして、彼の堅い腕が背中に触れるのを、お信は感じた。

「どうしたんだよ、震えてるじゃねえか。こんなところで雨にかかってさ」

重太郎は心配そうにお信の顔をのぞきこみ、うなじのあたりを撫《な》でたり、温めるように肩をさすってくれたりする。そのあいだにもしきりに甘い声で話しかけていたが、やがて、下からすくうようにお信を抱きしめながら、耳元で囁《ささや》いた。

「お信ちゃんが明月で働くようになれば、こんな気兼ねなんぞしないで、好きなときに会えるのにな」

重太郎の呼気が、お信の耳たぶをくすぐった。

「先方も、一日でも早く来て欲しいって、待ちかねてるんだ。どうだい、気持ちは決まったかい？それも聞きたくって急いで来たのに、ここで雨とはお天道さまも野暮だぜ。いや、こうしていれば、かえって野暮じゃねえか」

出し抜けに、お信は声をあげて泣き出したくなった。しゃにむに腕を振り回し、重太郎に殴りかかりたくなった。暴れて叫んで、問いつめてやりたい。あなたの言うことは本当なの？　あなたはあたしを騙しているの？　あなたは鬼なの？　鬼じゃないの？

あたしは何を信じたらいいの？

「どうしたんだよ、お信ちゃん。涙なんかためてさ」

宥《なだ》めるように重太郎は言って、ちょっと身を離すと、懐から何か、布に包まれた小さなものを取り出した。

「そら、これを見てくれよ。先に夜市で見つけたんだ。けっして高いもんじゃねえけど、きれいだろ？これをかんざしに仕立てたら、お信ちゃんの髪によく合うよ」

彼が目の前に差し出したのは、飴玉《あめだま》ほどの大きさの、血のような紅色の玉だった。すべすべに磨かれている。お信は手を出すこともなく、ただそれを見つめていた。そこにまた、小さく自分の顔が映っている。

お信の顔。人間の顔だ。

今はまだ。

「明月で働くなら、仲居だってこういう小洒落《こじゃれ》たかんざしぐらい付けなきゃな」

重太郎の声を聞きながら、お信は考えた。さっきの小粒な手下《てか》が言っていた政五郎親分というのは、本当に話のわかるお人だろうか。だったら、富蔵を訪ねた理由をありていに打ち明けて、重太郎のことも、新鳥越町の明月のことも、相談したら聞いてくれるだろうか。もののわかった政五郎親分も、お店《たな》務めをわざわざ辞めさせようとするような男に、ろくな男はいないと言うだろうか。

わからない。何もわからない。お信はやっぱり重太郎が好きだから。

それでも、おつたの言葉は心に残っている。消えない。消せない。だってあれは——おつたという鬼が、手遅れにならないうちに、あたしのような鬼にならないうちに、間違いを正せと残してくれた言葉なのだから。

重太郎の肩越しに、お信は時雨を見つめていた。ずっと降って、もっと降って、地面に水たまりができたなら、そこに二人の顔を、肩を並べて映してみようか。

さわさわと降り続く小雨のなかに、人ではない異形のものが、静かに静かに佇んでいる。時雨の見せる幻が、お信に向かってゆっくりと首を振る。

お信は両手で顔を覆った。

深川浅景◎泉鏡花

雨霽《あまあがり》の梅雨空、曇つてはゐるが大分蒸し暑い。——日和癖《ひよりぐせ》で、何時《いつ》ぱら〳〵と来やうも知れないから、案内者の同伴《つれ》も、私も、各自《おの〳〵》蝙蝠傘《かふもりがさ》……いはゆる洋傘《パラソル》とは名のれないのを——色の黒いのに、日もさゝないし、誰に憚《はゞか》ることもなく、すぼめて杖につき、足駄で泥濘《ぬかるみ》をこねてゐる。……いで、戦場に臨む時は、雑兵と雖《いへど》も陣笠をいたゞく。峰入《みねいり》の山伏は貝を吹く。時節がら、槍、白馬といへば、モダンとかいふ女でも金剛杖がひと通《とほ》り。……人生苟《いやし》くも永代を渡つて、辰巳の風に吹かれやうといふのに、足駄に蝙蝠傘は何事だ。

何《ど》うした事か、今年は夏帽子が格安だつたから、麦稈《むぎわら》だけは新しいのをとゝのへたが、さつと降つたら、さそくにふところへねぢ込まうし、風に取られては事だと……ちよつと意気にはかぶれない。「吹きますよ。御用心。」「心得た。」で、耳へがつしりとはめた、シテ、ワキ両人。

藍なり、紺なり、万筋《まんすぢ》どころの単衣《ひとへ》に、少々綿入《めんいり》の絽《ろ》の羽織。紺と白たびで、ばしや〳〵とはねを上げながら、「それ又水たまりでござる。」「如何《いか》にも沼にて候。」と鷺歩行《さぎあるき》に腰をひねつて行く。……といふのでは、深川見物も落着く処は大概知れてゐる。はま鍋、あをやぎの時節でなし、鰌汁《どぜうじる》は可恐《おそろ》しい、せい〴〵門前あたりのそば屋か、境内の団子屋で、雑煮のぬきで、びんごと正宗の燗であらう。

従つて、洲崎だの、仲町だの、諸入費《しよにふひ》の懸《か》かる場所へは、強《し》ひて御案内申さないから、読者は安心なすつてよい。

さて色気抜きとなれば、何《ど》うだらう。（そばに置いて着ぬことわりや夏羽織）と古俳句にもある。羽織をたゝんでふところへ突込《つゝこ》んで、空脛《からずね》の尻端折《しりばしより》が、一層薩張《さつばり》でよからうと思つたが、女房が産気づいて産婆のとこへ駈け出すのではない。今日《けふ》は日日新聞社《にちにちしんぶんしや》の社用で出て来た。お勤めがらに対しても、聊《いさゝ》か取《とり》つくろはずばあるべからずと、胸の紐《ひも》だけはきちんとしてゐて……暑いから時々だらける。

……

「――旦那、どこへおいでなさるんで？　は、一寸《ちよつと》こたへたよ。」

と私がいふと、同伴は蝙蝠傘のさきで爪皮《つまかは》を突《つゝ》きながら、

「――そこを真直《まつすぐ》が福島橋で、そのさきが、お不動様ですよ、と円タクのがいひましたね。」

今しがた、永代橋を渡つた処で、よしと扉《ひらき》を開けて、あの、人と車が梭《をさ》を投げて織違《おりちが》ふ、さながら繁盛記の真中へ、こぼれて出て、余りその辺のかはりやうに、ぽかんと立つた時であつた。「鯒《こち》や黒鯛のぴちくはねる、夜店の立つ、……魚市《うをいち》の処は？」「あの、火の見の下、黒江町……」と同伴が指さしをする、その火の見が、下へ往来を泳がせて、すつと開いて、遠くなるやうに見えるまで、人あしは流れて、橋袂《はしたもと》が広い。

私は、実は震災のあと、永代橋を渡つたのは、その日がはじめてだつたのである。二人の風恰好亦如件《ふうつきまたくだんのごとし》……で、運転手が前途《さき》を案じてくれたのに無理はない。「いや、たゞ、ぶらつくので。」とばかり、申し合はせた如く、麦稈《むぎわら》をゆり直して、そこで、左へ佐賀町の方へ入つたのであるが。

さて、かう佇《たゝず》むうちにも、ぐわら〳〵ぐわら、とすさまじい音を立てゝ、貨物車が道を打ちひしいで駆け通る。それあぶない、とよけるあとから、又ぐわら〳〵と鳴つて来る。どしん、づん〳〵、づゞんと響く。

焼土《やけつち》が、まだそれなりのもあるらしい、道悪《みちわる》を縫つて入ると、その癖、人通《ひとゞほり》も少く、バラック建《だて》は軒まばらに、隅を取つて、妙にさみしい。

休業のはり札して、ぴたりと扉をとざした、何とか銀行の窓々が、観念の眼《まなこ》をふさいだやうに、灰色に睡《ねむ》つてゐるのを、近所の女房《かみさん》らしいのが、白いエプロンの薄よごれた服装《なり》で、まだ二時半前《やつまへ》だのに、青く褪せた門柱に寄り添つて、然《さ》も夕暮《ゆふぐれ》らしく、曇り空を仰ぐも、ものあはれ。……鴎《かもめ》のかはりに烏《からす》が飛ばう。町筋を通して、透いて見える、流れの水は皆黒い。……

銀行を横にして、片側は焼け原の正面に、野中の一軒家の如く、長方形に立つた仮普請の洋館が一棟《ひとむね》。軒へぶつつけがきの（川）の字が大きく見えた。

夜は（川）の字に並んだ、その屋号に、電燈がきら〳〵と輝くのであらうかも知れない。あからさまには言はないが、これは私の知つた廻米問屋《くわいまいどひや》である。――（大きく出たな。）――当今三等米、一升につき約四十三銭の値《あたひ》を論ずるものに、廻米問屋の知己《ちかづき》があらう筈はない。……こゝの御新姐《ごしんぞ》の、人形町の娘時代を預かつた、女学校の先生を通じて、ほのかに様子を知つてゐるので……以前、私が小さな作《さく》の中に、少し家造《やづく》りだけ借用した事がある。

御存じの通り、佐賀町一廓は、殆《ほとん》ど軒ならび問屋《とひや》といつてもよかつた。構《かま》へも略同《ほゞおな》じやうだと聞くから、昔をしのぶよすがに、その時分の家のさまを少しいはう。いまこのバラック建《だて》の洋館に対して――こゝに見取図がある。――断るまでもないが、地続きだからといつて、吉良邸のでは決してない。米価はその頃も高値だつたが、敢て夜討ちを掛ける絵図面ではないのであるが、町に向《むか》つて檜《ひのき》の木戸、右に忍返《しのびがへ》しの塀、向つて、本磨きの千本格子が、奥深く静まつて、間の植込の緑の中に石燈籠の影が青い。蔵庫《くら》は河岸に揃つて、荷の揚下《あげおろ》しは船で直《す》ぐに取引きが済むから、店口《みせぐち》はしもた屋も同じ事、煙草盆にほこりも置かぬ。……その玄関が六畳の、右へ廻り縁の庭に、物数寄《ものずき》を見せた六畳と十畳、次が八畳。続いて八畳が川へ張出しの欄干下を、茶船《ちやふね》は浩々《こう〳〵》と漕ぎ、伝馬船《てんま》は洋々として浮《うか》ぶ。中二階の六畳を中にはさんで、梯子段が分れて、二階が二間、八畳と十畳――ざつとこの間取りで、なかんづく、その中二階の青すだれに、紫の総のしつとりした岐阜提灯が浅黄に透くのに、湯上りの浴衣がうつる。姿は婀娜《あだ》でも、お妾《めかけ》ではないから、団扇《うちわ》で小間使《こまづかひ》を指図するやうな行儀でない。「少し風《ふう》過《す》ぎること」と、自分で蠟燭《らふそく》に灯を入れる。この面影が、ぬれ色の円髷《まるまげ》の艶《つや》、櫛《くし》の照《てり》と、もに、柳をすべつて、紫陽花《あぢさゐ》の露《つゆ》と、もに、流《ながれ》にしたたらうといふ寸法であつたらしい。……

私は町のさまを見るために、この木戸を通り過ぎた事がある。前庭の植込には、きり島がほんのりと咲き残つて、折《をり》から人通りもなしに、真日《まつひ》中《なか》の忍返しの下に、金魚売《きんぎようり》が荷を下して、煙草を吹かして休んでゐた。――

「それ、来ましたぜ。」

風鈴屋でも通る事か。——振返つた洋館を、ぐわさ〳〵とゆするが如く、貨物車が、然《しか》も二台。私をかばはうとした同伴の方が水溜に踏みこむだ。

「あ、ばしやりとやツつけた。」

万筋の裾を見て苦りながら、

「しかし文句はいひますもの丶ね、震災の時は、このくらゐな泥水を、かぶりついて飲みましたよ。」

特に震災の事はいふまい、と約束をしたもの丶、つい愚痴《ぐち》も出るのである。

このあたり裏道を掛けて、松村、小松、松賀町——松賀を何も、鶴賀と横なまるには及ばないが、町々の名もふさはしい、小揚《こあげ》連中の住居《すまゐ》も揃ひ、問屋向の番頭、手代、もうそれ不心得なのが、松村に小松を囲つて、松賀町で浄瑠璃をうならうといふ、蔵と蔵とは並んだり、中を白鼠黒鼠の、俵を背負《しよ》つてちよろ〳〵したのが、皆灰になつたか。御神燈の影一つ、松葉の紋も見当らないで、箱のやうな店頭《みせさき》に、煙草を売るのも、よぼよぼのお嫗《ばあ》さん。

「変《かは》りましたなあ。」

「変はりましたは尤《もつと》もだが……この道は行留《ゆきどま》りぢやないのかね。」

「案内者がついてゐます。御串戯《ごぢやうだん》ばかり。……洲崎の土手へ突き当つたつて、一つ船を押せば上総澪《かずさみを》で、長崎、函館へ渡り放題。どんな抜け裏でも汐《しほ》が通つてゐますから、深川に行留りといふのはありませんや」

「えらいよ！」

どろ〳〵とした河岸《かし》へ出た。

「仙台堀だ。」

「だから、それだから、行留りかなぞと外聞の悪い事をいふんです。――そも〳〵、大川からここへ流れ口が、下之橋で、こゝが即ち油堀……」

「あゝ、然うか。」

「間に中之橋があつて、一つ上《かみ》に、上之橋を流れるのが仙台堀川ぢやありませんか。……断つて置きますが、その川筋に松永橋、相生橋、海辺橋と段々に架つてゐます。……あゝ、家らしい家が皆取払はれましたから、見通しに仙台堀も見えさうです。すぐ向ふに、煙《けぶり》だか、雲だか、灰汁《あく》のやうな空にたゞ一ケ処、樹がこんもりと、青々して見えませう。――岩崎公園。大川の方へその出《で》つ端《ぱな》に、お湯屋の煙突が見えませう。何《ど》ういたして、あれが、霧もやの深い夜《よ》は、人をおびえさせたセメント会社の大煙突だから驚きますな。中洲と、箱崎を向ふに見て、隅田川も漫々《まん〳〵》渺々《べう〳〵》たる処だから、あなた驚いてはいけません。」

「驚きません。わかつたよ。」

「いや念のために――はゝゝ。も一つ上が万年橋、即《すなは》ち小名木川《をなぎがは》、千筋万筋《ちすぢまんすぢ》の鰻が勢揃《せいぞろひ》をしたやうに流れてゐます。あの利根川図志《づし》の中《うち》に、……えゝと、――安政二年乙卯十月、江戸には地震の騒ぎありて心静かならず、訪来《とひく》る人も稀《まれ》なれば、なか〳〵に暇《いとま》ある心地して云々《しか〴〵》と……吾が本所の崩れたる家を後に見て、深川高橋の東、海辺大工町なるサイカチといふ処より小名木川に舟うけて……」

「また、地震かい。」

「あゝ、黙り黙り。――あの高橋を出る汽船は大変な混雑ですとさ。――この四五年浦安の釣がさかつて、沙魚《はぜ》がわいた、鰈《かれひ》が入つたと、乗出すのが、押合《おしあひ》、へし合《あひ》。朝の一番なんぞは、汽船の屋根まで、真黒に人で埋まつて、川筋を次第に下ると、下《しも》の大富橋、新高橋には、欄干外から、足を宙に、水の上へぶら下つて待つてゐて、それ、尋常ぢや乗切れないものですから、そのまんま……そツとでしやうと思ひますがね、――それとも下敷《したじき》は潰れても構はない、どかりとだか、何うですか、汽船の屋根へ、頭をまたいで、肩を踏んで落ちて来ますツて。……こ奴《いつ》が踏みはづして川へはまると、(浦安へ行かう、浦安へ行かう)と鳴きます。」

「冗談ぢやあない。」

「お船蔵がつい近くつて、安宅丸《あたけまる》の古跡ですからな。いや、然《さ》ういへば、遠目金を持つた気で、……あれ、御覧じろと――河童の児が回向院の墓原《はかはら》で悪戯《いたづら》をしてゐます。」

「これ、芥川さんに聞えるよ。」

私は真面目にたしなめた。

「口ぢやあ両国まで飛んだやうだが、向ふへ――何うして渡るのさ、橋といふものがないぢやないか。」

「ありません。」

と、きつぱりとしたもので、蝙蝠傘《かふもりがさ》で、踞込《しやがみこ》んで、

「確《たしか》にこゝにあつたんですが、町内持の分だから、まだ、架からないでゐるのでしような。尤《もつと》もかう

どろどろに埋まつては、油堀とはいへませんや、鬢付堀《びんつけぼり》も黒鬢つけです。」

「塗りたくはありませんかな。」

「私はもう帰ります。」

と、麦稈《むぎわら》をぬいで風を入れた、頭の禿《はげ》を憤る。

「いま見棄てられて成るものか、待ちたまへ、あやまるよ。しかしね、仙台堀にしろ、こゝにしろ、残らず、川といふ名がついてゐるのに、何しろひどくなつたね。大分以前には以前だが……やつぱり今頃の時候に、この川筋をぶらついた事がある。八幡様の裏の渡し場へ出ようと思つて見当を取違へて、あちらこちら抜け裏を通るうちに、ざんざ降りに降つて来た、ところがね、格子さきへ立つて雨宿りをして、出窓から、紫ぎれの、てんじんに、声をかけられやうといふ柄ぢやあなし……」

「勿論《もちろん》。」

「たゝつたな――裏川岸の土蔵の腰にくつ付いてしよんぼりと立つたつけ。晩方ぢやあつたが、あたりが、濛濛《まうく》として、向ふ岸も、ぼつと暗い。折から一杯の上汐《あげしほ》さ。……近い処に、柳の枝は、じやぶじやぶと浸《つか》つてゐながら、渡し船は影もない。何も、油堀だつて、そこに、づらツと並んだ蔵が――中には破壁《やれかべ》に草の生えたのも交つて――油蔵とも限るまいが、妙に油壺、油瓶でも積んであるやうで、一倍陰気で。……穴から燈心が出さうな気がする。手長蝦だか、足長虫だか、びちやくと、川面で刎《は》ねたと思ふと、岸へすれくの濁つた中から、尖つた、青黒い面《かほ》をヌイと出した……」

　小さな声で、

「河、河、河童ですか。」

「はげてる癖に、いやに臆病だね――何、泥亀《すつぽん》だつたがね、のさのさと岸へ上つて来ると、雨と一所に、どつと足もとが川になつたから、泳ぐ形で独りで遁《に》げたつけ。夢のやうだ。このびんつけに日が当つちやあ船虫も生えまいよ。――おんなじ川に行当つても大した違ひだ。」

「真個《まつたく》ですな、いまお話のその辺らしい、……私の友だちは泥亀《すつぽん》のお化《ばけ》どころか、紺蛇目傘《こんじやのめ》をさした女郎の幽霊に逢ひました。……おなじく雨の夜で、水だか路《みち》だか分らなく成りましてね。手をひかれたさうですが、よく川へ陥《はま》らないで、橋へ出て助かりましたよ。」

「それが、自分だといふのだらう。……幽霊でもいゝ、橋へ連出してくれないか。」

「――娑婆《しやば》へ引返す事にいたしませうかね。」

もう一度、念入りに川端に突き当つて、やがて出たのが黒亀橋。――こゝは阪地《かみがた》で自慢する（……四ツ橋を四つわたりけり）の趣があるのであるが、講釈と芝居で、いづれも御存じの閻魔堂橋だから、娑婆へ引返すのが、三途に迷つた事になつて――面白い。……いや、面白くない。

が、無事であつた。――

私たちは、蝙蝠傘を、階段に預けて――如何《いか》に梅雨時とはいへ……本来は小舟で濡れても、雨のなゝめな絵に成るべき土地柄に対して、かう番ごと繻子張《しゆすばり》を持出したのでは、をかしく蝙蝠傘《かふもり》の術でも使ひさうで、真《まこと》に気になる、以下この小道具を説略する。――時に扇子使《あふぎ》ひの手を留めて、黙拝した。常光院の閻王は、震災後、本山長谷寺からの入座だと承はつた。忿怒《ふんぬ》の面相、しかし威あつて猛からず、大閻魔と申すより、口をくわつと、唐辛子の利いた関羽に肖《に》てゐる。従つて古色蒼然たる脇立《わきだて》の青鬼赤鬼も、蛇矛《じやぼう》、長槍《ちやうそう》、張飛、趙雲の概《がい》のない事はない。いつか四谷の堂の扉をのぞいて、真暗な中に閻王の眼《まなこ》の輝くとゝもに、本所の足洗屋敷を思はせる、天井から奪衣《だつえ》の大婆《おほばゞあ》の組違へた脚と、真《ま》俯向《うつむ》けに睨んだ逆白髪に恐怖《おそれ》をなした、陰惨たる修羅の孤屋《ひとつや》に比べると、こゝは却つて、唐土桃園《もろこしとうえん》の風が吹く。まして、大王の膝がくれに、婆は遣手《やりて》の木乃伊《みいら》の如くひそんで、あまつさへ脇立の座の正面に、赫燿《くわくやく》として観世音立たせ給ふ。小児衆《こどもしう》も、娘たちも、心やすく賽《さい》してよからう。但し浮気だつたり、おいたをすると、それは〳〵本当に可恐《こは》いのである。

小父さんたちは、おとなしいし、第一、品行が方正だから、……言つた如く無事であつた。……は可《い》いとして、隣地心行寺の仮門にかゝると、電車の行違ふすきを、同伴《つれ》が、をかしなことをいふ。

「えゝ、一寸《ちよつと》懺悔を仕り。……」

「何だい、いま時分。」

「ですが、閻魔様の前では、気が怯《ひ》けたものですから。――実は此寺《ここ》の墓地に、洲崎の女郎《やつ》が埋まつてるんです。へ、へ、へ。……長い突通《つきとほ》しの笄《かうがい》で、薄化粧だつた時分の、えゝ。何にもかにも――、未の刻の傾きて、――元服をしたんですがね、富川町うまれの深川ツ娘だからでもありますまいが、年《ねん》のあるうちから、流れ出して、遂に泡沫《うたかた》の儚さです。人づてに聞いたばかりですけれども、野に、山に、雨となり、露となり、雪や、氷で、もとの水へ返つた果は、妓夫上《ぎふあが》りと世帯を持つて、土手で、おでん屋をしてゐたのが、気が変になつて亡くなつたといひます――上州安中で旅芸妓《たびげいしや》をしてゐた時、親知らずでもらつた女の子が、方便ぢやありませんか、もう妙齢《としごろ》で……抱へぢやあゝりましたが、仲で芸者をしてゐて、何うにかそれが見送つたんです。……心行寺と確《たしか》いひましたつけ。おまゐりをして下さいなと、何かの時に、不思議にめぐり合つて、その養女からいはれたんですが、ついそれなりに不沙汰でゐますうちに、あの震災で……養女の方も、まるきし行方が分りません。いづれ迷つてゐると思ひますとね、閻魔堂で、羽目の影がちらり〳〵と青鬼赤鬼のまはりへうつるのが、何ですか、ひよろ〳〵と白い女が。……」

いやな事をいふ。

「……又地獄の絵といふと、意固地に女が裸体《はだか》ですから、気に成りましたよ、は、は、は。……電車通りへ突つ立つて、こんなお話をしたんぢあア、あはれも、不気味も通り越して、お不動様の縁日にカンカンカンカン——と小屋掛で鉦《かね》をたゝくのも同然ですがね。」

お参りをするやうに、私がいふと、

「何だか陰気に成りました。こんな時、むかし一つ夜具を被つた女の墓へ行くと、かぜを引きさうに思ひますから。」

ぞつとするといふのである。なぜか、私も湿つぽく歩行《ある》き出した。

「その癖をかしいぢやありませんか。名所図絵なぞ見ます度に、妙にあの寺が気に成りますから知つてゐますが、宝物《ほうもつ》に（文福茶釜）——一名（泣き茶釜）ありは何《ど》うです。」

といつて、涙だか、汗だか、帽子を取つて顔を拭いた。頭の皿がはげてゐる。……思はず私が顔を見ると、同伴も苦笑ひをしたのである。

「あ、あぶない。」

笑事《わらひごと》ではない。——工事中土瓦《つちかわら》のもり上つた海辺橋を、小山の如く乗り上る電車は、なだれを急に、胴腹《どうはら》を欄干に、殆ど横倒しに傾いて、橋詰の右に立つた私たちの横面を撥飛《はねと》ばしさうに、ぐわんと行く時、運転台上の人の体《たい》も、傾く澪《みお》の如く黒く曲つた。

二人は同時に、川岸へドンと怪《け》し飛んだ。曲角《まがりかど》に（危険につき注意）と札が建つてゐる。

「こつちが間抜けなんです。——番ごとこれぢやあ案内者申し訳がありません。」

片側のまばら垣、一重に、ごしや〳〵と立乱れ、或は欠け、或は傾き、或は崩れた石塔の、横鬢《よこびん》と思ふ処へ、胡粉《ごふん》で白く、さま〴〵な符号がつけてある。卵塔場《らんたふば》の移転の準備らしい。……同伴の、なじみの墓も、参つて見れば、雑《ざつ》とこの体《てい》であらうと思ふと、生々と白い三角を額につけて鼠色の雲の影に、もうろうと立つてゐさうでならぬ。

——時間の都合で、今日は、こちらへは御不沙汰らしい。が、この川の向ふへ渡つて、大《おほき》な材木堀を一つ越せば、浄心寺——霊巌寺の巨刹名山がある。いまは東に岩崎公園の森のほかに、樹の影もないが、西は両寺の下寺《したてら》つゞきに、凡そ墓ばかりの曠野《あらの》である。その夥《おび》多《ただ》しい石塔を、一つ一つ、うなづく石の如く従へて、のほり、のほりと、巨仏《おほぼとけ》、濡仏《ぬれぼとけ》が錫杖《しやくぢやう》に肩をもたせ、蓮の笠《はちす》にうつ向き、円光に仰いで、尾花の中に、鶏頭の上に、はた袈裟に蔦かつらを掛けて、鉢に月影の粥を受け、掌に霧を結んで、寂然《じやくねん》として起《た》ち、また扶坐《ふざ》なされた。

桜、山吹、寺内の蓮の華の頃も知らない。そこで蛙を聞き、時鳥《ほとゝぎす》を待つ度胸はない。暗夜《やみ》は可恐《おそろし》く、月夜は物すごい。……知つてゐるのは、秋また冬のはじめだが、二度三度、私の通つた数よりも、さつとむら雨の数多く、雲は人よりも繁く往来《ゆきゝ》した。尾花は斜《なゝめ》に戦《そよ》ぎ、木の葉はかさなつて落ちた。その尾花、嫁菜、水引草、雁来紅《けいとう》をそのまゝ、一結びして、処々に、その木の葉を屋根に葺《ふ》いた店小屋に、翁《おきな》も、媼《うば》も、ふと見れば若い娘も、あちこちに線香を売つてゐた。狐の豆府屋、狸の酒屋、獺《かはうそ》の鰯売《いわしこ》も、薄日にその中を通つたのである。

……思へばそれも可懐《なつか》しい……

見てすぎつ。いまの墓地の様子で考へると、ぬれ仏の弥陀、地蔵菩薩が、大きな笠に胡粉で（同行二人《にゝん》）とかいて、足のない蟹《かに》の如く、おびたゞしい石塔をいざなひつゝ、あの霊厳寺の、三途離苦生《みづりくしやう》安養《あんやう》——一切衆生成正覚《さいしゆじやうしやうかく》——大釣鐘を、灯《とも》さぬ提灯《ちやうちん》の道しるべに、そことも分かず、さまよはせ給ふのであらうも存ぜぬ。

「やあ、極楽、おいらんは成仏しました。」

だしぬけに。

「納屋に立掛けた、四分板《ぶいた》を御覧下さい、極……」

といひ掛けて、

「何だ、極撰か――松割だ。……変な事を考へてゐたものですから、うつかり見違へました。先達《せんだつ》また凹《へこ》み……。」――次々に――特選、精選、改良、別改、また稀《まれなり》……がある。

「これが婦人《をんな》なら、きみは嘸《さ》ぞ喜ぶだらう。」

さもあらばあれ、極楽の蓮《はちす》の香《か》よりたのもしい、松檜の香《にほひ》の芬《ぷん》とする、河岸の木小屋に気丈夫に成つた、と思ふと、つい目の前の、軒先に、真赤な旗が颯《さつ》と靡《なび》く。

私はぎよつとした。

「はゝ、欅《けやき》の大叉《おほさすまた》を見せて、船の舵に成る事、檜の大割を見せて、蒲鉾屋のまな板は、これで出来ますなど、御伝授を申しても、一向感心をなさらなかつたが、如何《どう》です、この旗に対して説明がなかつた日には、海辺橋まで逃げ出すでしよう。」

案内者は大得意で、

「さ、さ、私について、構はず、づつとお進み下さい。赤い旗には、白抜きで荷役中としてあります――何と御見物、河岸から材木の上下しをする、長ものを運ぶんですから、往来《ゆきゝ》のものに注意をします。――出ました、それ、彼処《あすこ》へ、それ、向ふへ――」

うしろへも。……五流《ながれ》六流《ながれ》、ひらひらと飜ると、河岸にひしひしと着けた船から、印袢纏《しるしばんてん》の威勢の好《い》いのが、割板、丸角、なんぞ引かついで、づし〱、段々を渡つて通る。……時間だと見え、揃つて揚荷で、それが歩板《あゆみいた》を踏み越すにつれ、おもみを刎《は》ね返して――川筋を横に、ずツと見通しの船ばたは、潮の寄るが如く、ゆら〱と皆揺れた。……深川の水ははじめて動いた。……人が波を立てたやうに。——

「は、成程、は。」

案内者は惜気もなく、頭のはげを見せて、交番でおじぎをしてゐる。しかられたのではない。——橋を向ふへ渡らずに、冬木の道を聞いたのであつた。

「おなじやうでも、冬木だから尋ねようございますよ。これが、洲崎の弁天様だと、ちよつと聞《き》き悪《にく》い……てつた勘定で。……お職掌がら、至極真面目ですからな。」

振返ると、交番の前から、肩を張つて、まつ直ぐに指さしをして下すつた。細い曲り角に迷つたのである。橋から後戻りをした私たちは、それから二度まで道を聞いた。

この横を——まつすぐに、と教はつて入つた径《こみち》は、露地とも、廂合《ひあはひ》ともつかず、横縦畝り込みになつて、二人並んでは巾つたい。然《しか》も捜《さぐ》り足をするほど草が伸びて、小さな夏野の趣がある——棄《はう》り放しの空地かと思へば、竹の木戸があつたり、江一格子が見えたり、半開きの明窓《あかりまど》が葉末をのぞいて、小さな姿見に荵《しのぶ》が映る。——彼処《あすこ》に朝顔の簪《かんざし》さした結綿《ゆひわた》の緋鹿子《ひかのこ》が、などゝ贅沢をいつては不可《いけ》ない。居れば、誰が通さう？……妙に、一つ家の構へうちを抜き足で行く気がした。しほらしいのは、あちこちに、月見草のはらはらと、露か、風を待つ姿であつた。

こゝを通抜けつゝ見た、一軒の低い屋根は、一叢《ひとむら》高く茂つた月見草に蔽《おほ》はれた、が、やゝ遠ざかつて振返ると、その一叢の葉の雲で、薄黄色は円い月を抱くやうに見えた。

靄《もや》が、ぼつとして、折柄、何となく雲低く、径《みち》も一段窪んで、——四五十坪、——はじめて見た—

—蘆が青々と乱れて生えて、径はその端を縫つてゐる。雨のなごりか、棄て水か、蘆の根はびしよびしよと、濡れて、動いて、野茨《のばら》の花が白く乱れたやうである。

時しも、一通り、大粒なのが降つて来た。蘆を打つて、ぱら〳〵と音立てゝ。

「ありがたい、燕子花《かきつばた》も、菖蒲《あやめ》も、こゝには咲きます、何、根も葉もなくつても、一輪ぐらゐきつと咲きます。案内者めうがに、私が咲かせないでは置きません。露草の青いのも、露つぽくここに咲きます。嫁菜の秋日和も見られますよ。——それに、何ですね……意気だか、結構だか、何しろ、別荘か、寮のあとで、これは庭の池らしうございますね。あの、蘆の根の処に、古笠のつぶれたやうな青苔の生えた……あれは石燈籠なんですよ。」

よく見ると、菜屑も乱れた。成程、燈籠の笠らしいのが、忽ち、三ツ四ツに裂けて蝦蟇《がま》に成つたか、と動き出したのは、蘆を分けて、ばさ〳〵と、二三羽、鶏の潜《くゞ》りながら喙《つゐば》んだのである。鮒《ふな》や、泥鰌《どぜう》の生残つたのではない、蚯蚓《みゝず》……と思ふにも、何となく棄て難い風情であつた。

しばらく視《なが》めたが、牡鶏がパツと翼を払《はた》いて、雨脚がやゝ繁く成つたから、歩行《ある》き出《だ》すと、蘆の根を次第高に、葉がくれに、平屋のすぐ小座敷らしい丸窓がある。路が畝つて、すぐの、其《その》縁そとを、近近と通ると、青簾《すだれ》が二枚……捲《ま》いたのではなかつた、軒から半《なかば》垂れた、その細い濡縁に、なよ〳〵として、きりゝとしまつた浴衣のすそが見えた。白地に、藍の琴柱霞《ことぢかすみ》がちらちらとする間もなく、不意に衝《つ》と出た私たちから隠れるやうに、朱鷺《とき》の達手巻で、すつと立つ時、はらりと捌《さば》いた褄浅《つまあさ》く、柘榴《ざくろ》の花か、と思ふのが散つて、素足が夕顔のやうに消えた。同時に、黒い淡い影が、簾越《すだれごし》にさつと映《さ》した、黒髪が長く流れたのである。

洗髪を乾かしてなどゐたらしい、……そのすだれを漏れたのは、縁に坐つたのか、腰を掛けたのか、心づく暇もなかつた。

「……ざくろの花、そ、そんな。……あの、ちら〳〵と褄《つま》に紅《あか》かつたのは蛍の首です、ぽつと青く光るやうに、肌に透き通つたではありませんか。……蛍を染めた友染ですよ。もうあのくらゐ色が白いと、影ばかり、蛍の羽の黒いのなんざ目が眩んで見えやしません。すごい、何《ど》うもすごい。……特選、精選、別改、改良、稀《まれなり》――です。木場中を背負《しよ》つて立て。極選、極楽、有難い、いや魔界です、すごい。」

といふ、案内者の横面《よこつら》へ、出崎の巌《いは》をきざんだやうな、径へ出張《でつぱ》つた石段から、馬の顔がヌツと出た。大きな洋犬《かめ》だ。長啄能猟《ちやうたくよくれうす》――パン〳〵と厚皮な鼻が、鼻頭《はなづら》へぶつかつたから、

「ワツ。」

といつた。――石垣から蟒《うはゞみ》が出たと思つたさうである。

犬嫌ひな事に掛けては、殆ど病的で、一つは、それがために連立つてもらつた、浪人の剣客がその狼狽《うろた》へかたゞから、肝を冷やして遁げた。

また居た――再び吃驚《びつくり》したのは、三角を倒《さかさ》な顔が、正面に蟠居《ばんきよ》したのである。こま狗《いぬ》の焼けたのらしい。が、角の折れた牛、鼻の砕けた猪、はたスフィンクスの如き異形な石が、他《た》にも塁々として堆《うづた》かい。

早く、本堂わきの裏門で、つくろつた石の段々の上の白い丘は、堀を三方に取廻した、冬木の弁財

天の境内であつた。

「お顔を御覧に成りますか。」

「いや何ういたして……。」

「こゝで拝《はい》をして参ります。」

と、同伴もいつた。

手はよく浄めたけれども、刎《はね》を上げて、よぢれた裾は、これしかしながら天女に面すべき風体ではない。それに、蠟燭《おろう》を取次いだのが、堂を守《も》る人だと、ほかに言《ことば》があつたらう。居合せたのは、近所から一寸留守番に頼まれたといつた、前垂れ掛の年配者で、「お顔を。」これには遠慮すべきが当然の事と今も思ふ。況《ま》して、バラツクの仮住居《かりずまい》の縁に、端近《はしぢか》だつた婦人さへ、山の手から蘆を分けた不意の侵入者に、顔を見せなかつた即時であつた。

潮時と思はれる。池の水はやゝ増したやうだが、まだ材木を波立たせるほどではない。場所によると、町が野になつた処もあるのに、覚えて一面に蘆が茂つた池の縁は、右手にその蘆の丈ばかりの小家が十ウばかり数を並べて、蘆で組んだ簾《すだれ》も疎《まばら》に、揃つて野草《のくさ》も生えぬ露出《むきだし》の背戸である。しかし、どの家も、どの家も、裏手、水口、勝手元。皆草花のたしなみがある。好みの盆栽も置き交ぜて。……失礼ながら、欠擂鉢《かけすりばち》の松葉牡丹、蜜柑箱のコスモスもありさうだが、やがて夏も半ば、秋をかけて、手桶、盥《たらひまないた》、俎、柄杓《ひしやく》の柄にも、朝顔の蔓《つる》など掛けて、家々の後姿は、花野の帯を白露に織るであらう。

色なき家にも、草花の姿は、ひとつ〳〵女である。軒ごとに、妍《かほよ》き娘がありさうで、皆優しい。

横のこの家ならび、正面に、鍵の手になつた、工場《こうば》らしい一棟がある。その、細い切れめに、小さな木の橋を渡したやうに見て取つたのは、折《おり》から小雨して、四辺《あたり》に靄《もや》の掛つたゝめで、同伴の注意を待つまでもない。ずつと見通しの、油堀川から入堀の水に、横に渡した小橋で、それと丁字形に真向ふへ、雨を柳の糸状《いとざま》に受けて、縦に弓形《ゆみなり》に反つたのは、即ちもとの渡船場《わたしば》に替へた、八幡宮、不動堂へ参る橋であつた。

「あなたが、泥亀《すつぽん》に遁げたのは——然《さ》うすると、あの辺ですね。」

「さあ、あの渡船場《わたし》に迷つたのだから、よくは分らないが、彼《あ》の辺だらうね。何しろ、もつと家蔵が立込んで居たんだよ。」

「従つて、も変ですが、……友だちが、女郎の幽霊に手を曳かれたのは、工場《こうば》の向裏あたりに成るかも知れません。——然う言へば、いま見た、……特選、稀も、ふつと消えたやうで、何んだか怪しうございますよ。」

「御堂前で、何をいふんだ。」

「こりや何《ど》うも……景色に見惚《みと》れて、まだ鳥居際に立つてゐました。——あゝ八幡様の大銀杏が、遠見の橋のむかうに対に青々として手に取るやうです。涼しさうにしと〳〵と濡れてゐます。……震災に焼けたんですが、神田の明神様のでも、何所《どこ》のでも、銀杏は偉うございますな。しかし苦労をしましたね、彼所《あすこ》へ行つたら、敬意を表して挨拶をしませうよ。石碑がないと、くツつけて夫婦《めをと》にして見たいんですが、あの真中の横綱が邪魔ですな。」

「馬鹿な事を――相撲取肩が聞くと撲《なぐ》るからおよし。おや。馬が通る。……」

橋の上を、ぬほりとして大きな馬が、大八車を曳きながら。――遠くで且音《おと》がしないから、橋を行くのが、一本の角木に乗つて、宛如《さながら》、空《くう》を乗るやうである。

ハツと思ふほど、馬の腹とすれ〳〵に、鞍から辷《すべ》つた娘が一人。……白地の浴衣に、友禅の帯で、島田らしいのが、傘もさゝずひらりと顕はれると、馬は隠れた。――何、池のへりの何《ど》の家か、その裏口から出たのが、丁度、馬が橋を踏むトタンに、その姿を重ねたのである。

雨が面白さうに、中の暗い工場の裏手の廂下《ひさしゝた》を、池について、白地をひら〳〵、蝶《てふ》の袖《そで》で、伝《つた》つて行く。……その風情にやはらげられて、工場の隅に、めら〳〵と真赤に燃ゆる火も、凌霄《のうぜん》花の影を水に投げた。

娘がうしろ向きになつて、やがて、工場について曲る岸から――その奥にも堀が続いた――高瀬船《たかせぶね》の古いのが、斜《なゝめ》に正面を切つて、舳《へさき》を蝦蟇《がま》の如く、ゆら〳〵と漕ぎ来《きた》り、半ば池の隅へ顕はれると、後姿のまゝで、ポンと飛んで、娘は蓮葉に軽《かろ》く船の上へ。そして、艪を押す船頭を見て振向いた。父《とつ》さんに甘えたか、小父さんを迎へたか、兄哥《あにき》にからかつたか、それは知らない。振向いて、うつくしく水の上で莞爾《につこり》した唇は、雲に薄暗い池の中に、常夏が一輪咲いたのである。

永喜橋――町内持ちの、いましがたの小橋と、渡船場《わたしば》に架けた橋と、丁字形になる処に、しばらくして私たちは又たゝずんで、冬木の池の方を振返つたが、こちらからは、よくは見通せない高瀬の蝦蟇の背に娘の飛び乗つたあたりは、蘆の無いたゞ稗蒔《ひえまき》の盤《はち》であつた。

いふまでもなく、弁財天の境内から、こゝへ来るには、一町《ひとまち》、てか〳〵とした床屋に交つて、八百屋、荒物の店が賑ひ、二階造りに長唄の三味線の聞える中を通つたが、急に一面の焼野原が左に開けて、永代あたりまで打通《ぶつとほ》しかと思はれた処がある。電柱とラヂオの竹が、矢来の如く、きしりと野末を仕切るのみ。「茫漠《ばうばく》たるものですな。」案内者にもどこだか旧《もと》の見当がつかぬ。いづれか大工場《だいこうば》の跡にして通つて来たが、何、不思議はない、嘗《かつ》て満々と鱗浪《うろこなみ》を湛《たゝ》へた養魚場で、業火は水を焼き、魚《うを》を煙にしたのである。原のながれを出つ入《い》りつ。渚に飛々苫屋《とび〴〵とまや》の状《さま》。磯家《いそや》浅間《あさま》な垣廂《かきひさし》の、新しい仏壇の覗かれるものあり、古蚊帳を釣放したのに毛脛《けずね》が透けば、水口を蔽ひ果てぬ管簾《くだすだれ》の下に、柄杓取る手の白さも露呈《あらは》だつたが、まばら垣あれば、小窓あれば、縁が見えれば……また然《さ》なければ、板切に棚を組み、芦簀を立てゝ、いひ合はせたやうに朝顔の蔓を這はせ、あづま菊、おしろいの花、おいらん草。薄《すゝき》刈萱《かるかや》はありのまゝに、桔梗も萩も植ゑてゐて、中には、大きな焼木杭《やけぼつくひ》の空洞《うつろ》を、苔蒸す丸木船の如く、貝殻なりに水を汲んで、水草の花白く、ちよろ〳〵と噴水《ふきあげ》を仕掛けて、思はず行人《ゆくひと》の足を留めるのがあつた。

御堂の裏、また鳥居前から、づツと、恁《か》うまで、草花に気の揃つた処は、ほかに一寸見当らない天女の袖の影が日にも月にも映つて、優しい露がしたゝるのであらう。

——いま、改めて遥拝した。家毎に親しみの意を表しつゝ——更に思へば、むかしの泥亀《すつぽん》の化異よりも、船に飛んだ娘の姿が、もう夢のやうに思はれる。……池のかくれたのにつけても。

なんど、もの〳〵しく言ふほどの事はない。私は、水畔の左褄が、屋根船へ這いこむのが見苦しいの、頭から潜るのが不意気だのと、——落ちさへしなければ可《い》い——そんな事を論ずる江戸がりでは断じてない。が、おはぐろ蜻蛉《とんぼ》が澪《みを》へ止つたと同じ様に、冬木の娘の捷術《はやわざ》を軽々《けいく》に見過されるのが聊《いさゝ》かもの足りない。

漕ぎつゝある船には、岸から手を掛けるのさへ、実は一種の冒険である。

いま、兵庫岡本の谷崎潤一郎さんが、横浜から通つて、某活動写真の世話をした事がある。場所を深川に選んだのに誘はれて、其《そ》の女優……否《いや》撮影を身に出掛けた。年の暮で、北風の寒い日だつた。八幡様の門前の一寸《ちよつと》したカフエーで落合つて……いまでも覚えてゐる、谷崎さんは、牡蠣のフライをおかはりつき、俗にこみで誂へた。私は腹を痛めて居た。何、名物の馬鹿貝、蛤なら、鍋で退治て、相拮抗する勇気はあつたが、西洋料理の献立に、そんなものは見当らない。……壜ごと熱燗で引掛けて、時間が来たから、のこり約一合半を外套《オーバー》の衣兜《ポケツト》に忍ばせた。洋杖《ステツキ》を小脇に、外套の襟をきりゝと立てたのと、連立つて、門前通りを裏へ——越中島を畝つて流るゝ大島川筋の蓬莱橋にかゝると、汐時を見計らつたのだから、水は七分来た。渡つた橋詰に、写真の一行の船が三艘、石垣についてゐる。久しぶりだつたから、私は川筋を両方にながめて、——あゝ、おもひ起す、さばけた風葉、おとなしい春葉などが、血気さかんに、霜を浴び、こがらしを衝《つ》いて、夜ふけては蘆の小窓にもの思ふ女に、月影すごく見送られ、朝帰り遅うしては、苫で蟹を食ふ阿媽《おつかあ》になぶられながら、川口まで、幾かへり、小船で漕がしたもの。……彼処《あすこ》に、平清の裏の松が見える。……一畝りした処が橋詰の加賀家だらう。

……やがて渺々《べう〳〵》たる蘆原の土手になる……

船で手を挙げたのに心着いた。——谷崎さんはもう乗つてゐた。なぞへに下りて石垣へ立つと、私の丈ぐらゐな下に、船の小べりが横づけになつて、中流《なかながれ》の方へ二艘、谷崎さんはその真中に寒風《かんぷう》に吹かれながら颯爽として立つてゐた。申し訳をするのではない、私は敢て友だちを差措いて女優の乗つたのを選びはしないが、判官飛《はうぐわんとび》なぞ思ひも寄らぬ事、その近いのに乗らうとすると、些《ち》と足がとゞき兼ねる。……「おつかまんなせえ。」赤ら顔の船頭が逞ましい肩をむづと突出してくれたから、ほども様子も心得ずに、いきなり抱着いた、が、船は揺れたか、肩を辷《すべ》つた手が頸筋《くびすぢ》を抱いて、もろに、どさりと乗しかゝつた。何《なん》と何《ど》うも、柱へ枕を打ちつけて、男同士囓《かぢ》りついた形だから、私だつて馴れない事だし、先方も驚いた。その上に不意の重量《おもみ》で、船頭どのが胴の間へどんと尻餅をついて一汐《ひとしほ》浴びて「此の野郎!」尤《もつと》もだ。此の野郎は、更めていふに及ばず大島川へざんぶ、といふと運命にかゝはる、土手をひた〳〵となめる浅瀬の泥へ、ばしやりと寝た。

「それから思ふと……いまの娘《ねえ》さんの飛乗《とびのり》は人間業《にんげんわざ》ぢやあないんだよ。」

「些《ち》と大袈裟ですなあ、何、あれ式の事を。……これから先、その蓬萊町、平野町の河岸へ行つて、船の棟割といつた処を御覧なさい。阿媽《おつかあ》が、小舷《こべり》から、蟹ぢやあありませんが、釜を出して、斜《はす》かひに米を磨いでるわきを、あの位な娘《むすめ》が、袖なしの肌襦袢から、むつちりとした乳《ち》をのぞかせて、……それでも女気でござんせうな、紅入模様のめりんすを長めに腰へ巻いたなりで、その泥船、埃船《ごみぶね》を棹《さほ》で突ツ張つてゐますから。――気の毒な事は、汗ぐつしよりですがね、労働《はたらき》で肌がしまつて、手足のすらりとしてゐる処は、女郎花《をみなへし》に一雨かゝつた形ですよ。」

「雨は、しと〳〵と降つてゐるし、真個《ほんと》にそれが、凡夫の目に見えるのかね。」

「御串戯《ごじやうだん》ばかり、凡夫だから見えるのでさあね。――いえまだ、もつと凡夫なのは、近頃島が湧いたやうに開けました、疝気《せんき》稲荷様近くの或る工場へ用があつて、私の知り合が三人連れ、円タクで乗込んだのが、帰りがけに、洲崎橋の正面見当へ突《ぶつ》かると、……凡夫ですな。まだ、あなた、四時だといふのに、一寸見物だけ。で、道普請や、小屋掛でごつた返して、こんがらかつてゐる中を、ブン〳〵独楽《こま》のやうに、ぐる〳〵廻りで。その癖、乗り込むと、疾《はや》いんです。引手茶屋か、見番か、左は？……右は、といふうちに、――予め御案内申しましたつけ、仲の町正面の波除へ突き当つたかと思召せ。――忽ち滄海漫々《そうかいまんく》たり。あれが房州鋸山だ、と指《ゆびさ》すのが、府下品川だつたり何かして、地理には全く暗い連中ですが、蒸し風呂から飛上つた同然に、それは涼しいには涼しいんですとさ。……偏《ひとへ》に風を賞《ほ》めるばかり。凡夫ですな。巻煙草をふかす外に所在がないから、ややあつて下に待たした円タクへ下りて来ると、素裸《すはだか》の女郎が三人。――この友だち意地が悪くつて、西だか東だか方角は教へませんがね――虚空へ魔が現れた様に、簾《すだれ》を払つた裏二階の窓際へ立並ぶと、腕も肩も、胸も腹も、くなくなと緋《ひ》の切《きれ》を巻いた、乳房《ちゝ》の眉間尺といつた形で揉《も》み合《あ》つて、まだそれだけなら、何、女郎だつて、涼みます、不思議はありませんがね、招いたり、頬辺《ほつぺた》をたゝいて見せたり、肱《ひじ》でまいたり、これがまさしく、府下と房州を見違へた凡夫の目にもありありと見えたんですつて。再び説く、天の一方に当つて、遥にですな。惜しいかな、方角が分りません。」

「宙に迷つてる形だね、きみが手を引かれた幽霊なぞも、或はその連中ではないのかね。」

「わあ、泥亀《すつぽん》が、泥亀が。」

「あ、凡夫を驚かしては不可《いけな》い。……何だか、陰々として来た。しかし、油倉だと思ふ処は、機械びきの工場となつた。冬木で見た、あの工場も、これと同じものらしい。」

つい、叱られたらあやまる気で、伸上《のびあが》つて窓から覗いた。中で竹刀を使つてゐるのだと、立処に引込《ひつこ》まれて、同伴が犬に怯えたかはりに、真庭念流《まにはねんりう》の腕前を顕はさうといふ処である。

久しぶりで参詣をするのに、裏門からでは、何故か不躾《ぶしつけ》な気がする。木場を一廻りするとして、話しながら歩行《ある》き出した。

「……蠱《こ》といふ形を、そのまゝ女の肉身で顕はしたやうな、いまの話で思出すが、きみの方が友だちだから此方《こつち》も友だちさ。以前――場所も同じ様だが、何とかいふ女郎がね。一寸《ちよつと》、その服装《なり》を聞いて覚えてゐる。……黒の絽縮緬の裾に、不知火のちら〱と燃えるのに、……水浅黄の麻の葉の襟を掛つた裲襠《しかけ》だとさ。肉色縮緬の長襦袢で、其《そ》の白繻子の達手巻を――そんなに傍《そば》へ寄つちや不可《いけ》ない、橋が真中を通るのに、邪魔になるぢやあないか。」

下を二流し筏《いかだ》が辷《すべ》る。

「何だつけ、その裲襠《しかけ》を屏風へ掛けて、白い切《きれ》の潰島田《つぶし》なのが……いや、大丈夫、――惜しいかなこれが心中をしたのでも、殺されたのでも、斬られたのでもない。のり血《べに》は更になしだよ。「まだ学生さんでしやう。当楼《うち》の内証は穏かだから台のかはりに、お弁当を持つて入らつしやい。……私に客人があつて、退屈だつたら、昼間、その間裏の土手へ出て釣をしておいでなさいまし。……海津がかゝります。私だつて釣つたから。……」時候は暑いが、春風が吹いてゐる。人ごとだけれども、眉間尺と較べると嘘のやうだ。」

「風葉さん、春葉さん、いづれですか、言はれた、その御当人は？」

「それは、想像にまかせよう。」

案内者にも分らない。

水の町の不思議な大深林は、皆、薄赤く切拓かれた、木場は林を畳《たゝ》んで堀に積み、空地に立掛けた板に過ぎぬ。蘆間に鷺《さぎ》の眠り、軒に蛙の鳴いた景色は、また夢のやうである。

――鶴歩橋《くわくほばし》を見た。その橋を長く渡つた。名の由来を知りたい方々は、案内記の類を読まるゝがよい。私はそれだからといつて、鶴歩といふ字にかゝづらうわけではないが、以前知つた時、この橋は鶴の首に似て、淡々たる水の上に、薄雲の月更けて、頚《うなじ》を皓《しろ》く眠つていた、……九月の末、十月か、あれは幾日《いくか》頃《ごろ》であつたらう。折からこの水辺《すゐへん》の恵比寿の宮の町祭りの夜と思ふ。もう晩《おそ》かつたから、材木の森に谺《こだま》する鰐口《わにぐち》の響きもなく、露地の奥から笛の音も聞えず、社頭にただ一つ紅の大提灯の霧に沈んで消残つたのが、……強ひて擬《なぞら》へるのではない、さながら一抹の丹頂に似て、四辺皆水、且行き、且たゝずむ人影は、斑《まだら》に黒い羽の影を落して、橋をめぐつた堀は、大《おほい》なる両の翼だつたのを覚えてゐる。その時、颯と吹いた夜嵐に、提灯は暗くなり、小波《さゞなみ》は白い毛を立てゝ、空なる鱗形の雲とともに乱れた。

鶴の姿の消えたあとは、遣手《やりて》の欠伸よりも殺風景である。

しかし思へ。鹿島へ詣でた鳳凰も、夜があければ風説《うはさ》である。鶴歩橋の面影は、別に再び月の夜《よ》に眺めたい。

こゝに軒あれば、松があり、庭あれば燈籠が差《さし》のぞかれ、一寸欞子《れんじ》のすき間さへ、山の手の雀の如く、鳥影のさすと見るのが、皆ひらひらと船であつた。奥深い戸毎の帳場格子も、早く事務所の椅子になつた。

けれども、麦稈《むぎわら》が通りかゝりに、

「あゝ焼け残つた……」

私は凡夫だから、横目にたゞ「おなじ束髪でも涼しやかだな。」ぐらゐなもの、気にした処で、ひとへに御婦人ばかりだが、同伴は少々骨董気があるから、怪《け》しからん。たゝき寄せた椅子の下に突つ込んだ、鉄の大火鉢をのぞき込んで、

「十万坪の坩堝《るつぼ》の中で、柘榴の実のわれたやうに焼けても、溶けなかつたんですな。宝物《はうもつ》ですぜ。」

この不作法に……叱言もいはぬは、さすがに取《と》り鎮《しづ》めた商人《あきうど》の大気であらう。

それにしても、荒れてゐる。野にさらしたものゝ如く、杭が穴、桁が骨に成つた橋が多い。わづかに左右を残して、真中の渡りの深く崩れ込んだのもある。通るのにあぶなつかしいから、また踏み迷つた体になつて、一処《ひとところ》は泥亀《すつぽん》の如く穴を伝ひ、或処《あるところ》では、

「手を曳いてたべ……幽霊どの。」

「あら、怨めしや。」

どろ〳〵と、二人で渡つた。

人通りさへ、稀であるのに、貨物車《トラツク》は、衝《つ》いて通り、駆け抜ける。渋苦い顔して乗るのは、以前は小意気な小揚たちだつたと聞く。

たゞひとり、この間に、角乗《かくのり》の競勢《きほひ》を見た。岸に柳はないけれども、一人すつと乗つた大角材の六間余は、引緊《ひきしま》つた眉の下に、その行くや葉の如し。水面を操ること、草履を突つ掛けたよりも軽うして、横にめぐり、縦に通つて、漂々《へうへう》として浮いて行く。

月夜に鶴歩橋を渡るなぞ、いひ出たのも極りが悪い。かの宋の康王の舎人にして、涓彭《けんばう》の術を行ひ、冀州《きしう》、涿郡《たくぐん》の間に浮遊すること二百年。しかしてその涿水《たくすゐ》を鯉に乗つた、琴高を羨むには当らない。わが深川の兄哥《あにい》の角乗《かくのり》は、仙人を凌駕すること竹の柄の鳶口、約十尺と、加ふるに、さらし六尺である。

道幅もやゝ傾くばかり、山の手の二人が、さいはひ長棹によらずして、たゞ突き出された川筋は、むかしにくらべると、(大)といひたい。鉄橋と註し、電車が複線といひたしたい。大汐見橋を、八幡宮から、向つて左へ、だら〳〵と下りた一廓であつた。

また貨物車《トラツク》を曳出すでもないが、車輪、跫音《きやうおん》の響き渡る汐見橋から、ものゝ半町、此処《こゝ》へ入ると、今は壊れた工場《こうぢやう》のあとを、石、葉鉄《ぶりき》を跨いで通る状《さま》ながら、以前は、芭蕉で囲つたやうな、しつとりとした水の色に包まれつゝ、印袢纏で木を挽く仙人が、彼方《あつち》に一人、此方《こつち》に二人、大《おほい》なる材木に、恰《あたか》も啄木鳥《きつつき》の如くにとまつて、鋸の嘴《くちばし》を閑《しづか》に敲《たゝ》いてゐたもので、ごし〳〵、ごし〳〵、時に鎹《かすがひ》を入れて、カンと行《や》る。湖心に櫓の音を聞くばかり、心耳自《おのづ》から清《す》むだ、と思ふ。が、同伴《つれ》の説は然《さ》うではない。この汐見橋を、廓へ出入《ではい》るために架けた水郷《すゐきやう》の大門口《おほもんぐち》ぐらゐな心得だから、一段低く、此処へ下りるのは、妓楼《ちやゝ》の裏階子《うらばしご》を下りて、間夫《まぶ》の忍ぶ、隠れ場所のやうな気がしたさうである。

夜更けて引け過ぎに帰る時も。酔つて、乗込む時も。

隅田川先《おほかはさき》方の町町の、場所により、築地、日本橋の方からは永代を渡る、が、両国橋、もう新大橋となると、富岡門前の大通りによらず、裏道、横町を拾つて、入堀の河岸を縫ふ。……昼も静かだ。夜の寂しさ。汀《みぎわ》の蘆は夏も冷い。葉うらに透る月影の銀色《ぎんしよく》は、やがて、その蘆の細茎の霜となり、根は白骨と成つて折れる。……結んで角組める髱は、解けて洗髪《あらひがみ》となり、乱れて抜け毛となり、既にして穂とゝもに塵に消えるのである。

それが枯れ立ち、倒れ伏す。河岸、入江に、わけて寒月の光り冴えて、剃刀の刃の如くこぼるる時、大空は遥に蘆葦葎《よしあしもぐら》の八万坪を透通つて、洲崎の海、永代浦から、蒼波品川に連《つらな》つて、皎皎《かうかう》として凍《こほ》る時よ。霜に鳴く虫の黒い影が、世を怨む女の瞳の如く、また点々として、蘆の葉の折卒塔婆《をれそとば》に、浮ばない戒名を刺青したか、と明るく映る。……そのおもひ、骨髄に徹《とほ》つて、葉の根震ひ、肉戦《おのゝ》いて、酔覚《よひざめ》の頬《ほゝ》を悚然《ぞつ》と氷で割らるゝが如く感じた……と言ふのである。

御勝手になさい。

此の案内には弱つた。——（第一、こゝを記す時、七月二十二日の暑さと言つたら。夜へかけて九十六度、四十年来のレコードだといふ気象台の発表であるから、借家は百度を超えたらしい。）

早く汐見橋へ駆け上らう。

来るわ、来るわ。

船。

筏。

見渡す、平久橋、時雨橋、二筋、三筋、流れを合せて、濤々《たうく》たる水面を、幾艘、幾流《いくながし》、左右から寄せ合ふて、五十伝馬船《でんま》、百伝馬船《でんま》、達磨、高瀬、埃船《ごみぶね》、泥船、釣船も遠く浮く。就中《なかんづく》、筏は馳《はし》る。汐は瀬を造つて、水脚を千筋の綱に、さら〳〵と音するばかり、装入《もりい》るゝ如く川筋を上るのである。さし上《のぼ》る水は潔い。

颪はひよう〳〵と袂を吹いた。

私は学者でないから、此の汐は掘割を、上《かみ》へ、凡《およ》そ、どのあたりまで浄化するかを知らない。けれども、驚破《すわ》洪水と言へば、深川中、波立つ湖となること、伝へて一再にゞまらない。高低《たかひく》と汐の勢ひで、あの油堀、仙台堀、小名木川、——且辿り、且見た堀は、皆満々と鮮しい水を流すであらう。冬木の池も湛《たゝ》へよう。

誘はれて、常夏も、夕月の雫に濡れるであらう。

「成程、汐見橋は汐見橋ですな。」

同伴が更めて感心した。廓へばかり気を取られて、この汐のさしひきを、今はじめて知つたのかと思ふと、また然《そ》うでない。

大欄干（此《これ》にも大がつく）から、電車の透き間に、北《きた》し、東《ひがし》して、涼しくはあるし、汐の流れを眺めるうちに……一人来た、二人来た、見ぬ間に三人、――追羽子《おひばね》の唄に似て、気の軽さうな女たち、銀杏返しのも、島田なのも、づゝと廂髪《ひさしがみ》なのも、何処《いづこ》からともなく出て来て、おなじやうに欄干に立つて、しばらく川面を見おろしては、ふいと行く。――内証でお知らせ申さうが、海から颯々と吹通すので、朱鷺、浅黄、紅を斜に絞つて、半身《はんしん》を翻すこと、特に風のために描いた女の蹴出《けだし》の絵のやうであつた。が、いづれも、涼むために立ち停るのではない。凡そ汐時《しほどき》を見計つて、橋に近づく船乗、筏師《いかだし》に、目許であひづを通はせる、成程汐見橋の所以だ、と案内者が言ふのである。真偽は保証する限りでない。

たゞ、淙々《そうく》として大汐の上る景色は、私……一個人としては、船頭の、下から蹴出を仰ぐ如き比ではなかつた。

順は違ふが、――こゝで一寸《ちよつと》話したい。――これは、後に洲崎の弁財天の鳥居前の、寛政の津浪之碑の前での事である、――打寄する波に就いて、いま言はう。

汐見橋から、海に向つた――大島川の入江の角、もはや平久町何丁めに成つた、――出洲《です》の端《はな》に同じ津浪の碑が立つて居た。――前談、谷崎さんと、活動写真の一行《かう》が、船で来て、其の岸を見た震災前には、蘆洲の中《うち》に孤影煢然《こえいけいぜん》として、百年一人行《ゆ》く影の如く、あの、凄く、寂しく、あはれだつた碑が、恰《あたか》も、のつぽの石臼の如く立つて、すぐ傍《かたはら》には、物干棹に洗濯ものが掛つて、象《ざう》を撫《な》づるのではないが、私たちの石を繞《めぐ》るのを、片側長屋の小窓から、場所らしい、俠《きやん》な娘だの、洒落れた女房《かみさん》が、袖を引合つて覗いたものであつた。——いまは同じ所、おなじ河岸に、ボキリと犀の角の折れた如く、淵にも成らぬ、痕を残して、其の軀《むくろ》は影もない。

焼けた水を、目前《まのあたり》、波の鱗形に積んだ、煉瓦を根にして、卒塔婆が一基。——神力大光普照無際土《じんりきだいくわうふせいむさいど》消険《せうけん》。三垢冥広済衆厄難《くめうくわうさいしうやくなん》。——しか〲と記したのが、水へ斜《なゝめ》に立つて居る……

尤も、案内者といへども、汐見橋から水の上を飛んだのではない。一度、富岡門前へ。……それから仲通を越中島へ、蓬萊橋を渡ること、其の谷崎さんの時と殆ど同一《おなじ》に、——嘗て川へおちた客が、津浪之碑を訪ねたので。古石場、牡丹町を川づたひに、途中、木の段五つを数へる、人のほか車は通じない牡丹橋を高く渡つた。——恁《か》う大廻りをしないと、汐見橋から手に取るやうでも、碑のあとへは至り得ないのである。此のあたり、船の長屋、水の家、肌襦袢で乳のむつちりしたのなどは、品格ある読者のお聞きなさりたくない事を信じて、先を急ぐ。従つて古石場の石瓦、石炭屑などは論じない。唯一つ牡丹町の御町内、もしあらば庄屋《なぬしさま》に建言したい事がある。場所のいづれを問はず、一株の牡丹を、庭なり鉢なりに植ゑて欲しい、紅《こう》、白《はく》、緋、濃艶、淡彩、其《そ》の唯一輪の花開いて、臺《うてな》に金色《こんじき》の町名を刻むとせよ、全町立処に楽園に化して、いまは見えぬ団子坂、入谷の、菊、朝顔。萩寺の萩を凌《しの》いで、大東京の名所と成らう。凡《およ》そその町の顕はるゝは、住む人の富でない。ダイヤモンドの指環《ゆびわ》でない。時に一本《ひともと》の花である。

やがて、碑のあとに、供養の塔婆《たふば》を、為出《しい》だす事もなく、弔つた。

沈んだか、焼けたか、碑の行方を訪ねやうと思ふにさへ、片側のバラックに、数多く集《あつま》つたのは、最早や、女房にも娘にも、深川の人どころでない。百里帯水、対馬を隔てた隣国から入稼《いりかせ》ぎのお客である。煙草を売つて、ラムネ、サイダーを酌するらしい、おなじ鮮女《せんぢよ》の衣《きぬ》の白きが二人、箒《ほうき》を使ひ、道路に水を打つを見た。塔を清むるは、僧の善行である。町を掃くのは土を愛するのである。殊勝のおん事、おん事と、心ばかり黙礼しつゝ、私たちは、むかし蘆間を渡せし船板、――鉄の平久橋を渡る。

「震災の時ではありませぬで、ついこの間大風に折れましてな。」

同伴よ、許せ、赤ら顔で、兀《は》げたのが――蘆の根に寄る波の、堤に並ぶよし簀《ず》の茶屋から、白雪の富士の見える、こゝの昔を描いた配物《くばりもの》らしい――団扇《うちは》を使ひながら、洲崎の弁財天の鳥居の外に石柵《いしさく》緩《ゆる》く繞《めぐ》らした、碑の前に立つた時、ぶらりと来合はせて、六十年配が然《そ》ういつた。

此処寛政三年波あれの時、家流れ人死《ひとし》するもの少からず、此の後高波の変《へん》はかり難《がた》く溺死の難なしといふべからず。これによりて西入船町を限り、東吉祥寺前に至るまで凡《およ》そ長さ二百八十間余の処、家居取払ひ空地となし置《お》くものなり。

寛政六甲寅十二月日

――（小作中一度載之。――再録。）

繰返すやうだけれども、文字《もんじ》は殆ど認め難い。地は三尺窪んだやうに碑の半《なかば》は埋まつた。

――因《ちなみ》にいふ、芭蕉に用のある人は、六間堀方面に行くがよい――江戸の水の製造元、式亭三馬の墓は、浄真寺中雲光院にある。——

さて、時をいへば、やがて五時半であつた。夏の日も、この梅雨空で、雨の小留《をや》むだ間も、蒸しながら陰が籠つて、家居は沈み、辻は黄昏《たそが》れた。

団扇持つた六十年配が、一つ頸窪《ぼんのくぼ》の蚊を敲《たゝ》いて立去るあとから、同伴は、両切《りやうぎり》の煙草を買ふといつて、弓なりの辻を、洲崎の方へ小走りする。

ぼつねんとして、あとに、水を離れた人間の棒立《ぼうだち》と、埋れた碑と相対した時であつた。

皺枯れた声をして、

「旦那さ——ん。」

「あ。」

思はず振向くと、ふと背後《うしろ》に立つて暮方の色に紛るゝものは、あゝ何処《どこ》かで見た……大びけ過ぎの遣手部屋か、否《いや》、四谷の閻魔堂か、否、前刻《さつき》の閻王の膝の蔭か、否、今しがた白衣《びやくい》の鮮女《せんによ》が道を掃いた小店《こみせ》の奥に、暗く目を光らして居た、鉄《かな》あみを絞つたやうに、皺の数を面《おもて》に刻んで、白髪を逆《さかさ》に乱しつゝ、浅黄の筒袖に黒い袴はいた嫗《をうな》である。万ちやんの浅草には、石の枕の一つ家がある。安達ケ原には黒塚がある。こゝのは幸《さいはひ》に、檳榔《びんらう》の葉のやうな団扇を皺手に出刃包丁を持つてをらず、腹ごもりの嬰児《あかご》を袍衣《えな》のまゝ摑んでもゐない。読者は、たゞ凄く、不気味に、霊あり、験あり、前世の約束ある古巫女を想像さるればよい。なほ同一《ひとつ》川筋を扇橋から、本所の場末には、天井の裏、壁の中に、今も口寄せの巫女《いちこ》の影が残ると聞く。

「水の音が聞えまするのう。何処となくのう。」

「…………」

「旦那さ――ん、今のほどは汐見橋の上でや、水の上るのをば、嬉しげに見てござつた。……濁り濁つた、この、のう、溝川《どぶかは》も、堀も、入江も浄《きよ》めるには、まだ〳〵汐が足りませぬよ、足りませぬによつて、のう、真夜中に来て見なされまし。――月にも、星にも、美しい、気高い、お姫様が、のう、勿体ない、賤《しづ》の業《わざ》ぢや。今時の女子《をなご》の通り、目に立たぬお姿でのう、船を浮べ、筏に乗つて、大海の水を、さらさらと、この上、この上に灌《そゝ》がつしやります事よ。……あゝ、有難うござります。おまゐりをなされまし。……おゝ、お連れがござりましたの。――おさきへ、ごゆるされや、はい、はい。」

と、鳥居も潜《くゞ》らず、片檜《かたのき》の暗い処を、蜘蛛の巣のやうに――衣ものゝ薄さに、身の皺を、次第に、板羽目へ掛けて、奥深く、境内へ消えて行《ゆ》く。

「やあ、お待遠様。――次出《ついで》に囀《さへづり》新道《しんみち》とかいふのを、一寸……覗いて来たか……燕《つばくろ》にしては頭が白い。あはははは、が、驚きました、露地口に、妓生《キイサン》のやうなのが三人ゐましたぜ。ふわり〳〵と、白い服で。」


――忘れたのではない。私たちは、実はまだ汐見橋に、其の汐を見つゝ立つてゐる――

富岡八幡宮

成田山不動明王

境内は、土を織つて白く敷けるが如く、人まばらにして塵を置かず。神官は厳粛に、僧達は静寂に、御手洗《みたらし》の水は清《すゞし》かつた。

たゞ納手拭《をさめてぬぐい》の黒く捩《よぢ》れたのが、吹添ふ風に翻つて、ばたんと頰《ほゝ》を打つた。遊郭の蠱《こ》を断じて、いまだ漱《そゝ》がざる腥《なまぐさ》き口だつたからであらう。威に恐れた事はいふまでもない。他《た》にも、なほ二三の地、寺社《てらやしろ》に詣でたから、太《いた》く汚れ垢づいた奉納手拭は、その何処《どこ》であつたかを今忘れた。和光同塵とは申せども、神境、仏地である。——近頃は衛生上使はぬことにはなつてゐるが、単に飾りとしても、甚《はなは》だしく汚れた手拭は、一体誰が預かり知るべきものであるかを伺ひたい。早い処は、奉納をしたものが心して……清浄にすべきであらう。

謹んで参詣した。丁度三時半であつた。まだ昼飯《おひる》を済ましてゐない。お小《こ》やすみかた〴〵立寄つたのが……門前の、宮川か、いゝえ、木場の、きん稲《いね》か、いゝえ、鳥の初音か、いゝえ。何処《どこ》だい！ えゝ、然《そ》う大きな声を出しては空腹《すきばら》にこたへる、何処といひ立てる程の事もない、その辺の、そ……ば……や……です。あ、あ。

「入らつしやい。」

しかし、蕎麦屋の方は威勢が好《い》い。横土間で誂へを聞くのが、前鼻緒のゆるんだ、ぺたんこ下駄で、蹠《あしのうら》の真黒な小婢《ちび》とは撰《たて》が違ふ。筋骨屈竟な壮佼《わかもの》が、向顱巻《むかふはちまき》、筋彫《すぢばり》ではあるが、二の腕へ掛けて、笛、太鼓、おかめ、ひよつとこの刺青《ほりもの》。ごむ底の足袋で、トン〳〵と土間を切つて。「えゝお待遠う。」懇《ねんごろ》に註文した、熱燗を鷲掴みにしながら、框《かまち》へ胸を斜《はす》つかけ、腰を落して、下睨みに、刺青《ほりもの》の腕で、ぐいと突き出す――といつた調子だから、古畳の片隅へ、裾のよぢれたので畏《かしこ》まつた客の、巾《はば》の利かないこと一通りでない。

「饂飩《うどん》を誂へても叱られまいかね。」

「何、あなた。品がきが貼出してある以上は、月見でも、とぢでも何でも。」

「成程。」――

狭い店で。……つい鼻頭《はなさき》の框《かまち》に、ぞろりとした黒の絽縮緬の羽織を、くるりと尻へ捲込むで、脹肥《はちき》れさうな膏切《あぶらぎ》つた股を、殆ど付根まで露出《むきだし》の片胡坐、どつしりと腰を掛けた、三十七八の血気盛り。遊び人か、と思はれる角刈で、その癖パナマ帽を差措いた。でつぷりとして、然《しか》も頬骨を張つたのが、あたり芋を半分に流して、蒸籠を二枚積み、種ものを控へて、銚子を四本並べてゐる。私たちの、藪の暖簾を上げた時――その壮佼《わかもの》を対手に、声高に弁じてゐたのが、対手が動いたゝめ、つと中絶えがしたので。……しばらく手酌で舐めながら、ぎろ〳〵、的《あて》のないやうに、しかしおのづから私たちに瞳を向ける、私はその銚子の数をよんだ。羨んだのではない。酔ひの程《ほど》度を計つたのである。成《なる》たけ背を帳場へ寄せて、窓越に、白く円々と肥つた女房《かみさん》の襷がけの手が、帳面に働くのを力にした。怯えるから、猪口《ちよく》を溢すと、同伴が、そこは心得たもので、二つ折の半紙を懐中《ふところ》から取つて出す段取などあり。……

「やあ、……聞きなよ。おい、それからだ。しかし忙しいな。」

私たちの誂へを一二度通すと、すぐ出前に——ポンと袢纏を肩に投げて、恰《あたか》も、八幡祭の御神輿。(こゝのは担ぐのではない、鳳凰の輝くばかり、霄空《おほぞら》から、舞降《まひくだ》る処を、百人一斉《とき》に、飛び上つて受けるのだといふ)御神輿に駈け付ける勢ひで飛び出した。その壮佼《わかもの》の引返したのを、待兼《まちか》ねた、と又弁じかけた。

「へい、おかげ様で。……」

「蕎麦は手打ちで、まつたく感心に食はせるからな。」

「お住居《すまゐ》は兜町の方だとおつしやいますが、よく、此の辺が明るくつておゐでなさいますね。」

「町内づきあひと同じ事さ、そりやお前、娘《あま》が住んでる処だからよ。あはゝは。」

「えゝ、何《ど》うもお楽みで。」

「対手が、素地《しらち》で、初《うぶ》と来てるから、そこは却つて苦しみさな。情《なさけ》で苦労を求めるんだ。洒落れた処はいくらもあるのに——だが手打だから、汁加減がたまらねえや。」

天麩羅を、ちゆうと吸つて、

「何しろ、お前、俺が顔を見せると、白い頸首《えりくび》が、島田のおくれ毛で、うつむくと、もう忽ち耳朶《みゝたぶ》までポツとならうツて娘が、お人形さんに着せるのだ、といつて、小さな紋着を縫つてゐたんだからよ。ふびんが加はらうぢやねえか、えへツへツ。人形のきものだとよ。てめえが好《い》い玩弄《おもちや》の癖にしやがつて。」

「また、旦那、滅法界《めつぱふかい》な掘出《ほりだ》しものをなすつたもんだね。一町越せば、蛤も、蜆《しゞみ》も、山と積んぢやありますが、問屋《とひや》にも、おろし屋にも。……おまけに素人に、そんな光つたのは見た事もありやしません。」

「光るつたつて硝子《ビードロ》ぢやあねえぜ。……底に艶があつて、ほんのり霞んでゐる珠だよ。こいつを掌でうつむけたり、仰向けたり、一《ピン》といへば一《ピン》が出る、五《ぐ》といへば五《ぐ》が出る。龍宮から授かつた賽《さい》ころのやうな珠だから、えへツへツへツ。」

「あ、旦那、猪口《ちよく》から。」

「色香滴《こぼ》るゝ如《ごと》し……分つてる。縁起がなくつちやあ真個《ほんたう》にはしめえな。何《ど》うだ？ 此《これ》を見つけたのが、女衒《ぜげん》でも、取揚婆《とりあげばゞあ》でもねえ、盲目《めくら》だ。――盲目なんだから、深川七不思議の中《うち》だらうぜ――こゝらも流す事があるだらう。仲町や、洲崎ぢや評判の、松賀町うらに住む大坊主よ。俺が洒落に鶴賀をかじつて、坊主、出来るから、時々慰みに稽古に行《ゆ》くと思ひねえ。

「親一人娘《こ》一人だ、旦那、大勢に手足は裂きたくない、と申しまするで、お情を遣はされ。」――かねて、熊井、平久、平野、新道と、俺が百人斬《にんぎり》を知つてるから、「特別のお情《なさけ》を。」――よし来た、早い処を。で、どうせ、あく洗ひをするか、湯がかないぢや、使へない代ものだ、と思つたのが……まるでもつて、其処等《そこら》の弁天……。」

「あゝ、不可《いけね》え、旦那、私《あつし》がこんな柄で云つちやをかしいやうですがね、うつかり風説《うはさ》はいけません。時々貴女のお姿が人目に見えて、然《しか》もお前さん、……髪をお洗ひなさる事さへあるツて言ひますから。……や、話をしても、裸体《はだか》の脇の下が擽《くすぐ》つてえ。」

「それだよく〳〵、その通り。却つて結構ぢやねえか。本所の一ツ目を見ねえな。……盲目が見つけたのからして、もうすぐに弁天だ。俺の方でいはうと思つた。――いつか、連《つれ》をごまかす都合でな、暇潰しに開帳さして、其処等の弁天の顔を見たと思ひねえ、俺の玩弄品《おもちや》に、その、肖如《そつくり》さツたら。一寸《ちよつと》驚いた。……おまけに、俺が熟《じつ》と見てゐるうちに、瞼《まぶた》がぽツと来たぜ……ウ。」

柘榴の花が、パツと散る。

「あ、衂血《はなぢ》だ。」

「ウーム。」

遊び人の旦那は仰向《あふむけ》に呻《うな》つた。夥多《おびたゞ》しい衂血である。丁度手にした丼に流れ込むのを、あわてて土間へ落したが、蕎麦も天麩羅も真赤に成つた。鼻柱になほ迸《ほとばし》つて、ぽたく〳〵と蒸籠にしたゝり、猪口《ちよく》に刎《は》ねた血に、ぷんと、蕺草《どくだめ》の臭《にほひ》がした。

「お冷《しや》し申して……」

女房《かみさん》は土間へ片膝を下ろした。同伴も深切に懐紙を取つて立ちかけたが、壮佼《わかもの》が屈竟だから人手は要らない。肩に引掛けると、ぐなぐなと成つて、台所口へ、薄暗い土間を行く、四角な面《つら》は、のめつたやうで真蒼《まつさを》である。

私たちは、無言で顔を見合はせた。

水道の水が、ざあく〳〵鳴るのを聞きながら、酒をあまして蕎麦屋を出た。

順はまた前後した。洲崎の弁財天に詣でたのは、此処《こゝ》を出てからの事なのである。

怪しき媼《おうな》の言《ことば》が余り身に沁みたから、襟も身も相ともに緊張《ひきしま》つて、同伴が囀《さへづり》新道《しんみち》を覗いたといふにつけても、時と場所がらを思つて、何も話さず、暮かけて扉なほ深い、天女の階《きざはし》に礼拝した。で、その新道を横に……小栗柳川の漕がした船は、むかしこの岸へ当つて土手へ上《のぼ》つた、河岸を抜けて、電車に乗つた。木場一円、入船町を右に、舟木橋をすぎ、汐見橋を二度渡つて、町はまだ明《あかる》いが、両側は店毎軒毎に電燈の眩《まばゆ》い門前町を通りながら――並んでは坐れず、向ひ合つた同伴と、更に顔を見合はせた。が、本通りは銀座を狭くしたのとかはりのない、千百の電燈に紛れて、その蕎麦屋かと思ふ暖簾に、血の付いた燈《ひ》は見えなかつた。

門前仲町で下りたのは、――晩の御馳走……より前《さき》に、名の蛤町、大島町かけて、魚問屋《うをとひや》の活船《いけぶね》に泳ぐ活きた鯛を、案内者が見せようといふのであつた。

裏道は次第に暗し、雨は降る……場所を伺《ど》う取違へたか、浴衣の藻魚《もよう》、帯《おび》の赤魚《あかを》、中には出額《おでこ》の目張魚《めばる》などに出逢ふのみ。鯛、鱸《すゞき》どころでない。塩鰹のにほひもしない。弱つたのは、念入《ねんいり》に五万分一の地図さへ袂《たもと》に心得た案内者が、路《みち》は悪くなる、暮れかゝる、活船を聞くのにあせるから、言ふことが、しどろ、もどろで、「何は、魚市は？……いや、それは知つてゐますが、問屋なんで。いえ、買ひはしません。生きた魚を見るのでして、えゝ死んだ魚……もをかしいが、ぴちぴち刎《は》ねてる問屋ですがね。」――雑《ざつ》とこの通り、刎ねる問屋もまだ可《よ》かつた。「水をちよろ〳〵と吹上げて、しやあと落して、ゐる処ですがね。」「親方……」――はじめ黒船橋の袂で、窓から雨を見た、床屋の小僧に聞くと、怪《け》げんな顔をして親方を呼んだ、が分らない。――「兄さん、兄さん一寸《ちよつと》聞くがね。」二度目は蛤町二丁目の河岸で、シャベルで石炭を引《ひつ》かいてる、職人に聞いた時は、慚愧した。「水をちよろ〱、しやあ？……」と、真黒な顔で問ひ返して、目を白くして、「分らねえなあ。」これは分るまい。

……

「きみ、きみ。……ちよろ〱さへ気恥《きはづ》かしいのに、しやあと落すだけは何とかなるまいかね。あれを聞くたびに、私はおのづから、あとじさりをするんだがね。」

「卑怯ですよ。……ちよろ〱だけぢやあ意をなしませんし、どぶりでもなし、滔《たう》たりでもなし、しやあ。」いふ下から……「もし〱失礼ですが、ちよろ〱、しやあ。……」

通りがかりの湯帰りの船頭らしいのに叩頭《おじぎ》をする。

櫛巻を引詰めて、肉づきはあるが、きりゝ腰帯の引《ひき》しまつた、酒屋の女房《かみさん》が「問屋で小売はしませんよ。」「何《ど》ういたして、それ処ぢやありません。密《そつ》と拝見がいたしたいので。」「おや、御見物。」と、金の糸切歯でにつこりして、道普請だの、建前だの、路地うらは、地震当時の屋根を跨《また》ぐのと同一《おんなじ》で、分り悪《にく》いからと、つゝかけ下駄で出て来て——あの蕎麦屋の女房《かみさん》を思はせる、——円々《まる〱》した二の腕をあからさまに、電燈に白く輝かしながら、指さしをして、掃溜をよけて、羽目を廻つて、溝板《どぶいた》を跨いで、ぐら〱してゐるから気をつけて、まだ店開きをしない、お湯屋の横を抜けた……その突き当りまで、丁寧に教へて、「お気をつけなさいまし、おほゝゝ。」と、あだに笑つた、どうも、辰巳はうれしい処である。

問屋《とんや》は、大六、大京、小川久《をがきう》、佃勝《つくかつ》、西辰《にしたつ》、ちくせん——など幾軒もある、と後に聞いた。私たち、は単に酒屋の女房に教はつた通り、溝板も踏み返さず、塚にも似て、空地のあちこち蠣蛤《かきはまぐり》の殻堆《うづたか》く――（ばいすけ）の雫《しづく》を刎《は》ねて並んだのに、磯浜づたひの思ひしつゝ、指さゝれたなりに突き当りの問屋。……

店頭《みせさき》に何もない。幅広な構内《かまへうち》の土間を真向《まむか》ふに、穴蔵が暗く、水気《すゐき》が立つて、突通しに川が透く。

――あすこだ。あれだ。

のそ〳〵と入つた案内者が、横手の住居《すまゐ》へ屈《かゞ》み腰で挨拶する。

「水がちよろ〳〵、」

……をやつてゐるに違ひない。私は卑怯ながら、その町の真中で、づゝと、あとじさりをしたのである。

「さ、おいでなさい、許可になりました。」

活船――瀧箱といふのであつたかも知れない。――が次第に、五段に並んで、十六七杯。水柱は高く六尺に昇つて、潺湲《せんくわん》と落ちて小波《さざなみ》を立てゝ溢れる。――あゝ、水柱といつて聞けばよかつた。――活船に水柱の立つ処と。……

濡板敷のすべる、足もとに近い一杯を透かすと、小魚《こうを》が真黒に瀬を造る。

「泳いでゐます、鯵《あぢ》ですよ。」

「鱚《きす》だぜ。」

と、十五六人、殆ど裸にして、立働く、若衆《わかいしゆ》の中の、若いのがいつた。

同伴は器用で、なか〳〵庖丁も持てるのに。――これを思ふと、つい、この頃の事である。私の極懇意な細君で、もと柳橋で左褄を取つたのが、最近、番町のこの近所へ世帯《しよたい》を持つた。お料理を知つて、洗方に疎《おろそか》だから——今日《こんち》は——の盤台を、台所口からのぞいて、「まあ、いゝ鮎ね。」が、鱚《きす》である。翌朝「あら、活きた鯉《こひ》ね。」といはうとして……昨日に懲りて口をつぐんで、一寸容儀《ちよつとようす》を調へたのが、黒鯛。これは優しい。……

信濃国蒲原郡産の床屋職人で、気取つたのが、鮨は屋台に限る、と穴子をつまんで、「む、この鮨《どぜう》はうめえや。」以《もつ》て如何《いかん》となすと、うつかり同伴に立話をすると、三十幾本の脚が、水柱に大揺れに揺れて哄《どつ》と笑つた。紛れ出た小蛸が、ちよろ〳〵と板敷を這つてゐる。

一同は働き出した。下屋《げや》の水窓へ、折から横づけの船から、穴子、ぎんぱうの魚籠《びく》、鰈《かれひ》、あいなめの蛸盤台《たこはんだい》を、掬《しやく》ふ、上げる、それ抱き込む、大鯛の潑剌たるが、（大盤台《だんべ》）から飛び上つた。

この勢ひに乗じて、今度は、……そ……ば……や……ではない。社の高信《たかのぶ》さんの籌略《ちうりやく》によつて一陣の鋭兵が懐に伏せてある。……敵は選ばぬ、それ押出せ、といふと、兜を直す、同伴の頭は黒く見える。雨をおよぎ出した町の角も、黒江町。火の見は、雫《しづく》するばかり、水晶の塔か、と濡れて、光つて、夜店の盤台には、蟹の脚が白く土手を築《つ》き、河豚《ふぐ》かと驚く大鯒《おほこち》が反つて、鱏《えひ》のぶつ〳〵切《ぎり》が血を洗つた。

加賀屋、きん稲、伊勢平と、対手を探つて、同伴は、嘗て宮川で、優しい意気な人と手合《てあはせ》をした覚えがある、と頻《しきり》にはやつて、討死をしようとしたが——御免下さい……お約束はしましたけれど、かう降つて来ては持ち出さないわけには行《ゆ》かない、蝙蝠傘にて候ゆゑ、近い処の境内の初音を襲つた。

「お任せ申す。」

「心得たり。」

こゝに至ると――実は、二上《にあが》りの音《ね》じめで売つた洲崎の年増と洒落た所帯を持つた同伴が、頭巾を脱いで、芥子玉の頬被《ほゝかむり》した鵜《う》に成つた。案ずるに、ちよろ〳〵水も、くたびれを紛らした串戯《じやうだん》らしい。

「……姉さん、一寸《ちよいと》相談があるが、まづ名のれ、聞きたいな。」

をかしかつたのは、大肥りに肥つた、気の好い、深切な女中が、ふふふ、と笑つてばかり、何《ど》うしても名告《なの》らなかつた。然《さ》もありなん、あとで聞くと、……お糸さん。

で、その、肥つたお糸さんに呑込《のみこ》まして、何でも構はぬ、深川で生れて、深川で育つた土地ツ子を。

――若い鮮麗《あざやか》なのが、あらはれた。

先《ま》づは、めでたい。

うけて、杯をさしながら、いよ〳〵黒くなつた鵜が、いやが上におやぢぶつて、

「姉さんや、うまれは、何処だい。」

声の下に、かすりの、明石の白絣で、十七だといふのに、紅気《あかつけ》なし、薄い紫陽花色の半襟、くつきりと涼しいのが、瞳をぱつちりと、うけ口で、

「浜通り……」

「はま通り？……」

明瞭、簡潔に、

「蛤町。」

深川の散歩◎永井荷風

中洲の河岸《かし》にわたくしの旧友が病院を開いてゐたことは、既にその頃の中央公論に連載した雑筆中に之を記述した。病院はその後箱崎川にかゝつている土洲橋《としうばし》のほとりに引移つたが、中洲を去ること遠くはないので、わたくしは今もつて折々《をりく》診察を受けに行つた帰道《かへりみち》には、いつものやうに清洲橋をわたつて深川の町々を歩み、或時は日の暮れかゝるのに驚き、いそいで電車に乗ることもある。多年坂《たねんさか》ばかりの山の手に家《いへ》する身には、時たま浅草川の流を見ると、何といふことなく川を渡つて見たくなるのである。雨の降りさうな日には川筋の眺めのかすみわたる面白さに、散策の興は却《かへつ》て盛《さかん》になる。

清洲橋という鉄橋が中洲から深川清住町の岸へとかけられたのは、たしか昭和三年の春であらう。この橋には今だに乗合自動車の外、電車も通らず、人通りも亦《また》さして激しくはない。それのみならず河の流れが丁度この橋のかゝつてゐるあたりを中心にして、ゆるやかに西南の方《かた》へと曲つてゐるところから、橋の中程に佇立《たゝず》むと、南の方《かた》には永代橋、北の方には新大橋の横《よこた》はつてゐる川筋の眺望が、一目に見渡される。西の方《かた》、中洲の岸を顧《かへり》みれば、箱崎川の入口が見え、東の方、深川の岸を望むと、遥か川しもには油堀の口にかゝつた下《しも》の橋と、近く仙台堀にかゝつた上《かみ》の橋が見え、また上手《うはて》には萬年橋が小名木川《をなぎがは》の川口にかゝつてゐる。これ等両岸の運河にはさまぐな運送船が輻輳《ふくさう》してゐるので、市中川筋の眺望の中《うち》では、最も活気を帯び、また最も変化に富んだものであらう。

或日わたくしはいつもの如く中洲の岸から清洲橋を渡りかけた時、向に見える萬年橋のほとりには、曾《かつ》て芭蕉庵の古址《こし》と、柾木《まさき》稲荷の社とが残つてゐたが、震災後はどうなつたであらうと、不図思出《ふとおもひだ》すがまゝ、之を尋ねて見たことがあつた。

清洲橋をわたつた南側には、浅野セメントの製造場が依然として震災の後もむかしに変らず、かの恐しい建物と煙突とを聳《そびや》かしてゐるが、これとは反対の方向に歩みを運ぶと、窓のない平《ひら》たい倉庫の立ちつゞく間に、一条《すぢ》の小道が曲り込んでゐて、洋服に草履をはいた番人が巻煙草を吸ひながら歩いてゐる外には殆ど人通りがなく、屋根にあつまる鳩の声が俄《にはか》に耳につく。

この静《しづか》な道を行くこと一、二町、すぐさま萬年橋をわたると、河岸の北側には大川へ突き出たところまで、同じやうな平たい倉庫と、貧しげな人家が立ちならび、川の眺望を遮断してゐるので、狭苦しい道はいよ〳〵せまくなつたやうに思《おも》はれてくる。わたくしはこの湫路《しゆうろ》の傍に芭蕉庵の址は神社となつて保存せられ、柾木稲荷の祠はその筋向ひに新しい石の華表《とりゐ》をそびやかしてゐるのを見て、東京の生活はいかにいそがしくなつても、まだ〳〵伝統的な好事家の跡を絶つまでには至らないのかと、寧ろ意外な思ひをなした。

華表《とりゐ》の前の小道を迂回して大川の岸に沿い、乗合汽船発着処の在るあたりから、また道の行くがまゝに歩いて行くと、六間堀にかゝつた猿子橋《さるこばし》といふ木造の汚い橋に出る。この橋の上に杖を停《とゞ》めて見ると、亜鉛葺《とたんぶき》の汚い二階建の人家が、両岸から濁水をさしばさみ、其窓々から襤褸《ぼろ》きれを翻しながら幾町となく立ちつゞいてゐる。その間に勾配の急な木造の小橋がいくつとなくかゝつている光景は、昭和の今日に至つても、明治のむかしとさして変りがない。かくの如き昔ながらの汚い光景は、わたくしをして、二十年前亡友A氏と共に屢《しばしば》このあたりの古寺を訪《と》うた頃の事やら、それより又更に十年のむかし噺家の弟子となつて、このあたりの寄席、常盤亭の高座に上った時の事などを、歴々として思ひ起させるのである。

六間堀と呼ばれた溝渠《かうきよ》は、萬年橋のほとりから真直《まつすぐ》に北の方《かた》本所竪川《たてかは》に通じてゐる。その途中から支流は東の方に向ひ、弥勒寺の塀外を流れ、富川町や東元町の陋巷《ろうかう》を横ぎつて、再び小名木川の本流に合《がつ》している。下谷の三味線堀《さみせんぼり》が埋立てられた後《のち》、市内の堀割の中《うち》でこの六間堀ほど暗惨《あんさん》にして不潔な川はあるまい。わが亡友A氏は明治四十二年頃から三四年の間、この六間堀に沿うた東森下町の裏長屋に住んでゐたことがあった。

東森下町には今でも長慶寺という禅寺が在る。震災前《ぜん》、境内には芭蕉翁の句碑と、巨賊日本左衛門の墓が在つたので人に知られてゐた。その頃には電車通からも横町の突当りに立つてゐた楼門が見えた。此寺の墓地と六間堀の裏河岸との間に、平家建の長屋が秩序なく建てられてゐて、でこぼこした歩きにくい路地が縦横に通じてゐた。長屋の人達はこの処を大久保長屋、また湯灌場《ゆくわんば》大久保と呼び、路地の中の稍《やゝ》広い道を、馬《うま》の背《せ》新道《しんみち》と呼んでゐた。道の中央が高く、家に接した両側が低くなつてゐた事から、馬の背に譬《たと》へたので。歩き馴れぬものはきまつて足駄の横鼻緒を切つてしまつた。維新前《ぜん》は五千石を領した旗本大久保豊後守の屋敷が在つた処で、六間堀に面した東裏には明治の末頃にも崩れかゝつた武家長屋が其まゝ残つてゐた。又その辺から堀向《ほりむかふ》の林町三丁目の方へ架《かゝ》つてゐた小橋を大久保橋と称《とな》へてゐた。

これ等《ら》の事はその頃A氏の語つたところであるが、その後わたくしは武鑑を調べて、嘉永三年頃に大久保豊後守忠恕《たゞよし》といふ人が幕府の大目附になつてゐた事を知つた。明治八九年頃までの東京地図には、江戸時代の地図と変りなく、この処に大久保氏の屋敷の在つた事がしるされてゐる。

曾《かつ》てわたくしが籾山庭後《もみやまていご》君と共に月刊雑誌文明なるものを編輯《へんしう》していた時、A氏は深川夜烏《やう》といふ別号《べつがう》を署して、大久保長屋の事をかいた文を寄せられた。今其一節を見るに、

湯灌場大久保の屋敷跡。何故湯灌場大久保と言ふのか。それは長慶寺の湯灌場と大久保の屋敷と鄰接して居た所から起つた名である。露地を入つて右側の五軒長屋の二軒目、そこが阿久《おひさ》の家で、即ち私の寄寓する家である。阿久はもと下谷の藝者で、廃《や》めてから私の世話になつて二年の後、型ばかりの式を行つて内縁の妻となつたのである。右隣りが電話のボタンを拵へる職人、左隣がブリキ職。ブリキ職の女房は亭主の稼ぎが薄いので、煙突掃除だの、エンヤラコに出たりする。それで五人の子持である。お腹がふくれると、口が殖《ふ》える将来を案じて、出来ることなら流産《ながれ》て了へば可いがと不養生のありたけをして、板の間にぢかに坐つたり、出水の時、股のあたりまである泥水の中を歩き廻つたりしたに拘らず、くり〲と太つた丈夫な男が生れた。私の家は二畳に四畳半の二間切りである。四畳半には長火鉢、箪笥が二棹と机とが置いてある。それで、阿久と、お袋と、阿久の姉と四人住んで居るのである。その家へある日私の友達を十人ばかり招いて酒宴を催したのである。

先ず縁側に呉座《ござ》を敷いた。四畳半へは毛布を敷いた。そして真中に食卓を据《す》ゑた。長火鉢は台所へ運んで、お袋と姉とは台所へ退却した。そして境界に葭戸を立てた。二畳に阿久が居て、お銚子だの煮物だのを運んだ。（略）

扨当日の模様をざつと書いて見ると、酒の良いのを二升、そら豆の塩茄に胡瓜の香物を酒の肴に、干瓢の代りに山葵《わさび》を入れた海苔巻を出した。菓子折を注文して、それを長屋の軒別に配つた。兄弟分が御世話になりますからとの口上を述べて〇〇が鹿爪らしい顔で長屋を廻つたりした。すると長屋一同から返礼に、大皿に寿司を遣《よこ》した。唐紙を買つて来て寄せ書きをやる。阿久の三味線で〇〇が落人《おちうど》を語り、阿久は清心《せいしん》を語つた。銘々の隠藝も出て十一時迄大騒ぎに騒いだ。時は明治四十三年六月十九日。

この時代には電車の中で職人が新聞をよむやうな事もなかつたので、社会主義の宣伝はまだ深川の裏長屋には達してゐなかつた。竹格子の窓には朝顔の鉢が置いてあつたり、風鈴の吊《つる》されたところもあつた程で、向三軒両鄰り、長屋の人達はいづれも東京の場末に生れ育つて、昔ながらの迷信と宿習との世界に安《やすん》じてゐたものばかり。洋服をきて髯など生したものはお廻りさんでなければ、救世軍のやうな、全く階級を異にし、また言語風俗をも異にした人達だと思込《おもひこ》んでゐた。

わたくしは夜烏子《やうし》がこの湯灌場《ゆくわんば》大久保の裏長屋に潜みかくれて、交りを文壇にもまた世間にも求めず、超然として独りその好む所の俳諧の道に遊んでゐたのを見て、江戸固有の俳人気質《かたぎ》を伝承した真の俳人として心から尊敬してゐたのである。子《し》は初め漢文を修め、その将《まさ》に帝国大学に入らうとした年、病を得て学業を廃したが、数年の後、明治三十五六年頃から学生の受験案内や講義録などを出版する書店に雇はれ、二十円足らずの給料を得て、十年一日の如く出版物の校正をしてゐたのである。俳句のみならず文章にも巧みであつたが、人に勧められても一たびも文を售《う》らうとした事がなかつた。同じ店に雇はれていたものゝ中《うち》で、初め夜烏子に就いて俳句のつくり方を学び、数年にして忽《たちまち》門戸を張り、俳句雑誌を刊行するやうになつた人があつたが、夜烏子は之を見て唯一笑するばかりで、其人から句を請はれる時は快く之を与へながら、更に報酬を受けなかつた。

夜烏子は山の手の町に居住してゐる人達が、意義なき体面に累《わづら》はされ、虚名のために齷齪《あくせく》してゐるのに比して、裏長屋に棲息してゐる貧民の生活が遥に廉潔で、また自由である事をよろこび、病余失意の一生をこゝに隠してしまつたのである。或日一家を携へて、場末の小芝居を看に行く日記の一節を見ると、夜烏子の人生観とまた併せて其時代の風俗とを窺ふことができる。

明治四十四年二月五日。今日は深川座へ芝居を見に行くので、店から早帰りをする。製本屋のお神さんと阿久《おひさ》とを先に出懸けさせて、私は三十分許りして後から先になる様に電車に乗つた。すると霊岸町の手前で、田舎丸出しの十八九の色の蒼い娘が、突然小間物店を拡げて、避ける間もなく、私の外出着の一張羅へと真正面《まとも》に浴せ懸けた。私は詮《せん》すべを失つた。娘の兄らしい兵隊は無言で、親爺らしい百姓が頻に侘《わ》びた。娘は俯向いてこそ〳〵と降りた。癪に障つて忌《いま》忌しいが叱り飛す張合もない。災難だと諦めた。乗り合はした他の連中は頻に私に同情して、娘とその伴の図々しい間抜な態度を罵つた。飛沫《とばつちり》を受けたので、眉を顰めながら膝を拭いてゐる婆さんや、足袋の先を汚された職人も居たが、一番迷惑したのは私であつた。黒江町で電車を下りると、二人に逢つた。今これ〳〵だと阿久に話すと、人を歩かせて、自分は楽をしたものだから、その罰だと笑ひ乍らも、汚れた羽織の仕末には困つた顔をした。幸ひとお神さんの亭主の妹の家が八幡様の前だと云ふので、そこへ行つて羽織だけ摘み洗ひをして貰ふことにして、その間寒さを堪へて公園の中で待つて居た。芝居へ入つて前の方の平土間へ陣取る。出方は新次郎と言つて、阿久の懇意な男であつた。一番目は酒井の太鼓で、栄升の左衛門、雷蔵の善三郎と家康、蝶昇の茶坊主と馬場、高麗三郎の鳥居、芝三松の梅ケ枝などが重立つたものであつた。道具の汚いのと、役者の絶句と、演藝中に舞台裏で大道具の釘を打つ音が台辞を邪魔することなぞは、他では余り見受けない景物である。寒い芝居小屋だ。それに土間で小児の泣く声と立ち歩くのを叱る出方の尖り声とが耳障りになる。中幕の河庄では、芝三松の小春、雷蔵の治兵衛、高麗三郎の孫右衛門、栄升の太兵衛に蝶昇の善六。二番目は河内山で蝶昇が勤めた。雷蔵の松江侯と三千歳、高麗三郎の直侍などで、清元の出語りは若い女で、これは馬鹿に拙い。延久代といふ名取名《なとりな》を貰つてゐる阿久は一々節廻しを貶《けな》した。捕物の場で打出し。お神《かみ》さんの持つて来た幸寿司で何も取らず、会計は祝儀を合せて二円二十三銭也。芝居の前でお神さんに別れて帰りに阿久と二人で蕎麦屋へ入つた。歩いて東森下町の家まで帰つた時が恰度夜の十二時。

曾《かつ》て深川座《ふかがはざ》の在つた処は、震災後道路が一変してゐるので、今は活動館の在るあたりか、或は公設市場の在るあたりであるのか、たま〳〵散歩するわたくしには判然しない。

むかしの黒江橋は今の黒亀橋のあるあたりであらう。即《すなは》ちむかし閻魔堂橋の在つたあたりである。然《しか》し今は寺院の堂宇も皆新しくなつたのと、交通のあまりに繁激《はんげき》となつたゝめ、此のあたりの町には、さして散策の興をひくべきものもなく、又人をして追憶に耽《ふけ》らせる余裕をも与へない。曾て明治座の役者達と共に、電車通の心行寺に鶴屋南北の墓を掃《はら》つたことや、そこから程遠からぬ油堀の下流に、三角屋敷の址《あと》を尋ね歩いたことも、思へば十余年のむかしとなつた。(三角屋敷は邸宅の址ではない。堀割の水に囲まれた町の一部が三角形をなしてゐるので、其名を得たのである。)

今日の深川は西は大川《おほかは》の岸から、東は砂町の境《さかひ》に至るまで、一木《ぼく》一草《さう》もない。焼跡の空地に生えた雑草を除けば、目に映《えい》ずる青《あを》いものは一ツもない。震災後に開かれた一直線の広い道路と、むかしから流れてゐる幾筋の運河とが、際限なき焦土の上に建てられた臨時の建築物と仮小屋とのごみ〳〵した間を縦横に貫き走つてゐる処が、即ち深川だと云へばそれで事は尽きてしまふのである。

災後《さいご》、新《あらた》に開かれたセメント敷の大道は、黒亀橋から冬木町を貫き、仙台堀に沿うて走る福砂通《ふくさどほり》と称するもの。また清洲橋から東に向ひ、小名木川と並行して中川を渡る清砂通《きよさどほり》と称するもの。この二条《でふ》の新道が深川の町を西から東へと走つてゐる。また南北に通ずる新道《しんだう》にして電車の通らないものが三筋《すぢ》ある。これ等の新道はそのいづれを歩いても、道幅が広く、両側の人家は低く小さく、処々に広漠《くわうばく》たる空地があるので、青空ばかりが限りなく望まれるが、目に入るものは浮雲の外には、遠くに架《か》つてゐる釣橋の鉄骨と瓦斯《がす》タンクばかりで、鳶《とび》や烏《からす》の飛ぶ影さへもなく、遠い工場の響が鈍く、風の音のやうに聞える。昼中でも道行く人は途絶えがちで、たま〳〵走り過る乗合自動車には女車掌が眠さうな顔をして腰をかけてゐる。わたくしは夕焼《ゆふやけ》の雲を見たり、明月を賞したり、或はまた黙想に沈みながら漫歩するには、これほど好《よ》い道は他にない事を知つた。それ以来下町へ用足しに出た帰りには、きまつて深川の町はづれから砂町の新道路を歩くのである。

歩きながら或日ふと思出したのは、ギヨーム・アポリネールの「坐《ざ》せる女」と題する小説である。この小説の中に、曾《かつ》てシャンパンユの平和なる田園に生れて巴里《パリー》の美術家となつた一青年が、爆裂弾のために全村尽《ことごと》く破滅した其故郷《こきやう》に遊び、むかしの静《しづか》な村落が戦後一変して物質的文明の利器を集めた一新市街《しんしがい》になつてゐるのを目撃し、悲愁《ひしう》の情《じやう》と共に又一縷《る》の希望を感じ、時勢につれて審美の観念の変動し行くことを述べた深刻な一章がある。

災後、東京の都市は忽《たちま》ち復興して、其《その》外観は一変した。セメントの新道路を逍遥して新しき時代の深川を見る時、おくれ走せながら、わたくしも亦《また》旧時代の審美観から蟬脱《ぜんだつ》すべき時の来《きた》つた事を悟らなければならないやうな心持もするのである。

木場《きば》の町にはむかしのまゝの堀割が残つてゐるが、西洋文字《せいやうもんじ》の符号をつけた亜米利加《アメリカ》松の山積《さんせき》せられたのを見ては、今日誰《こんにちたれ》かこの処を、「伏見に似たり桃の花」と云ふものがあらう。モーターボートの響《ひゞき》を耳にしては、「橋台に菜の花さけり」と云はれた渡場《わたしば》を思ひ出す人はない。曾て八幡宮の裏手から和倉町に臨む油堀のながれには渡場の残つてゐた事を、わたくしは唯夢のやうに思返《おもひかへ》すばかりである。

冬木町の辨天社《べんてんしや》は新道路の傍《かたはら》に辛《から》くもその祉《あと》を留《とど》めてゐる。しかし知十翁《ちじうおう》が、「名月や銭金いはぬ世が恋ひし。」の句碑あることを知つてゐるものが今は幾人《いくにん》あるであらう。（因《ちなみ》に云ふ。冬木町の名も一時廃《はい》せられようとしたが、居住者のこれを惜しんだ事と、考證家《かうしやうか》島田筑波氏が旧記を調査した小冊子を公刊した事とによつて、纔《わづか》に改称の禍《わざはひ》を免《まぬが》れた。）

冬木辨天の前を通り過ぎて、広漠《くわうばく》たる福砂通を歩いて行くと、やがて真直《まつすぐ》に仙台堀に沿うて、大横川の岸に出る。仙台堀と大横川との二流が交叉するあたりには、更にこれ等の運河から水を引入れた貯材池《ちよざいち》がそこ此処《ここ》にひろがつてゐて、セメントづくりの新しい橋は大小幾筋となく錯雑《さくざつ》してゐる。このあたりまで来ると、運河の水もいくらか澄んでゐて、荷船の往来もはげしからず、橋の上を走り過るトラツクも少く、水陸いづこを見ても目に入るものは材木と鉄管ばかり。材木の匂《にほひ》を帯びた川風の清涼なことが著しく感じられる。深川もむかし六万坪と称へられた此あたりまで来ると、案外空気の好《よ》い事が感じられるのである。

崎川橋といふ新しいセメント造りの橋をわたつた時、わたくしは向うに見える同じような橋を背景にして、炭のやうに黒くなつた枯樹が二本、少しばかり蘆のはえた水際から天を突くばかり聳《そび》え立つてゐるのを見た。震災に焼かれた銀杏か松の古木であらう。わたくしはこの巨大なる枯樹のあるがために、単調なる運河の眺望が忽《たちま》ち活気を帯び、彼方の空にかすむ工場の建物を背景にして、こゝに暗欝《あんうつ》なる新しい時代の画図《ぐわと》をつくり成してゐる事を感じた。セメントの橋の上を材木置場の番人かと思はれる貧し気な洋服姿の男が、赤児を背負つた若い女と寄添ひながら歩いて行く。その跫音《あしおと》がその姿と共に、橋の影を浮べた水の面《おもて》をかすかに渡つて来るかと思ふと忽ち遠くの工場から一斉に夕方の汽笛が鳴り出す……。わたくしは何となくシヤルパンチヱーの好んで作曲するオペラでもきくやうな心持になることができた。

セメントの大通《おほどほり》は大横川を越えた後、更に東の方《かた》に走つて十間川を横切り砂町の空地に突き入つてゐる。砂町は深川のはづれのさびしい町と同じく、わたくしが好んで蒹葭《けんか》の間に寂寞を求めに行くところである。折《をり》があつたら砂町の記をつくりたいと思つてゐる。

甲戌十一月記

永代橋と深川八幡◎種村季弘

日本橋地区から永代橋を渡ってまず佐賀町、それから門前仲町《もんぜんなかちょう》、東陽町（洲崎）と深川に入って行くと、気のせいかなんとなくうきうきしてくる。

いまは埋め立てで夢の島まで陸地がつながってしまったが、とっつきの佐賀町から門前仲町にかけてのあたりは、もともと隅田川や平川、神田川が運んできた堆積土が海中に海中に形成した永代島《えいたいじま》という島だった。それを開発したのが慶長年間（１６００年頃）に伊勢からやってきた深川八郎右衛門という男だったので、深川と地名がついたのだそうだ。

やがて寛永元年（１６２４）、砂村の海岸にあった八幡宮を現在の場所に移して富岡八幡宮（深川八幡）を開基した。ところが元禄の永代橋開通までは渡しで島へ通ったので、ろくすっぽ人がこない。さすがの幕府も規制緩和を許した。

『紫の一本《ひともと》』という江戸案内記によれば、「永代島、八幡の社《やしろ》有。此地江戸を離《はな》れ宮居《みやい》遠ければ参詣の人も稀にして、島の内繁盛すべからずとて、御慈悲を以て御法度《ごはっと》ゆるやかなれば、八幡の社より手前二、三町が内は、表店《だな》はみな茶屋にて、数多《あまた》の女を置きて参詣の輩《ともがら》の慰《なぐさめ》となす。」江戸市中から孤立した島だったおかげで万事が大目に見られた。

そういえばトマス・モアの『ユートピア』も島だし、今だって海外レジャー旅行といえば、香港、ハワイ、グアム、台湾と相場が決まっている。陸続きではいまひとつ解放感が足りない。本土がせっせと銭を稼ぐ場所なら、島は散在して、あとくされなく思いきり遊ぶ土地。深川は元漁村の田舎臭さと粋好みの気質がうまいこと両立している。

江戸人はむろんのこと、東京の人間だって同じことだ。池波正太郎は、浅草から橋をいくつも渡って深川の叔母さんの家にくると別世界に入ったような気がした、とどこかで書いている。足が大地にしっかり根づいた本土とはちがい、島はゆらめきたゆとう遊蕩の気分を誘う。浮いた話もここなればこそ。

清澄《きよすみ》通りにまだ都電が走っていた昭和四十五年頃、わたしは晴海の団地に住んでいた。よく門前仲町まで都電に乗って遊びに行った。まだ佃島がまるごと見えて、洲崎側は越中島の海。佃大橋はもう架かっていたが、都電の車窓から望む海は青々として、越中島に舫《もや》っている商船学校の練習船明治丸が鷗の翼のように白く帆布をひろげていた。

門前仲町に出ると、当時は魚河岸帰りの魚屋さんがたむろしていた魚三《うおさん》で早い昼酒を飲む。魚三はまだ知る人ぞ知る飲み屋で、一階のコの字カウンターを囲んで、おっさんたちが競輪新聞をひろげながら静かに飲んでいた。

その頃の門前仲町はおだやかな、没落に向かって静かに傾いていく風情のある町だった。ところがこのところ二本の地下鉄が通って、とみに町並みが変わりつつあるようだ。もともと東京湾に孤立していた島だから何度も津波洪水に洗われて、沈んではまた浮かび上がってきた、しぶとい復元力がある。いずれ門前町らしい活況を取り戻すのだろう。

こちらはまだ新しい町の顔になじみはないが、希望をいわせてもらえば、ビルラッシュは対岸の中央区にまかせて水と緑を大事にしてもらいたいもの。ちなみに往年の絵のような美景をひとくさり。「まことにこの嶋の地景は又たぐいすくなし。東にはとおく安房、上総の山をみやり、みなみにはしな（品）川、池上もほどちかく、ひつじさるかたには富士の嶽《だけ》、いぬ井のかたには江城《こうじょう》、北に筑波山ほのかにみえて興をもよおす、うしとらのかたは下総のうちつづき、すえは海辺の磯ちかく塩屋の煙立ちのぼり風になびくよそおいまでのこりなくみえわたる。」（『江戸名所記』）

八幡宮の境内裏の海辺では汐干狩りができた。それも明治の末年のことだ。牡蠣、あさり、しじみ、蛤が獲れた。うなぎが名物だった。「深川、鰻名産なり、八幡宮門前の町にて多く売る。」（『新増江戸鹿子』）

話は戻るが、市中とつなぐ最初の永代橋が架かったのが元禄十一年（１６９８）。現在の橋から百メートルほど上流に架けた、橋桁の高い橋だった。橋下を舟が通れるだけの高さにしたのである。橋の上から八方を望むと、『江戸名所記』にあるような絶景が望めた。ところが文化四年（１８０７）八月十九日、深川八幡の祭礼の日、橋上で群集が雑踏したために永代橋が崩れ落ちた。人々は雪崩を打って大川に墜落。「川下の水屑《みくず》となりしは凡《おおよそ》千五百人余といふ。」（『武江《ぶこう》年表』）

このとき浪人風の男が白刃を抜いて雑踏のまっただ中におどり込み、それが期せずして群集を一定の方向に避難誘導するという怪我の功名もあったという。

永代橋落橋事件のことは馬琴も太田南畝《なんぽ》も書いている。馬琴の『兎園小説余禄《とえんしょうせつ》』には「水没の老若男女数千人に及べり。翌日までに尸骸《しがい》を引あげしもの無慮四百八十人也。この他は知れず。」大惨事だったのだ。

馬琴は深川海辺橋東の松平信成侯の屋敷内で下級武士の子として生まれたので、深川事情には詳しい。馬琴のみならず深川は文人墨客と浅からぬ縁がある。京伝は深川生まれ。芭蕉も深川に庵を結んだ。『おくのほそ道』の旅もここから出立した。

隅田川の遊覧船に乗ると今でも万年橋のたもとに「芭蕉庵史蹟」の標識が見える。「古池やかはづとびこむ水の音」はここで詠んだ。古池があったのだ。明治二十七年版の野崎左文《さぶん》『日本名勝地誌』には「古池の形今猶《な》ほ存せり」。しかし昭和四十四年版の今井金吾『江戸名所記』では「周囲は小さな町工場や二階建てのアパートなど殺風景な下町風景。」

話は変わるが、天明頃の深川に三井孫兵衛親和《しんな》という書家がいた。一流の書を書く。絵の図案ではなく、書の文字を図案にして絹縮緬などに染め出し、親和染《しんなぞめ》と称した。真名《まな》（漢字）書や篆書《てんしょ》、漢詩のような色気のないものまで染め出したのが、一般の人には意味がわからないだけにかえって大流行した。最下等の夜鷹まで新和染の手拭を使っていたとか。

最上級の新和染はお祭りの奉納物。駿河町の三井呉服店の生地を使った幟《のぼり》に三井新和が書を書けば「一夕とこの三井」になる。最高級の幟だ。江戸中の神社仏閣に深川新和書の幟が林立し、生地も図案も三井なので、曰く「商いは駿河町（今の三越）、書は深川。」

新和は司馬江漢とも肝胆相照らす仲の芸術家だったので、あながち金儲けのために書いたわけではない。しかし大衆受けのする商才があった。深川という陽性の土地柄が生んだ天才デザイナーといえよう。ただしこの人、図案は達者でも無学だったという人もいる。深川の奇人変人の行跡ばかりを集めた随筆集『深川珍者考』（馬琴旧蔵。著者不明）に「三井孫兵衛円通の事」として新和が仏名の意味も知らずに額を書いて禅僧に笑われた話が出てくる。

書いた当人にも、それをありがたがる大衆にも、意味はわからない。でも文字の図案だけは美しくわかりやすい。学僧は文句のひとつもつけたいところだろうが、デザイナーの身としてはそれでよろしいのではないか。見てくれ本位の美学で行くのが、何で悪かろう。

海に臨む風光明媚な深川は、ことほどさように文人墨客に愛されたが、彼らのパトロンの豪商たちの隠居所でもあった。江戸と全国各地との交易港だっただけに、木場の材木商を始めとする豪商の居宅がすくなくない。なかでも北川町の玄米《くろごめ》問屋の近江屋こと飯島喜左衛門の豪邸が一際生彩を放った。喜左衛門のひいきの画家、戯作者、噺家がしきりに出入りした。三遊亭圓朝もそのひとり。

俳名露友のこの喜左衛門の次男に弁次郎というやさ男がいた。これが圓朝『怪談牡丹灯籠』のモデルという説がある。弁次郎は浮世絵の色男のようなとびきりの美男。深川八幡境内の茶の宗匠のところに通ううちに、やはり茶の稽古に来ていた、材木問屋の娘お露と知り合う。相惚れで弁次郎がお露の家に養子に入った。

　ところが新婚早々お露が結核を病んで長患いの床につく。はじめは枕元で一緒に食事をしたりしていたが、そのうち妹が姉に代わって弁次郎の身のまわりの面倒をみる。これが嵩じて枕元でいちゃつく。そのうちお露が死んで妹が居直った。そしていよいよ婚礼という日に妹が急死した。

　弁次郎、この成行きにすっかり怖気づき、池之端に隠居所をつくって引っこむが、そこに毎晩お露の幽霊が出る。それも妹と二人連れ。弁次郎はしまいには出家遁世、最後には蝦夷《えぞ》というからいまの北海道のどこかで行方不明になったという。

『牡丹灯籠』の原話は中国の『剪灯新話《せんとうしんわ》』。浅井了意の翻案『伽婢子《おとぎぼうこ》』では京都の五条、東福寺北の門内の万寿寺が現場である。圓朝の『怪談牡丹灯籠』の舞台は打って変わって谷中三崎《さんさき》坂下の新幡随院。これでは弁次郎お露の『牡丹灯籠』モデル説は成り立ちそうにない。

　一方、本所割下水に住んで飯島家に出入りしていた圓朝は当然のことながら弁次郎お露の話を熟知していた。ほどなくして飯島家は没落、紫宸殿を模したといわれる邸宅は澁澤一族に買われ、飯島一族は見る影もなく零落した。弁次郎を夜な夜な襲う幽霊は維新を機に没落していく旧江戸町人の運命を象徴しているように思える。

『怪談牡丹灯籠』の初口演は弁次郎お露事件より早いが、活字本化する際に、圓朝は後から飯島弁次郎事件の細部を加味したのではあるまいか。たしか岩波文庫版解説者の奥野信太郎も、弁次郎お露を有力なモデルとしていたと記憶する。

江戸東京の人間は古典の単なる翻案では満足しない。歌舞伎と同じく、古典を最近の事件のもじりに仕立てながら、事件の時間性を骨抜きにして一幅の絵や音にしてしまう。だからスニーカーをはいて深川八幡の境内を徘徊していても、ふと気がつくと、カランコロンと鳴る例の女下駄の音が耳について離れなくなっている。

鶴屋南北の町◎今尾哲也

深川と南北

『作者店おろし』にいう。「深川黒船稲荷の地内にて死す(注1)」と。

深川は、四世鶴屋南北終焉の地である。文政十二年（一八二九）十一月二十七日、享年七十五。法号、一心院法念日遍。菩提所は、本所押上長養山春慶寺。

年を越した正月十三日、葬儀が盛大に執り行われた。腰衣の所化達が十六人ばかり、四ツ谷の磨き丸太で差し担いにした棺桶を担ぎ、三座の役者達が残らず麻裃でそれに従うという華やかさ。しかも、その日はちょうど二の卯の日に当たり、亀戸天満宮境内の妙義社に参詣する人々の群で、道筋は殊の外賑わっていた。竹に挟んだ雷除けの護符を髪に挿したり、繭玉を肩にしたりして柳島の土手を拾い歩く者、川筋を屋根舟で往き交う者。彼らの視線を浴びながら、櫓下を出た葬列が春慶寺へと練って行く。門前には、葭簀張りの茶店を出して、赤前垂を掛けた弟子達が酒を勧め、寺内では、野辺送りの人々に、竹の皮に包んだ団子と、南北遺作の正本仕立ての戯作『寂光門松後万歳』とを配る。

棺桶を差し担いにしたのは、「己狂言を作り、葬礼の場を出せし事度々也、然れ共、皆さし荷ひ故、我死去致しなば、その如くして寺へ遣すべし(注2)」という、日頃の遺言に従ったのであった。『寂光門松後万歳』は、その棺桶が砕けて亡者姿の南北が飛び出し、桶底を打ち鳴らして拍子を取りながら、「徳若に御りんぢうとは、御家も戸ざしてましんます……じゞいがとふ〲ごねられけるは、誠にめでたうなられんける」[注3]と、仏前で万歳を舞うという、自作自演の滑稽の一幕。南北は、死の枕辺に子弟を呼び集め、「我に一大事因縁有、枕がみなるくしげのうちにいれてあり、なからんのち開きてみよ、おもふすぢくはしうしるしてあり、しぞくの人々よみ見て是を守るべし」[注4]といって目を閉じた。その櫛笥の中から出てきたのが『寂光門松後万歳』である。「うまれつき滑稽を好みて、人を笑はすことをわざと」[注5]し、且つ、「常に棺桶を狂言につかふ事を好み棺を用ひたる狂言を見れば作者は南北也」[注6]といわれた人に相応しい遺書であった。

南北は、宝暦五年（一七五五）、芝居町に近い日本橋乗物町に生まれた。紺屋海老屋伊三郎の子で、幼名源蔵。家職を捨てて狂言作者となり、近所の高砂町の裏店に移り住んだ。文化八年（一八一一）、五十七歳の年の十一月、勝俵蔵から四世鶴屋南北と改名。『作者店おろし』には、「南北年六十余の年の頃、駕籠屋新道に住」[注7]と記されているから、そのころまでは、依然として高砂町にいたものと思われる。ちなみに、駕籠屋新道とは、高砂町と難波町との間の道をいう。

やがて南北は、本所亀戸村植木屋清五郎の隣に借地し、小門のある藁葺きの家を建てて転宅、亀戸の師匠と呼ばれた。そして、晩年、居を深川に移し、黒船稲荷の地内を永住の地と定めたのである。黒船稲荷は、今も江東区牡丹一丁目に祀られている。但し、黒船稲荷には「蛤町ノ内里俗一丁目ノ南[注8]ニ」二十一歩余りの除地があった。蛤町一丁目は、南黒江川の北岸、黒江町の中に割り込んでいた地域で、現在の門前仲町一丁目に含まれるところである。「除地ハ各古ヨリノ持ニテ皆境内トナスモノナリ」(注9)と『新編武蔵風土記稿』にあるから、南北の住んだ黒船稲荷の地内とは、その除地のことかも知れない。

黒船稲荷から隠亡堀へ

昭和六十一年（一九八六）四月、友人で生粋の深川っ子中山幹雄に案内を頼み、南北に由縁のある深川の旧跡を散策した。

先ず黒船稲荷に詣で、清澄通りに出て、大島川に架かる黒船橋を渡る。道は、門前仲町を東西に分けて北に延びている。門前とは、深川八幡宮の別当永代寺門前の謂である。

南北の嗣子直江屋重兵衛は、この門前仲町の、一の鳥居の辺りに住んで妓楼を営んでいた。門前仲町は、深川の花街七場所を代表する遊里で、歴史も古く、俗に羽織と呼ばれる芸者のいたことで名高い。門前仲町から道一筋隔てたところに門前山本町があった。その西に接する油堀入堀の堀留の地先に、往時、火の見櫓が立っていたので、そこを里俗、櫓下という。門前仲町に次ぐ上品の妓のいた遊里である。南北は、このような花街の傍らで余生を送った。好き者の南北に相応しい居住地だった。

南北が六十を超して駕籠屋新道に住んでいたころの夏の一日。まだ少しは色気もあって、本所一ツ目弁天に女郎買いに出かけた。何食わぬ顔で夕刻帰宅。汗ばんだ帷子を脱ぎ捨てておいたところ、それを畳もうとした妻のお吉が、袖に入っていた御簾紙に気付き、老人同士の夫婦喧嘩が起こったという逸話が伝えられている。晩年の南北は、門前仲町の、あるいは櫓下の、小粋でなまめいた女達を眺めながら、昔の夫婦喧嘩を懐かしんでいたことでもあろう。ちなみに、南北の葬列は、この櫓下から出発している。性の歓楽境と死体の入った棺桶と。後述するように、これは如何にも、深川の町に負の聖域を見た南北らしい取り合わせだといい得よう。

　高速九号線の下の富岡橋、俗称閻魔堂橋を越え、福砂通りを横切ると、深川閻魔堂の名で知られる法乗院が右手に、そして、左手には三角屋敷の跡地がある。「以前は直助中比は、藤八五文の薬売。今は深川三角屋敷、寺門前の借屋住」(注10)。「寺門前」とは、法乗院門前のこと。「コレ〳〵、お花や。酒かふて帰りに、一寸法乗院へよつて、ぢゝがお願申ておいたものを下されませと、そなた、もつて来て下され」(注11)。「ぢゝがお頼申ておいたもの」というのは、民谷伊右衛門に斬り殺された小仏小平の位牌である。『東海道四谷怪談』が書かれたころは、日暮とともに幽霊が出没してもおかしくないような、弔いや墓詣り以外、滅多に人も通らぬ寂しい場所であったに違いない。

　法乗院の南隣りに陽岳寺、北に玄信寺、心行寺、海福寺、増林寺、恵然寺（寒光寺）、正覚寺と、昔は八軒の寺が並び、この辺りを含めて俗に寺町と称した。海福寺が、明治の末に目黒に移った外はすべて現存する。心行寺には、南北の外孫で五世を名乗った、孫太郎南北の墓がある。「南北」と大書された墓石の前には、花が手向けられていた。

　海辺橋を渡る。江戸の地名が次々と消えて行く中で、黒船橋といい富岡橋といい、橋に旧名が保たれているのは嬉しい限りである。海辺橋の名も、同様に、切絵図で知られる懐かしい名前だ。左手に、久世大和守の下屋敷で、明治には岩崎弥太郎の別邸となった清澄庭園を眺めながら、三好一丁目と白河一丁目とに挟まれた元区役所通りの角を右手に折れる。白河一丁目は旧名を霊巌寺門前町という。江戸六地蔵の一で有名な、霊巌寺にちなむ町名である。その旧子院正覚院が、筋向かいの三好一丁目にある。そこには、かつて、南北の先輩初世並木五瓶の墓があったが、関東大震災で崩れ、今は跡形もない。

正覚院の東、三好二丁目の照光院の一隅に、「直江南北類族之墓」がある。お吉の父で、道外方の上手と謳われた三世鶴屋南北が、そこに眠っている。お吉と南北の間に生まれた子が、後に直江屋重兵衛と名乗るのも、母方の家筋との関係による。もっとも、彼自身は、父と同じく春慶寺に葬られた(注12)のだが……。

この重兵衛は、初め三世坂東彦三郎の門に入って役者となり、初名を坂東鯛蔵といった。父の生家が海老屋なので、「海老で鯛を釣る」という洒落で付けた名前だろうと、古井戸秀夫は推測している(注13)。後、鶴十郎と改名。『四谷怪談』でお岩・小平・佐藤与茂七の三役を努めた三世尾上菊五郎とは竹馬の友であったが、文化十二年（一八一五）廃業して芝居を離れた。しかし、文政十二年十一月、望まれて、立作者として劇界に復帰。父が一世一代を努める中村屋でその前名勝俵蔵を継ぎ、二世を名乗った。けれども、翌天保元年（一八三〇）十二月十七日、父の跡を追うようにして五十歳で死去。

彼が最初から立作者の地位に就くことができたのは、「親の片腕に役者の内より、さま〴〵の狂言工夫して、筋書を出してあたへる、筋書の銘人是にて、役者をだまして納る、中にも半四郎七役のおそめ、早替り女清玄など工風して、松緑夏芝居ゆうれいの仕掛物は、皆鶴十郎の相談趣向至てよし(注14)」という、過去の実績が物を言ったのである。

さて、照光院を出て、元区役所通りを再び東へと歩き、三ツ目通りを越え、大横川に架かる亥堀橋を渡る。大横川を、この辺では俗に亥の堀と称していた。それが橋名となって残ったのだが、江戸時代にはなかった橋だ。

大横川の東岸に接する石島を横切って、千田の町に入る。かつて十万坪と呼ばれた広大な土地の一角である。

十万坪とは、又の名を千田新田といい、享保年間（一七一六〜三五）、江戸の町人千田庄兵衛（近江屋庄兵衛）と井籠屋万蔵が、江戸市中の塵芥を以て、干潟を埋め立てて築いた土地で、永代新田及び海辺新田と入会の開拓地であった。今日の千田、海辺、千石一〜三丁目を擁する広大な地域である。

その十万坪を突っ切って横十間川に到る。清洲橋通りに架かる岩井橋を北に、南に海砂橋を見る二百メートルばかりの流れを利用して、親水公園が作られている。舟遊びをする人、岸辺の腰掛けに坐って、柔らかな陽射しを浴びながら、静かに煙草をくゆらす人。のどやかな、明るい春景色である。

けれども、ここら辺りはかつて、『四谷怪談』の三幕目、戸板返しで名高い「砂村隠亡堀の場」の舞台に選ばれた、物寂しい川筋であったようだ。幸田露伴は描く。「仕方が無いから万年橋の堀を入つて、高橋、新高橋を経、真直に船堀へは出ずに横へ曲つて、風と潮との余り利かない陰邙堀《おんばうぼり》から中川へ出て、それから海岸《きし》を東へ行かうと方針を変へた。小名木川を行く間は格別淋しさをも感じなかつたが、陰亡堀へ入ると酷く淋しくなつた。昼でさへ余り人通りの無いところだのに、川は狭いし、水は死んだやうになつて居るし、両側には思ひのほかの大木が鬱陶しいやうに繁りあつて、たゞさへ暗い雨の夜に一ト際暗い木下闇を作つて居る」(注15)。そもそも、岩井橋という橋名さえ、「四谷怪談のヒロインお岩からとったものといわれ、当時の砂村隠亡堀は岩井橋の架されていた十間川、または今は埋め立てられた境川のあたりの堀川をい(注16)」った。その堀川の西に、相模国の砂村新左衛門が、万治二年(一六五九)、一族とともに拓いた砂村新田が広がり、そこに、正源寺から移された焼場と阿弥陀堂があった。隠亡の異名が、土地に付けられた所以である。「極楽寺ト唄フ荼毘所ナリ世俗コヽヲ砂村ノオンボウト呼ヒイツシカ此辺地名ノ如クナレリ深川正源寺ノ持(注17)」と、『新編武蔵風土記稿』は伝えている。今はその面影もない。

負の聖域—その一

あちらこちらで道草を食いながら、二時間許りの道程を私は歩き続けた。道も家並も川筋も、激しい近代化の波に洗われて、すっかり様変わりしてしまった深川の町。とはいうものの、そこに切絵図を重ねてみると、不思議なほど、昔ながらの町の姿が残されていることに気付く。一枚のその絵図を介して、いつしか現実は融解し、過去の深川がおぼろげに現れて、次第に鮮明な映像を結ぶ。

年老いた南北が歩いている。三角屋敷を眺め、香の薫りの漂う寺町を抜け、十万坪を横切り、隠亡堀のほとりに佇んで、淀んだような重い川水に棹さして行く釣舟に目を遣り、鰻掻きが腰まで水に浸かりながら器用に鰻を漁る有様を、飽きもせずに見詰めている。民谷伊右衛門の、また、直助権兵衛の相貌が、彼の瞼に浮かび上がる。同時に、「隠亡堀に、固く身体を結び合つた心中者の死骸が流れ着いたのを、鰻かきが発見して大騒ぎになつた話」(注18)を、彼は脳裡に想い浮かべた。その心中者の死骸は、やがて、杉戸に打ち付けられた姦夫姦婦の死骸の心象へと変化する。「山の手辺に住居してゐた或る旗本の妾が、自分の召し使つてゐた中間と密通してそれが露見し、男女は一枚の戸板に釘付けにされ、嬲り殺しにされた上、神田川へと流された」(注19)という巷説を、彼は記憶していたからである。

南北にとって、深川は、単なる風景ではなかった。劇的な何かを表すために便宜的に借用する、単なる背景ではなかった。

深川は、南北にとって、性と死の妖しく交錯する負の聖域であった。

周知の如く、深川は人工の地である。「当所往古ハ海浜ノ萱野ニシテ人家モナカリシカ深川八郎右衛門ト云モノ摂津国ヨリ東国ニ下リ此地ニ埴生ノ小屋ヲ営ミ居レリ東照宮此辺御遊猟ノ時彼八郎右衛門ヲ召サセラレテ地名ヲ御尋アリシニモトヨリ一円ノ茅野ニシテ村里モ隔リシユヘ定マレル地名モアラサルヨシ申上シカハ然ラハ汝カ苗字ヲ以テ村名トナシ起立セヨトノ命アリシカハ慶長元年ヨリ新開ノ地トナシ深川村ト唱ヘ年ヲ追テ村落モ弥増総テ彼八郎右衛門指揮シ代々当村ノ里正トナレリ」(注20)。

深川はかつて、隅田川河口に作られた浮洲であり、「海浜ノ萱野」であった。それを、慶長以降享保末年に到る凡そ一世紀半の間に、次々と埋立て、開拓して成ったのが深川である。埋立てには、当初、武蔵野台地の土砂を利用したのではないかと推測されている[注21]が、江戸の人口の著しく増大した元禄（一六八八～一七〇三）以降は、浚渫した河の堆積土とともに、日々、市中の町民が廃棄する、厖大な塵芥をもってしたと伝えられている。

塵芥によって埋立てるとはどういうことか。それは、人口の膨張に伴う居住地の確保と生活廃棄物の処理という、極めて現実的な都市経営の方策を意味すると同時に、江戸の町々の日常的な生活空間の浄化が結果する穢悪を、三方を河川で隔離されたこの地域に祓い捨てることを意味した。換言すれば、一方を〈正〉として措定するために、他方に、〈負〉を担うべき穢土を相対化したのである。そして、その穢土に、江都随一の岡場所が栄え、寺々が螺集した。比喩的にいえば、その穢土は、性と死の巷だったのである。

寛永年間（一六二四～四三）、「長盛法師、深川海浜に就き、斥鹵を修理して新地を獲、号して永代島と云ふ、遂に八幡宮を移祭して、僧寺を置き、江東の大祀と為す[注22]」。深川八幡宮及び永代寺創建の由来である。その門前町に岡場所が発生したのは、万治・寛文（一六五八～七二）のころとも[注23]、延宝（一六七三～八〇）のころとも[注24]いう。天和二年（一六八二）十二月の大火で門前町は焼失し、家作差留を命ぜられたが、元禄十年（一六九七）復興。以後、仲町を中心に、吉原に次ぐ色里として繁栄した。仲町・土橋・櫓下（表櫓・裏櫓）、裾継・新地（大新地・小新地）、石場（古石場・新石場）、佃町（向土橋とも）を、世に深川七場所という。仲町・土橋・大新地の女が比較的高価で、昼夜七十二匁、一切り十二匁、他はそれより落ちて約半値、中には小新地や佃町のように、夜四百文、昼六百文の、俗にいう四六見世を専らとする下等なものもあった。

七場所の外にも、高橋際の常盤町、深川八幡御旅所前（御旅）、それに隣接する御船蔵前町（安宅）、松村町（網打場）、汐見橋東の入船町、三十三間堂、直助屋敷（直助長屋）、新大橋東詰などに色里が散在し、七場所の、中下等の遊女屋と同じ価で客を遊ばせていた。

陸だけではない。亥の堀の川筋には船饅頭の宿元があって、小舟に乗った女達が、八幡宮二の鳥居前の蓬莱橋、通称がたくり橋の周辺で春をひさぐ。あるいは、流れを利して隅田川を越え、行徳河岸や永久橋、永代橋、八丁堀稲荷橋の辺りまで出かけて、深川の性を対岸に輸出した。価は三十二文。二十四文の夜鷹より高いとはいうものの、どん底の淫売婦であることに変わりはない。「夜鷹とおなじく、瘡毒にて足腰の叶はぬもの多しといふ(注25)」。

江戸に岡場所の数は多い。だが、それが群生していたのは深川のみである。徒歩で橋を渡るか、猪牙か荷足を利用するかして、深川に足を運びさえすれば、人々は容易かつ安価に、性を享受することができた。換言すれば塵芥を捨てて市中を浄化するように、江戸の町民達は、夥しい量の精液を深川に射出し、投棄して、己が日常の性を浄化し続けたのである。深川の色里には、その結果、消費の性の厖大な負のエネルギーが蓄積されていく。

もっとも、そのエネルギーの蓄積は、一方的に行われていたわけではない。吉原のごとき、公に制度化された悪所場とは異なり、あくまでも私的に自生した、曲輪を持たぬ深川の色里は、悪所としての完結性とは無縁の存在であった。山口昌夫がお岩を論じて、いみじくも、「都市の排出するエントロピーの最終的な集積所に蓄積された負のエネルギーが、堰を切って流出してくるように、日常生活の空間に向って逆流してくるのである」(注26)といったように、深川に投棄された消費の性のエネルギーは、そこに棲息する淫売婦の肉体を介して、市中の浄化された日常性を穢し、その秩序を崩壊させるエネルギーとなって、江戸の町々を侵犯する。「瘡毒にて足腰の叶はぬもの多しといふ」船饅頭に象徴されるように、深川の性は、肉体の秩序を破壊する瘡毒とともに、江戸の町民に向かって開かれていたのであった。瘡毒の治癒に効ありとされる瘡守(笠森)稲荷が、深川の内にはなく、谷中・芝愛宕下・雑司ヶ谷と、対岸の市中を取り囲むように祀られていたのも、けっして故なきことではなかったのだ。

負の聖域ーその二

江東区猿江二丁目二番地に猿江神社というのがある。祭神はアマテラスオオミカミと、ウガノミタマノミコトの二柱の神である。江戸時代は猿江稲荷神社といい、すぐそばにあった日蓮宗の寺院、本覚山妙寿寺がその別当寺であった。この猿江神社は社伝によれば、康平年間(一〇五八~六四)八幡太郎義家が奥州征伐の途中、このあたりの入江にさしかかると、そこに一人の武士の死体がうかんでいた。そこでその死体を引きあげ、着用していた鎧の草摺のうらを見ると「源義家臣猿藤太」という文字がしるされてあったので、義家はこれを不憫におもい、その死体を手厚くその場所に葬り、その

ままに奥州へ向って出発した。それから以後、この地を猿藤太の名にちなみ猿江と呼ぶようになったというのである。(注27)

猿江は、深川の中でも比較的古い時期に開発された地域で、寛文十~延宝元年(一六七〇~七三)発行の『寛文五枚図』には、すでに「猿江村」の名が記載されている。

この初期の深川にかかわる伝説に、何やら、『四谷怪談』の隠亡堀の場を思わせるような話が出てくるのは、極めて興味深い。『新編武蔵風土記稿』には、猿藤太の死因は溺死であったと記されてい(注28)るが、何れにせよ、水に浮かぶ変死体の心象は、深川にこそ相応しい。

深川の七不思議(注29)というものが伝えられている。永代の落橋、高橋の息杖、閻魔堂橋の恨みの縄、仙台堀血染めの下駄、木場の錆槍、八幡山の破れ障子、六万坪の怪火、の七つをいい、文化・文政の頃から流布された説らしい。

永代の落橋とは、文化四年(一八〇七)八月十九日、永代橋「橋上の往来駢闐群衆の頃、真中より深川の方へよりたる所三間計りを踏み崩したり。次第に崩れて跡より来るものをいかんともする事ならず、いやが上に重なりて落ちかゝり水に溺る。助かりしは稀にて、川下の水屑となりしは凡そ千五百人余(注30)」という名高い惨事にちなむ不思議で、そのときの悲鳴が、雨のそぼ降る夜などに聞こえるという。

高橋の息杖——小名木川に架かる高橋で、駕籠舁きが殺された。その怨念が残って、寂しい夜には、息杖を突く音が橋で聞こえる。

閻魔堂橋の恨みの縄――閻魔堂橋で首吊りがあった。その怨念が残って、物思いに沈みながら橋を渡ると、欄干に縄切れのぶら下がっているのが見えるという。

仙台堀血染めの下駄――仙台堀で殺された人がいた。その血染めの下駄が河岸に残されていて、土地の者が川に流しても、いつの間にか元の岸辺に戻ってきている。

木場の錆槍――槍にかかわる因縁譚に違いなかろうが、詳細は不明。

八幡山の破れ障子――深川八幡の傍にあるさる料理茶屋の一室には何か祟りがあって、いくら障子を貼り直しても、翌日になると、必ず一箇所が破れているという。

六万坪の怪火――江戸市中の塵芥をもって埋め立てた六万坪に、夜中、怪火が見えるという。

七不思議には怪異は付き物だが、本所七不思議や八丁堀七不思議など、江戸の他の七不思議に比べて、深川の七不思議には、一つの際立った特徴が認められる。それは、内容不詳の錆槍の件と六万坪の怪火の一条とを除けば、人の死と怨念にまつわる怪異が圧倒的に多く、しかも、その過半が、川や橋に関係しているという点である。水と死と怨念と。それが、深川七不思議の主題だとさえいえるようだ。付言すれば、錆槍にしても、槍に錆が生じ、それが怪異に結び付くとなると、その錆は、人を突き殺したときの血によるものと考えるのが常識であろうし、また、六万坪の怪火の場合も、怪火が、俗にいう陰火・鬼火の類であるとすれば、それも死者の怨念や幽霊にかかわる怪火と看做し得る。となると、他の五つの不思議同様、内容の定かでない二つの不思議もまた、人の死や怨念にまつわる話と考えて差し支えなかろう。

「水と死と怨念と」と、私はいった。実際、深川ほど、水と死が分かち難く結び付いている町は、外になかったのではあるまいか。

○閏八月六日、大風雨。深川、本所浜町、霊巌島、鉄砲洲、八丁堀海水漲り上りて家を損し、人溺る。（延宝八＝一六八〇年）

○七月二十八日より雨降り続く。八月朔日、昼八時半より大風雨、夜通し止むことなし。近郊大水漲り出で、本所深川人家を浸し、大川通り水勢烈しく、両国橋は御普請中にて杭を流し、永代橋、新大橋損じ、隅田川土手切れ、葛西へ水押し入り、千住土手切れる。五日、又利根川堤切れ、次第に水かさ増さり、溺死多し。(注32)（寛保二＝一七四二年）

○八月六日、大雨、夜に入りて大嵐、深川大水、廻船三艘相川町の河岸に吹上げらる。海辺橋落つる。洲崎辺家流れ人死あり。(注33)（寛政三＝一七九一年）

○同日（六月十五日）夜、風雨烈しく、明方弥強く、深川辺高潮漲りて、低き所床の上へ五尺許り水乗る。近在村々洪水、溢濫す。溺死の者多し。(注34)（慶応元＝一八六五年）

風雨による河川の増水、堤防の決壊、高潮、津浪。江戸時代を通じて、水は容赦なく深川を襲い、人命を奪った。『武江年表』が、寛永二年（一七四九）の出水に際して、「両国橋大橋恙なし。本所、深川水乗らず」(注35)とわざわざ記しているのは、それが余程珍しい出来事だったからに違いない。引用した寛政三年の大水の折には、高波のために「家流れ人死するもの少からず、此後高波の変はかりかたく、流死の難なしといふべからず」(注36)という理由から、同六年十二月、幕府は、入舟町から吉祥寺に到る大島川以南の地を買い上げ、家作を取り払って明地にするとの処置をとった。洲崎の原がそれである。深川は、死を孕んだ町であった。日常的な死をも、異常な死をも。ありとあらゆる死を孕んだ町であった。それとともに、深川には、この世からあの世へと死者を送り届けるために必要な、すべての仕掛けが用意されていた。第一に湯灌場、第二に焼場、第三に寺。

江戸の湯灌場は、新寺町や駒込、三田などにもあったが、中でも名高いのが、深川森下町の長慶寺の湯灌場であった。寺の東隣にある、五間堀に面した大久保豊後守の屋敷を、俗に、湯灌場大久保と呼び習わしたほどである。

砂村の茶毘所については先に触れた。元は正源寺の辺りにあったのだが、付近が市街地として発展したために、砂村に移したのだという。これもまた、江戸五三昧の一として知られた焼場であった。明治になって、ここにも市街地の波が押し寄せ、焼場はさらに東、今の北砂六丁目にある蓮光寺（昭和六年建立）の辺りに移されて、東京博善株式会社の経営する火葬場が設けられた。

亡骸を、あるいは、茶毘に付された骨を埋め、回向するために寺がある。しかし、寺については、特に事新しく述べるまでもあるまい。浅草や牛込など、寺町と呼ばれる土地は各所にあるが、それを代表するのが深川の寺町であったこと、また、寺裏という里俗名は、広い江戸の中でただ一箇所、その寺町の裏、黒江川を挟む冬木町とそれに続く蛤町に限って用いられた呼称であったことを指摘するに止めておく。

「けぶの有川」

本舞台、三間の間、二重の世話家躰。正面のれん口。単壁、一つべツつい、引窓。上の方、卒塔婆交りの生垣。此奥、苔むしたる五輪のあたま、塔婆などを見せ、卵塔婆の躰。下の方、下座へ黒のかぶき門を取付、門口より軒面へ棹をわたし、前まく、仏小平の着る物、干て有。門口、せうゆ樽に樒の花を入れ、都而、深川、三角屋鋪法乗院門前の懸り。(注37)

この三角屋敷で、お袖と直助は形許りの夫婦生活を続けている。今日の米代にも事欠く、お定まりの貧乏世帯。お袖は、墓詣りの人々に香花を売る傍ら、古着の洗濯や、木場の河岸上げの肩当を縫う内職で銭を稼ぎ、権兵衛と名を変えた直助は、鰻掻きや篊を使って隠亡堀で鰻を獲り、それを売って生活の資としている。鰻掻きとは、九尺許りの棒の先に太い鉄の鉤を付けたもので、鰻の絡み付く習性を利用した漁具、また、篊は、細長い円錐状に割竹を編んで作った、鰻が穴に潜る習性を利用した漁具である。鰻には、外にも、鰻簗を仕掛けたり、穴釣りや数珠子釣りのような漁法を用いる獲り方もあったが、直助は、もっぱら鰻掻きと篊に頼っていたらしい。

三角屋敷の借家を出た直助は、「うなぎかきのこしらへにて、あつらへのやすをかつぎ、うきにつかふ樽をもつて」(注38)、隠亡堀にやってくる。「うきにつかふ棒」とは、生簀船の代わりに、獲った鰻を入れておくためのものであろう。「やす」とは鰻掻きの意。

本舞台、後黒幕、高足の土手。上の方、土橋。其下にくさりし枯芦、干潟の躰。舞たいは流川の躰。

能所に樋の口、石地蔵、稲村、松の大樹、釣枝。水草くさり、都而、十万坪おんぼう堀の景色（注39）。直助は、「川のあたりを、みやり〳〵出て来り……川の内へはゐる。こしだけになつてかく事（注40）」。

その鰻掻きに絡み付いたのは、鰻ではなくて、「前まくの落毛少〳〵（注41）」と「くだんの、かたみの、べつかうの櫛（注42）」。つまり、雑司ヶ谷四ツ家町の浪宅で、「母のかたみの此くしも、わしが死んだらどふぞ妹へ〇。ア、、さわさりながらおかたみの、せめて櫛のはをとふし、もつれしかみを（注43）」といって髪を梳き、「落げ、前へ山のごとくにたまるをみて、くしもろとも、一つにもつて（注44）」、民谷伊右衛門を恨み、伊藤喜兵衛一家の者共を呪い、「もつたる落毛、くしもろとも、一つにつかみ、急度ねぢ切る。髪の内より、血たら〳〵落て、前成、たをれし白地の対ひ立へ、其ちかゝる……一念とふさでおくべきか。トよろ〳〵立上り、向ふをみつめて立ながら、息引とる（注45）」と、誠に凄惨な死を遂げたお岩の、それは、怨念の籠もる落毛と櫛である。

直助は怨念の櫛と出会う。それは果たして、偶然の出来事だったのか否か。

直助にとって、それはあくまでも偶然の所産でしかなかっただろう。しかし、お岩の立場からすれば、それは必然の成り行きである。第一に、その櫛は、「わしが死だとき、せめて妹へかたみにおくる、母のゆづりの此差ぐし（注46）」であって、それを妹お袖に届けるという至上の義務を、お岩は死後に果たさなければならないからである。第二に、その唯一絶対の運び手として、お岩が直助を選んだからである。

もとより直助は、お岩の怨恨の直接の対象ではない。だが、彼は、お袖の許嫁で、お岩には義弟となるはずの、佐藤与茂七を殺害した疑いのある人物、それ故に、「とつくりかたきをたゞ（注47）」させるべく、

「姉がねがふても、むすんでほしいこの縁組[注48]」と、「うわべ斗の夫婦[注49]」にせよ、あえてお岩がお袖を説得して同棲させた人物であり、お岩が放射する禍々しい闇の光を、何らかの形で浴びざるを得ない人物であったのだ。

直助は因縁の櫛と出会う。それも、外ならぬ隠亡堀で。

「此おんぼう堀は毎年けぶの有川[注50]」と、『絵本いろは仮名四谷怪談』の仏孫兵衛はいう。周知の如く、『絵本いろは仮名四谷怪談』は『東海道四谷怪談』の上方版で、このせりふは、隠亡堀を知らぬ上方の人々のために、特に付け加えられたものである。

「けぶ」とは「けう（希有・稀有）」の転訛した語で、不思議の意。超越的な意志が必然的に生ぜしめる超常的現象を意味する。もっとも、超越的意志の奈辺に存在するかを知らぬ者にとっては、眼前する超常的現象は偶然の不思議としか理解し得ない。

「けぶ」は、どこにでも生じるものではなく、ある特定の、限定された磁場にのみ発現する。数多い深川の川の中でも、隠亡堀は、そのような磁場を持つ川と考えられていたのである。

その「けぶの有川」で、直助は櫛を拾った。そのときはまだ、直助は、櫛の怪異、櫛に託されたお岩の執念を知らぬ。「ヤ、こいつはべつかうだ。まんざらでもねへ。どれ、みがひてみよふか[注51]」。彼にとって、それは単なる値打ち物の櫛に過ぎない。櫛の怪異は、直助が、秘められたお岩の意志を侵して、櫛をお袖から引き離そうとするときに起こる。持ち帰った櫛を、数日後、「質にやるより、いつそのくされ大家のかみさんを、だまくらかして、ばつたにうつてしまわふわへ[注52]」といって「ひねくりながら、門口へ出よふと」(注53)したとき、お袖が洗濯を頼まれた、盥の中のお岩の「着ものの袖の内より、ほそき手を出し、直助の足をとらへる。心得ぬ思入にて、直助、是をみてびつくりして、持たるくしを取落す」(注54)のである。同じ現象が、もう一度繰り返される。米屋への払いのためにどうしても櫛を質入れしたいという直助の言葉に、お袖が同意して櫛を渡そうとする。直助が、それを及び腰に受け取ろうとすると、再び「たらいの中より、以前の女の手出て、直助がくしをもつたる手くびをにぎる」(注55)。そして、とどの詰まり、お岩の化身である鼡が、盥に落ちた櫛をくわえて仏壇に運ぶのである。

ところで、櫛の出現があたかも予兆であったかのように、「けぶの有川」に、杉戸が流れてくる。お岩と小平の死体を表裏に打ち付けた杉戸である。

二月ほど前、杉戸は、雑司ヶ谷四ツ家町の伊右衛門宅から運び出され、宿坂を通って、姿見橋から神田上水に投げ込まれた。その後杉戸は、関口大洗堰から江戸川に入り、船河原橋、通称どんど橋をくぐって神田川（外濠）の流れに落ち、柳橋を経て大川に到る。次いで両国橋をくぐり、大川を横断。竪川に入り、四ツ目橋を抜けた後、南に折れて横十間川の流れに乗る。そのまま小名木川を横切って、八右衛門新田の脇を流れ、さらに東南に折れて隠亡堀に漂う。ちなみに、杉戸はこの後、横十間川を引返して小名木川に入るか、乃至、隠亡堀から舟入川に流れ入り、砂村新田の角を曲って十間川を北上、再び横十間川に戻って小名木川に入るか、あるいは、隠亡堀から舟入川に入った後、さらに大島川を流れて北に折れ、亥の堀川を北上して扇橋をくぐり、小名木川に出るか、何れにせよ、小名木川を西へ辿って万年橋に流れ着くのである。

神田上水から隠亡堀へ。随分無理な、また、不自然な流れ方である。深川の川の流れは、潮の満干に大きく左右されるとはいえ、少なくとも大川を横切って竪川に入るという流れ方は、常識ではとても考えられない。だからこそ、「お岩と小平の死体が隅田川を下り、さらに小名木川を逆流して隠亡堀にまであらわれ、また小名木川を引き返して隅田川の入口の万年橋に死骸があがるとした不思議な設定も、たんに怪談としてのおどろおどろしさを狙った趣向という前に、二つの相似した事件に、準拠した構想とみるべきであろう(注56)」と郡司正勝は述べ、「神田川を下った戸板は、プカリプカリと大川(隅田川)を横断し、どこをどう迷ったか、横十間川に入り込んで隠亡堀へと漂い着くのである。これこそまさに怪談である(注57)」と中山幹雄は書くのだが、比喩的にいえば、杉戸はむしろ、隠亡堀によって、大川から吸い寄せられたのだと考えることができよう。それだけの「けぶ」を発現させる強い磁力が、隠亡堀には蓄えられていたと想定し得るからである。

死と復活

先に私は、「南北にとって、深川は、単なる風景ではなかった。性と死の妖しく交錯する負の聖域であった」と記した。

南北は、隠亡堀を風景とは見ない。彼はそれを、負の聖性が濃縮された「けぶの有川」と見る。幕藩体制がひたすら崩壊に向かって地滑りを続けている社会の中で、久しきにわたって劇的なるものの核をなしてきた死と復活の因子が、新たな劇的意味を担って立ち現れる必然性を宿す川と見る。

密通した旗本の妾と中間が戸板に打ち付けられて神田川に流された話と、心中者の死骸が隠亡堀に流れ着き、鰻掻きに発見された話との二つの巷説が、隠亡堀という場において一つに融合され得たのも、また、そのために、杉戸をして大川を横断せしめ、深川の河川を漂わしめるという設定が、何の異和感もなく、深い現実性を帯びて是認され得るのも、要は、磁場としての隠亡堀に秘められた力を南北が感得し、かつ、その力を信じ得る世間の心的傾向を、南北が的確に読み取っていたからに外ならない。世間の心的傾向とは、第一に、川向こうを負の聖域として聖別した市中の人々の、深川でなら何が起こっても不思議ではないと思う心情、すなわち、負の聖域であるが故に、深川における「けぶ」の発現を、自然必然的なものと信じて已まぬ心的傾向をいい、第二に、その川向こうの住民達自身の、隠亡堀は怖い所とする心情、つまり、自己の住む地域全体が担う宿命的な負の聖性を、隠亡堀に集中的に負担させ、「けぶ」の発現力をそこに局限することによって、日常生活への「けぶ」の侵犯を防ごうとする心的傾向をいう。

そもそも、隠亡堀のある砂村の一帯は、一種の隠れ里であった。豊芥子の稿本『岡場遊廓考』には、「武野俗談ニ云」として、次のように記事が引用されている。

此深川三十三間堂呼出し芸子の類、怪動《けいどう》といふ事を甚恐るゝ、公廷より御吟味ありて捕われ、新吉原へヤツコに被レ下るゝ故なり、されば不意にけいどう入る時は手廻り次第、女は船に乗せて葭沼通り葛西領砂村六把島こんにやく橋と云在郷迄ひそかに内川続を迯すなり、此閑（ママ）道を知る人少し、子細あつて予此事を知れり、砂村六把島扇子新田太郎兵衛新田の大年より縫右衛門と云百姓の方へ大勢迯隠申事也、此縫右衛門女房も深川出呼出女郎なり、其縁によるか、扨此報謝の為として深川茶屋中の下屎を皆縫右衛門方へとらせけるとなり、過し怪動の節、呼出し女郎芸子女都合七十八人、当地の紋四郎と云船宿より縫右衛門へ落し、爰に日数四十日余滞留して毎日三味線をひき、田舎は更に憚る処なし、騒ぎ暮せし折節、予かしこにありて、まさに能く是を知れり。(注58)

迷路のような川筋を舟で自在に漕ぎ抜け、けいどう（手入れ）を逃れて身を隠すところが、「砂村六把島こんにやく橋と云在郷」。そこは、七十八人もの「女郎芸子女」が四十余日の長期間、毎日三味線を弾いて騒いでも、誰憚ることのない隠れ里なのだ。そして、その「砂村六把島こんにやく橋と云在郷」こそ、直助が櫛を拾い、伊右衛門や佐藤与茂七と出会い、お岩・小平の杉戸が流れてくる、隠亡堀の一帯に外ならぬ。直助は、また、与茂七はいう。「コリヤ是いつやら六ぱじま。隠亡堀でうしなふた」(注59)、「場所は砂村六ぱじま。おんぼう堀の闇の夜に、なかぬからすのいどみ合」(注60)と。

負の聖域の中でも殊更に聖別され、人間の住居域から隔てられた迷宮の中の隠れ里、鰻掻きという極めて日常的な生活行動が、因縁の櫛との出会いという非日常的な行動へと変質させられる隠亡堀を、南北は、死と復活の劇的意味を問い直すに相応しい場所として選び取ったのである。

杉戸は隠亡堀に吸い寄せられる。もっとも、一方的に吸い寄せられるわけではない。お岩・小平の魂魄が持つ磁極と隠亡堀のそれとが、互いに牽引し合った結果、杉戸は隠亡堀に漂着するのである。

お岩・小平の磁極とは、いうまでもなく、思いを残して死ななければならなかった二人の、此岸に対して放射される情念の力を指す。

現世での復活の希望は絶えて久しく、異常な死を遂げた者達の、あの世での成仏を祈る回向も流れ灌頂も水施餓鬼も、最早、効力を失っていた幕末の都市社会であった。最早、水の神そのものに祝福の呪力を期待しがたく、ただ、烈しい災厄の呪力のみを予測し、畏怖せねばならぬ幕末の都市社会であった。そもそも、仏孫兵衛が隠亡堀を「けぶの有川」と聞いて、小仏小平の卒塔婆を立てにきたのも、行方不明になった伜の成仏なり息災なりを、その「けぶ」を現出する力に願うためであったのだが、本来、正負の両面に働くべき「けぶ」の力は、最早、負の面にしか機能しなくなっていたのである。

そのような社会において、死と復活は、如何に方向付けられるのであろうか。

伊右　此時、こもをかけし杉戸流よる。伊右衛門、思わず引よせて、
　　覚の杉戸。
　　ト引よせて一方をとる。爰に、おいわの死がい、肉だつせしこしらへ。此時薄どろ〳〵にて、
　　両眼見開いて、鼡のくわへし最前の守をもつてゐる。伊右衛門、思入有、
　　お岩〳〵。コレ、女ぼう、ゆるしてくれろ。往生しろよ。
　　ト此時お岩、伊右衛門をきつと見つめ、守り袋をさしつけ、
いわ　うらめしい伊右衛門どの。田みや、伊藤の血筋をたやさん。
　　ト守をさし出し、見つめるゆへ、こわげだつて、手早、くだんのむしろをかけて、

伊右　まだうかまぬナ。南無阿みだ仏〳〵。このまゝ川へつき出したら、とびや、からすの○。ごふが尽たら仏になれ。

ト戸板をかへしみる。うしろには藻をかぶりゐる小平の死がい。伊右衛門、見定んとする。薄どろ〳〵に成、かほにかゝりしもは、ばら〳〵と落て、小平のかほ。両眼見開、片手をさし出し、

小平　旦那さま。薬を下され。

トぢろりと見やる。伊右衛門、ぎよつとして、

伊右　又も死霊の。

ト抜打に死がいへ切付る。どろ〳〵にて、此死がい、たちまち、ほねと成て、ばら〳〵と水中へ落る。伊右衛門、ほつと溜いきついて、きつと成。(注61)

心ならずも生を中断され、しかも、死を完了することのならぬ二人が、怨念という名の余りにも重い死の負荷を、あるいは、この上なく苦しみに満ちた生と死の内的な葛藤を、生ける者＝民谷伊右衛門に呈示し、その負荷乃至葛藤の心的エネルギーを彼に転移して、死の完了を妨げている障害を、自ら取り除こうとする。しかし、その転移は、簡単には実現しない。

心的エネルギーの転移は、肉体の自ずからなる消滅に比例して行われる。肉体が完全に風化し、魂魄が肉体から離脱して、生命の一元的な実体性を獲得する過程で、心的エネルギーは徐々に転移されて行く。

小平の場合、二月ほどの漂流の内に肉体は次第に崩壊し、隠亡堀に到り着くころには、すでに骨となる寸前の状態にあった。けれども、彼は、伊右衛門の存在そのものに対して、心的エネルギーを転移しようとはしない。彼が心的エネルギーを転移する対象は、伊右衛門の持つ、稀薬ソウキセイの所有権にあったから、彼は何よりもまず、「旦那さま。薬を下され」という悲痛な叫びによって所有権の譲渡を迫まる。そして、肉体が「ほねと成て、ばら〳〵と水中へ落」ちたのを最後に、彼の魂魄は肉体から離脱し、伊右衛門の前から姿を消し、質蔵から抜き取ったソウキセイを主人小汐田又之丞が服するのを見届けて、心的エネルギーの転移を成就した後、「うれしや夫にて、未来の本望」(注62)と、自己の死を完了させるのである。

骨化した小平に対して、「肉だつせし」状態に達していたとはいえ、お岩の肉体は、未だ完全な風化を果たしてはいなかった。伊右衛門が、隠亡堀で深い恐怖に襲われつつも、「このまゝ川へつき出したら、とびや、からすの○。ごふが尽たら仏になれ」と切り返し、取り殺されずに生き続けるのは、そのためである。お岩の心的エネルギーは、すでに伊藤一家に転移してそれを滅ぼし、死への障害を幾分かは除去することができた。だが、直助に託した櫛をお袖に渡す義務を自己に課していたお岩は、最後にして最大の障害である伊右衛門に対して、全的に心的エネルギーを転移することができない。それが可能になるのは、いみじくも彼女の業の尽きる日。跡形もなく肉体の消滅するその日に、お岩の魂魄は伊右衛門の命を奪い、与茂七の、「是にて成仏とくだつの」(注63)という手向けの辞とともに、その成仏が保証されるのである。

南北はこうして、死せる者が、心的エネルギーを他に転移しながら、自己の死を完了させて行く過程の中に、死と復活の新しい方向付けを求めたのであった。

お岩

お岩は、なぜ醜悪な相貌に変わるのか。「お大に、怨念と恐怖のイメージを重ねれば、お岩のあの醜悪な顔になりそうだ。筋の上では無関係だが、お岩の顔の醜悪さは、お大によって象徴される猥雑・グロテスクと、どこかで通底しあっている」(注64)と、廣末保は指摘する。

お大とは、「鳥やにつきし、毛のぬけたる女、髪を嶋田に結、白はにて眉毛のなきこしらへ」(注65)、つまり、瘡(梅毒)を患っている、地獄宿の淫売婦である。一方、お岩は、伊藤喜兵衛から贈られた「面ていくづるゝひほふの薬り」(注66)を服用して醜悪な顔に変わった上、産褥中の禁忌を犯して髪を梳き、ために、髪が抜けあがって、二目と見られぬ怪奇な相貌を呈するに到った。だが、お岩の面体が崩れ、髪が抜けあがった原因を、ただ、薬や禁忌の侵犯にのみ求めるべきであろうか。

確かに南北は、それ以外の原因を記してはいない。けれども、お岩とお大との「通底」を指摘した先の一文を、今仮に、「お岩の醜悪な顔から、怨念と恐怖のイメージを削り落とせば、お大の醜悪な顔になる」と反転させてみると、お岩の変貌には瘡毒に罹ったお大の顔が、二重写しになって現れてくる。逆にいえば、『四谷怪談』の主人公に相応しい「怨念と恐怖のイメージ」をお岩に与えるために、南北は、薬と禁忌の侵犯を用意したのであって、もし、「怨念と恐怖のイメージ」がお岩に必要でないとしたら、お岩の変貌は、お大のそれと完全に重なり合うに違いない。お岩には、瘡を患う可能性があったからである。

　向ふよりお岩、手ぬぐいをかぶり、やす下駄、糸だてをかゝへ出来り、思入あつて……下座よりおそで、以前の形にて、小でうちんを持、走出て来り、思わずお岩に行あたり……

　お岩の形りを見て、

そで　おまへマア、あぢな形をしていなさんす。殊に夜深といゝ、たゞの身でもないのに、ひへてはわるいじやござんせぬか。そうして、なんぼ別ていればとて、夫の有身で、おまへはいやしい辻君の。

いわ　有よふはそなたのすいりようの通り、いやしいわざを勤むるも、年寄たとゝさんが、ひんくの上にわしらへ気がね。げんざい娘の兄弟に、かくして毎日浅草の、観音様の地内へ出て、一せん二せんの袖乞被成るといのふ。おとめ申もかくしてお出被成所へ、其よふな事言たら、面目ないとてもしひよつと〇。ほんに日比の気性ゆへ、そこでわしが思ふには、内の事さへ相応に、手廻つたならおのづから、とゝさんの御くろうもやむであろうと、思付た辻君も、はだはふれねどわけ言て、やつぱり袖乞同前な、今のよわたり。(注67)

廣末もいう通り(注68)、この設定は、『太平記忠臣講釈』六段目で、矢田重太郎の妻おりゑが、「夫《ト》へ立ぬと思ひながら。帯をとかぬが私が潔白。太市が疱瘡の願《ン》込《メ》に。祇園《ン》(ママ)参りと偽つて。毎晩《ン》〳

此河原へ。身はけがさねど心を汚し僅なおあしを貫溜。貧苦を凌ぐわたしが心(注69)」と、七条河原の惣嫁《そうか》に出る件を焼き直したもの。

おりゑ同様、「はだふれねどわけ言て」と断ってはいるものの、お岩は淫売婦として日銭を稼いでいるのである。それも、手拭に糸立てという姿から直ちに察せられるように、夜間、路傍で客を引く最下級の淫売婦、「京で辻君大阪で婟嫁《そうか》江戸の夜鷹は吉田町(注70)」と流行唄にも歌われた、二十四文で身を売る夜鷹なのだ。

この流行唄にも知られるように、本所吉田町と、それに隣接する吉岡町とは、夜鷹の巣窟であった。他に、里俗名を貧乏横丁と呼ばれる四谷鮫ケ橋も、やはり、夜鷹で名高かった。「道中は本所から出るは、白き木めんのほふ被りを口にくわへ、鮫が橋は手拭をかぶらず(注71)」といわれ、両者の風俗には差異があったらしい。「手ぬぐいをかぶり」とあるのを見ると、お岩の扮装は、本所の夜鷹を模したものか。もっとも、お岩は、親方に抱えられた夜鷹宿の夜鷹ではなさそうだ。父の四谷左門が、浅草寺の東北、聖天町の外れの北新町に住んで、非人仲間に渡りを付けることも知らず、素人乞食として寺内で物貰いをしていたように、お岩もまた、仲間を持たぬ素人夜鷹であった。しかし、だからといって、夜鷹一般の心象から、自由であるわけではない。

「吉田町に夜鷹屋といふ有て、四十あまりの女の、墨にて眉を作り、白髪を染て島田の髷に結ひ、手拭を頬かぶりして、垢付たる木綿布子に、おなじく黄ばみたる二布して、敷ものをかゝへて辻に立て、朧月夜に、お出〳〵、と呼声いとあはれなり(注72)」と、『寛天見聞記』は記している。「歳十四五より七八十迄(注73)」。柳原の土手、両国向こうや浅草御門内、上野山下、駿河台、京橋など、遠くまで出向いて客を引く者もあれば、地元本所・深川の、橋の袂や材木置場で客を誘う者もいる。そして、「此国に往者必ず鼻を失て戻る(注74)」とか、「此怪鳥にあふもの日ならずして鼻を失ふ(注75)」といわれたように、夜鷹の中には、瘡を病む者も少なくはなかった。

瘡

瘡は淫売婦に付き物の病であるとともに、淫売婦の価値を左右する、一つの大きな要素でもあった。瘡に罹り、且つ、瘡の治癒した女は、免疫が出来た者として、高値で取り引きされた。『傾城禁短気』にいう。「鳥屋をせざる中は、本色の遊女とせず。いづくの色商売する方に抱ゆるにも給金安し。鳥屋を仕舞ふたる女は本色の遊女とて、給金高く出し、召抱て重宝しぬ。此煩を仕舞ふたる女は石の如くなつて、数千人の男に逢ふても怯まず、しかも懐胎することなし(注76)」と。しかし、その治癒に失敗した者はどうなるか。「養生悪しければ命を喪ふ。冷薬・妙薬の強薬を飲で急に本腹すれば、間なく毒薬の為に生まれもつかぬ腰抜け、鼻なし・龍耳《つんぼ》になりて、一生廃る身となれば、此鳥屋を仕舞はぬ女は、高給出して抱へ難し(注77)」。抱え難ければ、手放すか飼い殺しにするより外はない。「瘡毒または虚労の病ひなど発るべき様なれば、蔵替へと号して他の下品売女屋へ売り遣はし、下品なる売女に売り遣はす事も出来兼ね、とても本復せざる体なれば、更に看病も加へず、干殺し同様の事になり、また首を縊り、井戸へ身を投げ、或は咽を突き、舌を嚙みなどして変死するもあり（注78）」。先に触れた亥の堀の船饅頭などは、「夜鷹の遣ひからしにて、歩行のならぬを船にのせ（注79）」と『続飛鳥川』にあるように、蔵替えを重ねて堕ちるところまで堕ちた、瘡毒の末期症状に入った女達であった。

お岩は懐妊し、子を生む。それに対して伊右衛門は、「此なけなしの其中で、がきまで産とは気のきかねへ。是だから素人を女ぼふに持と、こんな時に亭主のなんぎだ（注80）」と愚痴をこぼす。勿論、この伊右衛門の言葉には、他意も含みもない。けれども、もし、「しかも懐胎する事なし」と『傾城禁短気』がいい、「右体の煩ひ出づる事、これを果して、かの道にては黒人と云ふになれり。これよりして人間並の実情抜け果て、衆人に逢ふとも心を奪はれず、子を胎む事もなし。これ則ち素人の浮れ女に変化する所、天性の実貞を洗ひ流す煩ひなり（注81）」と『世事見聞録』が述べる記述を想起すると、伊右衛門の愚痴が、俄かに、お岩の夜鷹性を詰る声、つまり、瘡の癒えた上品の玄人として持て囃されることもなく、懐妊・出産という、女郎の最も避けるべき状態に陥り、瘡に蝕まれて身を果たす夜鷹性を詰る声の如くに聞こえてくることを否み難い。あるいはまた、「冷薬・妙薬の強薬を飲で急に本腹すれば云々」という、先に引いた『禁短気』の記事を想起すれば、伊藤喜兵衛から贈られた「血の道の妙（注82）薬」実は「面ていくづるゝひほふの薬り（注83）」が、俄かに、瘡を治療するための「強薬」の相を呈し、お岩が「一生廃る身」となる真因を示唆するものの如くに見えてくることを否み難い。

お岩には、こうして、夜鷹としての面影が幾重にも重ねられている。しかも、その夜鷹像の、如何にお大の姿と酷似していることか。お岩とお大とが互いに通底し合うとすれば、それは、両者が、最下層の淫売婦としての条件を共有していたからだ。お岩はお大の過去相であり、お大はお岩の未来相であり得た。

面体崩れ、頭髪の脱した「醜悪な顔」を晒して、お岩は死ぬ。そして、誰の目にも「間男出入」(注84)としか映らぬような姿で、「けぶの有川」に漂うのである。性の内在した死の姿といっても良い。

お袖

ところで、裏田圃でお岩と出会う義妹お袖もまた淫売婦である。お大とともに、藪の内の宅悦の住居（地獄宿）で客を取る女である。

与茂　こゝはおめへ、おもんさんの出てゐた所だぜ。
いろ　其おもんさんが病気だといつて、おとゝひからやとつて出した子だがの。内はよつぽどくるしがりだそふさ。
与茂　名は何ンといふへ。
いろ　せんの名は何ンと言かしらねへが、爰のみせへ出るから、やつぱりおもんさんと。
与茂　名はおもんだの〇。そいつはどふか成るまいかね。
いろ　成所か、ゐて物に出るわな。(注85)

楊枝店の女をおもんと名付けたのは、天明（一七八一～八八）のころ、「浅くさのくわんおんの脇の方とうしろにゐるが、柳屋平十郎といふやうじ見世に、姉をおもん、妹をお吉といつて、二人ながらちよつと見ては分かりやせん、見ちがえるほど似ているよ、くはんおん（ママ）のわきのほうに出ているのが姉のお門さ、去年げんぶくをしやした、妹のお吉はどうのうしろに出てゐやす（注86）」と、『一日土堤』が紹介した女の名に拠っているのであろう。

そで　ハイ、おはづかしながら私は、元武家の娘でござりますが、様子有てとゝさんは浪人、又壱人の姉さんもござりますが、この前方にさるやしきへ、縁付ましたが懐にんして、どふ言事にや又りゐん。一日のけぶりもたてかねまする程のひんくの中へ、かてゝくわへて病気の姉引とりました故、もふ、よん所なく昼の間は、よふじ見せへかわりにやとわれ、夜は此よふに浅ましいすぎわいをいたしまするも、せめて少しのおあしをもらい、とゝさま、姉さまをすごしたいばつかりに、心にもないかくし勤（注87）。

しかし、与茂七に操を立てて客の情に訴え、「床の内では訳言て、たのめば人に鬼もなく（注88）」、肌身を穢さずに今まで過ごしてきたのだとお袖はいう。勿論、そのような言訳を、与茂七が信じるはずもない。「今まで多くの客に出た内中じやア、じゆうになつたのが有だろう。もし、おれがよふにむりやりに、あゝしたらどふする（注89）」と、与茂七はお袖に問う。お袖は、「人を見て法を説け」という諺の通り、相手次第で言葉を変え、嘘に嘘を重ねて身を躱すのだと説得する。彼女が口にする一連の白にも、『太平記忠臣講釈』が利用されているのだが、それはさて置き、お岩に投げ掛けられていたお大の影は、お岩の場合とは別の形で、お袖にも投げ掛けられていることに注意しなければならない。

相手次第で言葉を変えるお袖に対して、お大は、相手次第で姿を変える。ときには七十九歳の老娼婦お大に、ときには十六歳の小娘お小に。お大・お小の名が、使い古した性器と、そうでない性器とを象徴していることはいうまでもあるまい。

お大はお袖の分身である。お袖が虚言を弄するのは、それが、『四谷怪談』を劇として成り立たせるのに必要な設定であるからだが、一皮剥けば、それはその侭、誠なき遊女の手練手管に外ならぬことに想い到るべきであろう。同時に、その手練手管は、お大のものであることを知らなければならない。一人の地獄の、お袖は上半身であり、お大は下半身である。お岩とお大の相対的関係が、過去相と未来相とのそれであるとすれば、お袖とお大の相対的関係は、現在相の表裏として捉えられよう。お岩同様、お袖もまた、お大と通底しているのだ。両者が、如何に本質的に通底し合っているかは、次の白を見れば瞭然である。

文嘉　下湯むすめに、むこ弐入り。(注90)

そで　同合図に二人りの夫。(注91)

お袖は、内にお大を含み込んで、手練手管に生きる女である。けれども、そうであることによって、お袖は与茂七に巡り合えた。そして、与茂七の跡を慕って裏田圃に行き、図らずも、お岩と出会ったのである。

ともに淫売婦として生きざるを得ない義理の姉妹の出会い。ここもまた、『太平記忠臣講釈』六段目の、おりゑ・おむつ（浮橋）姉妹の出会いを下敷にしていることは、廣末の指摘する通りである。

お袖の慕う与茂七は、しかしながら、お袖に振られたことを根に持つ直助によって、すでに惨殺されていた。それが、与茂七と衣服・持物を取り替えた奥田庄三郎、直助の古主奥田将監の息子の変わり果てた姿だということを、お袖はもとより知る由もない。否、殺した当の直助さえ知らぬ。だが、結局、その誤殺が機縁となって、お袖と直助は「うわべ斗の」(注92)夫婦生活を送ることとなる。

三角屋敷

二人の夫婦生活が深川の三角屋敷で営まれることは、極めて興味深い。というのも、その辺りには、先に触れた直助屋敷とも直助長屋とも呼ばれる淫売婦の巣があったからである。

そもそも、直助というのは、享保六年(一七二一)七月、主殺しの罪で極刑に処せられた男の名であった。

当時、深川万年町一丁目に、中島隆碩という町医者が住んでいた。一説に、浅野浪人で不義士の悪名高い、小山田庄左衛門の世を忍ぶ姿と伝える。直助は、その下人であった。同年正月十六日、暁、主人の金と脇差とを盗んで立ち退こうとしたところを見咎められた直助は、主人夫婦を殺害。その後、名も権兵衛と改め、人相も変えて、麹町三丁目の搗米屋に奉公していた。七月五日、人相書が触れ出され、それを見た請人の女房が御番所に届け出、同十三日逮捕。同じころ、やはり権兵衛という別の男が主殺しの罪で捕えられ、二人はともに、二十三日、町中引廻しの上、翌日より三日間、「於二日本橋ノ晒候内、諸人勝手次第のこぎり引に致させ」[注93]、二十六日、いずれも品川で磔刑に処せられた。前代未聞のこととて、「老若男女夥敷見物」[注94]、「品川にて込合て、怪我人多しとなり」[注95]。

直助は上州の出身で、面長、色浅黒く、鼻筋通り、眉毛濃く、二重瞼、頬骨少し高く、目の下に小さな黒痣があった。中背で少し前屈み、物言い激しく、物を見るときには額で見るような癖があったという。二十二歳。

直助が住み込んでいた中島隆碩の屋敷を、いつのころからか、直助屋敷、直助長屋と呼ぶようになり、一切り五十文で客を遊ばせる切見世が並ぶようになった。『婦見車紫鹿子』には「引ぱらず」[注96]とあるから、声をかけて誘うのみで、強引に客を引きずり込むような、手荒な商売はしなかったらしい。

直助屋敷は安永年間（一七七二〜八〇）を最盛期とし、寛政七年（一七九五）、改革の余波を受けて取潰された。『岡場遊廓考』に、「当初はいづれの地なるやいまだしれず」[注97]とあるように、幕末には、往古の所在地すら分からなくなっていた。それを、三角屋敷の辺りに比定したのは、矢田挿雲が最初ではないかと思われる。

北へすすむ電車に乗って、黒亀橋（富岡橋）から海辺橋までの、右側（東側）は寺つづき、左側（西側）は店つづき、店の種類も、市区改正後の町の姿も異なっているが、大略の面影はかわらない。黒亀橋を渡って、すぐ河岸について、左（西）へまがったところの三角屋敷の跡も、地形を案ずれば朧げながら見当がつく。三角屋敷は、武家の屋敷ではない。ただの民家である。武家の屋敷でもないものを、屋敷と称するは法度であったのだが、地形のために三角屋敷と呼びなされ、当時の図面にも公然とその名称を書き入れた。しかし三角屋敷と背中合せの直助屋敷の名は、地図に見当らない。直助屋敷は、今の亀住町、昔の万年町三丁目すなわち黒亀橋のほとりにあったため、漸次誤り伝えられて、橋を一つ越した黒江町にあったものと信ぜられた。しかし確かな古老の説では、直助屋敷は黒江町ではなく、現在の亀住町のところで、享保六年に、直助が主人を殺した当時の家主の名が、庄兵衛といったことまでわかっている。(注98)

この説を承けたのが三田村鳶魚で、「深川三角屋敷、是は万年町で直助屋敷とも呼ばれた」(注99)と、彼はいう。矢田が地区の同一性を説いたのに対して、三田村は、両者を等式で結ぶ。三田村の見解を改めて支持したのは磯部鎮雄である。彼は、「直助長屋は深川富久町、万年町三丁目、平野町に囲まれた油堀、閻魔堂橋、丸太橋の中間、川岸にある、三角屋敷の処」(注100)と記し、また、「三角ヤシキ、直助ヤシキトモ云」(注101)と明記している。

これらの説に対して、寛政七年から三十四年後、文政十二年（一八二九）に成立した『御府内備考』は、両者をそれぞれ別の地域に属するものとして、次のように記している。

三角屋鋪

一元禄十四巳年二月中本所上水請負人ニ而吉右衛門と申者拝借町屋鋪ニ御座候御代官伊奈半左衛門様御支配ニ有之町名唱之起立聢と相分り不申候得共右吉右衛門儀拝借町屋鋪ニ相成家作相

立候処鱗形ニ而其頃ゟ三角屋鋪と相唱候由申伝ニ御座候
一四隣　東南之方深川平野町西之方川境同所一色町北之方往還境同所富久町川境同所材木町
一当町里俗三角と唱申候右者町内鱗形ニ付右之通相唱候由申伝候（注102）

万年町一丁目

一四隣　東之方往還境同町二丁目西之方往還川境同町永堀町同所海辺大工町代地南之方松平和泉守様御中屋鋪北之方往還川境同所伊勢崎町
一当町内中程ニ而間口拾間程之場所ヲ里俗直助屋敷と相唱申候（注103）

要するに、両者は、富久町及び松平和泉守の屋敷を挟んで南北に隔てられていたわけで、両者を同地区にありとする矢田説も、両者を同一視する三田村・磯部説も、ともに否定されなければならない。『御府内備考』は、中島隆碩を小山田庄左衛門の後身とする口碑を採り入れるなど、不確かな情報をも含んではいるが、その成立時期が、「当所はいづれの地なるやいまだしれず」と豊芥子が述べた天保末よりも、直助屋敷消滅の年に近いことを思えば、信憑性の高い史料と認め得るからである。

直助は、お袖を求めて地獄宿に赴き、お袖を連れて三角屋敷に住む。勿論、直助屋敷を意識した設定である。南北は、直助屋敷を視野に収め、お袖が地獄の女であることを匂わせつつ、二人を三角屋敷に住まわせた。

何故、三角屋敷か。例えば三角田のように、三角の土地が、その形状の異常さの故に、往々にして禁忌の対象とされることはいうまでもない。事実、そこで古着の洗濯を内職とするお袖の許には、湯灌場物と呼ばれる、死体から剝ぎ取った衣類が持ち込まれるのである。幕が明いたとき、すでに、下手の物干竿には「仏小平の着る物、干て有(注104)」、さらに、但馬屋手代庄七は、「風呂しき包より、お岩の死がいに着《きせ》てゐたる、衣せうを出す(注105)」。

「私は内で洗濯も、三途の婆さまの下仕事(注106)」とは、河竹黙阿弥の『三人吉三廓初買』に出てくる浄瑠璃の文句である。三途の川辺には鬼形の脱衣婆がいて、亡者の衣を剝ぎ、それを懸衣翁が受け取って、傍の衣領樹に懸けるという。三角屋敷の場面が、そのような三途の河原宛らの光景を踏まえて成立し、しかも、「小平が着物のすそに、陰火もえて、あつらへのへびまとふ(注107)」たり、盥に浸けたお岩の着物を絞ると、「しぼる水、しぜんと血しほにへんじ、したゝる(注108)」という、死者にまつわる怪異の機能し得る、非日常的な空間であり得たのも、三角地の異常性を前提としてのことであった。

二人の夫

その三角地に建てられた家を借りて、殺人犯と地獄宿の女が住む。

伊右衛門との縒りを戻したお岩が、夜鷹の境遇を脱しながらも、終始、夜鷹像を内に秘めていたように、直助と仮初に結ばれたお袖もまた、地獄の勤めとは縁を切ったにもかかわらず、潜在する地獄像から解き放たれることはなかった。南北は、そのことを、さりげなく、かつ、周到に描き出す。笛を吹きながら、宅悦が登場する。流しの按摩である。直助が彼を呼び入れる。

宅悦を登場させたのは、いうまでもなく、例の櫛についての「とんだはなし」(注109)、つまり、お岩の死の顚末を、お袖と直助に伝えさせるためであった。けれども、南北は、そこにもう一つ別の目的を用意していた。

そで　おまへは宅悦さん。どふして爰らへ。

宅悦　ヤ、おもんさんか。おれよりおまへはどふして爰に。ハヽア、そんならとふ〳〵此人を、亭主にもったのか。イヤ、たでくふ虫もすき〴〵だぞ。

直助　是は御相撲だ〇。時に、まだこなた、浅くさにゐるのか。

宅悦　ちつとあのへんに、いにくひ事があつて、此ごろまで、四谷の方へいっていやした。

直助　お坊もとかく尻がすわらないよふすだナ。

そで　あんまり色事をかせがしやんすからの事さ。

宅悦　何、かせがせもせぬくせに。

そで　もし、一ぷくのましやんせ。

トたばこ、吸つけて出す。

宅悦　おまへの吸付たばこも久しぶりだ(注110)。

南北はここで、お袖と宅悦との邂逅を通して、お袖が、おもんという名の地獄であったことを観客に想起させる。それも、過去の事として指摘するに止まらぬ。お袖は宅悦に、極く自然な態度で煙草を吸付けて出す。いみじくも郡司正勝が、「客商売時代の癖で、思わず吸いつけ煙草を差し出したのである。武家や一般町人の女性ではこのようなことはありえない」（注三）と注記したように、その行動は、今もなお、お袖の内におもんが生きていること、お袖が潜在的に地獄であり続けていることを示唆している。

お岩の死は、お袖に懸かる敵討の負担が、もう一つ増えることを意味した。すでに同棲して三箇月余り。その間、死んだ与茂七（実は庄三郎）に義理を立てるお袖にお預けを食らわされて、夜毎性欲を持て余していた直助は、敵討を餌に、お袖の気を惹いてみようとする。その結果、直助の思惑通り、お袖は操を捨てる決意を固める。

直助　そんならそなたはおや左門、姉のお岩に夫トの与茂七、其三人のかたきをば、見事女の手一ツで。その仇討は覚束ない。おれも以前は武士奉公、二人りや三人相手にも、しかねぬ手ぶしは持ながら、赤の他人でゐる時は、すひきやうらしく助太刀も。エヽ、是、うでがむづ〳〵するなア。

ト思入、合方かわつてお袖、思入有て、かんどくりと猪口をもち来り、直助がそばへ来り、手じやくにて一ト口のんで、直助の前へおき、

そで　サ、一ツのんで下さんせ◯。

直助　成ほど、女のせまひ心では、酒でものまずば立きれまい。はなしを聞ては此むねが、い

はゞ他人のおれでさへ。

そで　イヱ〱、おまへを他人にせまい為、女の方からさした盃。

直助　ヤ。

そで　モシ、もふ祝言はすんだぞへ。親と夫トの百ケ日、けふが過れば今宵から、約束通おまへと女夫に。

直助　そんならおぬしは、帯ひもといて。

そで　アイ

ト思入。

みさほをやぶつて操をたてる。わたしが心〇。

ト又お袖、手じやくにて、ぐつと酒をのんで、

直助　イヤ、こいつはすてきに、今夜は出来がいゝわへ。

そで　わたしやモウ、気がもめてならぬによつて。

ト直助にすこし、しなだれるこなし(注112)。

「しなだれるこなし」。それは、いささか酔った勢いを借りて、直助を退っ引きならぬ敵討に追い込むための、意図的な行動ではある。だが、それにしても、このような媚態の示し方は明らかに玄人のものであって、「其くせおとなしひの。屋敷出だそふさ(注113)」と宅悦の女房をしていわしめた、素人気の抜けぬ女の態度ではない。お袖の内なる地獄性は、啻に持続しているのみならず、寧ろ、深まりさ

えしているのである。

挙句の果てに、お袖は直助と同衾する。そこへ、隠亡堀で手に入れた鰻掻きを持って、与茂七が訪ねてくる。

与茂　壱入りの女房に二人りの男。
直助　ハテナ、札はどちらへ落るであろふ。
与茂　夫はこつちがせんなりや。
そで　つるの一筋わたしが心で。
直助　弐入りへたてる心中(注114)を。

お袖は一体、誰に所属するのか。お袖は結局、身を捨てることによって問題を解決するのだが、それは要するに、自己の所属を一方に帰し得ないが故であった。

「同合図に二人りの夫(注115)」と、お袖はいう。許嫁であり、本来の夫たるべき与茂七と、一夜の契りを交わした直助と。もとよりそれは、「おまへがながらへいやしやんすとは、神ならぬ身の夢にもしら(注116)」ぬ薄倖の女の、避ける術もない運命の帰結であって、承知の上で結果した三角関係の所産ではなかった。あるいは、与茂七の目を盗んで窃かに媾合した果ての、密夫密婦の関係でもなかった。「併いゝ立する時は、みす〳〵間男密夫の権兵衛。以前の身ならば女がたき打。又町人ならすべにより、耳鼻そぐか金銀を、ゆすつてとるもまゝ有ならひ(注117)」と主張しながらも、与茂七は、お袖・直助を、密通の廉で敢て告発しようとはしない。「おんぼう堀の闇の夜に、なかぬからすのいどみ合。其時思わずうしないし、小間物仲間のふてうの書付。ひろつた人はこなさんと、知つたは是なる道具から、女房と其品かへ〴〵に（注118）」という理由が、与茂七にはあるからである。しかし、その理由はあくまでも、与茂七と直助の葛藤にかかわる戯曲構成上の理由であって、その理由を裏側から支えている、言い換えれば、「二人りの夫」を可能にする条件がお袖にあったことを見落としてはならない。

一人の女に対して「二人りの夫」が成り立つのは、その女が淫売を事としているからである。お袖が「二人りの夫」を持つ可能性は、すでに、地獄宿で示唆されていた。

そで　夫じやといふて。
直助　床の内はともかくも、一所にねるくらいは。
そで　ヱヽ。
　　ト此時奥より宅悦出て、
宅悦　おもんさん、何しに爰へ出てゐるのだ。サア〳〵、お客の処へいきな〳〵。
そで　どふも夫斗は。
宅悦　そんな事をいつてすむものか。
直助　いゝわな。マア、きなせへ。
　　ト直助、お袖をつれ、上手のせうじへは入（注119）。
　　ト奥よりおいろ出来り、
いろ　モシ、きまつたらお勤を。

与茂　ほんに、それ〳〵〇。
　トかみ入れより金を出し、
　うぬが女房へ勤をだすのも。
いろ　ヱ、。
直助　やかましいわへ。うぬらよく女の二重売をしやアがるな。
宅悦　モシ〳〵、こわだかにおつしやりますな。いつ二重うりをいたしました。
直助　しねへ物か。おれが買た女は、此屏風の内に居るハ。
いろ　そりやアおまへ、壱人り買ふ子では有まいし、廻しと言事もござります。
直助　何、かくしばい女のくせに、廻しも気がつよい。(注121)

「廻し」とは、一人の遊女が、同時間帯に、複数の客の間を回って相手を勤めることをいう。直助に接し、与茂七に抱かれるお袖は、明らかに廻しを取っているのである。この場合、「うぬが女房へ勤をだすのも」とぼやく言葉からも知られるように、与茂七は、お袖の許嫁でもなければ亭主でもない。彼は直助同様、お袖の客の一人に過ぎないのだ。主観的にはともかくも、客観的には、お袖という地獄にとって、直助も与茂七もともに等距離に立っている。

お袖と〈二人の客〉という、地獄宿におけるこの三者の関係を転回したところに、三角屋敷における、お袖と「二人りの夫」という関係が成立する。

お袖は、潜在的には、廻しを取る地獄であり続けた。そして、「二人りの夫」から等距離の場所に身を置き、同時に「二人りの夫」の刃に刺し貫かれる。

二人の客ならぬ「二人りの夫」を持ったとき、お袖には死の意志が芽生えていた。「同合図に二人りの夫、手引なしたはとくよりも、私が命を捨る覚悟(注122)」。

誰に殺されるのでもない。自らの意志に基づく死への旅立ち。だが、夫の一人直助は、実はお袖の実兄であり、お袖は、不知不識の内に兄妹姦の罪を犯して、畜生道に堕ちる運命にあった。死出の旅の行き着く先は、「此世の縁はうすくとも、未来は同蓮の上(注123)」というお袖の望みにもかかわらず、蓮の咲く極楽ではあり得ない。かつて、「さて、せうばいになれるといふものは、あつぱれうその上達。来せはかならず、えんまに舌をぬかるゝぞや(注124)」という与茂七の言葉を、「イヱ、その気づかひはござんせぬ。此世からなるぢごくのせめ(注125)」と受け止めていたお袖である。堕地獄の死は、すでに、お袖の中に胚胎していたのだ。

性を担うことによって、死を自らに招来する。お袖の性には、死が内在していたというべきか。

直助

お袖の性を求めて、直助は人を殺めた。唯一回限りの経験であった。だが、自己の手を血で穢したという殺生の罪は、如何に後生を願おうとも、一生、彼に付き纏って離れない。「今は深川三角屋敷、寺門前の借家住。店で商ふしろものは、三文花に線香の、けぶりもほそき小あきんど。後生のたねは売ながら、片手仕事に殺生の、やなをふせたり、砂村の隠亡堀でうなぎかき」(注126)。現に、彼は殺生の罪を重ねつつあるのだ。

ところで、このツラネは、直助という人物の存在の様態と本質を描き出して、余すところがない。殊に、文中にある「ながら」という措辞には、注目する必要がある。

「ながら」とは、いうまでもなく、二種類の行動や動作が、同一主体において共存していることを表す語で、副詞とも接続助詞とも、あるいは、副助詞とも接尾語とも解されている。この「ながら」で表示される二種類の行動とは、(A)三角屋敷に住んで、花と線香という後生の種を売っていることと、(B)隠亡堀に出掛けて、鰻を獲るという殺生を職としていることとであって、いずれも、暮らしを立てて行くための手段にかかわっている。(A)・(B)は、さらにそれぞれを、空間及び生業の性格に関する項目に細分することができよう。すなわち(A)の(a)三角屋敷、(b)後生の種を売る、(B)の(a')隠亡堀、(b')殺生をするの各二項である。先ず(b)・(b')について検討しよう。

後生の種を売ることと殺生をすることとは、一見、相矛盾する行動の如くに受け取られるかも知れない。けれども、三角屋敷に住むことと隠亡堀に行くこととが決して矛盾しないように、少なくとも、直助という主体にとって、この二つの行動は相矛盾する性格のものではない。

直助　おんぼふ堀へ三ツ、四ツ、土をふせておひたに、めそつこにもおめにかゝらねへ。

そで　其よふな事もよふござんせう。もう余り物の命をとる事は、よして下さんせ。

直助　ばかな事を言ぞ。うなぎかきがせつ生やめては、あごをつるしていないけりやアならない。
コウ、あごをつるすといへば、米はどふした。
そで　最前もつて来る事は来たけれど、後迄と言ていたぞへ。
直助　夫みた事か。早速御差つかへ(注127)だ。

「物の命をとる事は、よして下さんせ」とお袖はいう。しかし、それは出来ない相談である。「うなぎかきがせつ生やめては、あごをつるしていなけりやアならない」からだ。生き物の生を奪い続けることによって、自己の生を養う。第三者ならばともかくも、当事者がそのような営為を批判することはできないと、直助は反論する。お袖が如何に殺生商売を望んでいないからといって、現実は、二人の生計を支えるその職を断つことを許さないのである。直助は、後生の種を売るのも殺生を行うのも、ともに生活の資を得る手段として、極めて現実的に割り切っている。二種の生業は、その意味で、矛盾した性格を持ってはいない。「ながら」は逆接ではない。

香花を商うことは、恐らく、お袖の発意によるものと思われる。「若イ衆の仕出し、花を貰ふてゐる。お袖、世話女房にて、山刀を持、樒の根を廻してゐる(注128)」という幕明きの情景が、そのことを暗示している。一方で殺生を日常の業としている者が、他方で後生を願うわけには行かぬ。しかし、せめて人に後生の種を売ることによって、二人の罪障が万分の一でも消滅し得るのなら……。お袖は、心優しい女なのだ。

それでは、(a)と(a')の関係は如何。「ながら」は、ここでも順接である。

三角屋敷と隠亡堀とが、ともに非日常の空間であることは、すでに述べた通りである。前者は禁忌の土地であり、後者は「けぶの有川」であった。前者には、死の内在した性が蟠踞し、後者には、性の内在した死が出現する。直助の日課は、その二つの空間を往復することにある。換言すれば、直助は、二つの異常な空間を媒介する人物なのだ。

直助　ひつきやう、おれが「うなぎかきへ引かゝつたから手めへの手へもわたると言もの。そふでないと水のそこで、くさつてしまふしろ物だ。(注129)

直助が隠亡堀で櫛を拾い、それを三角屋敷に持ち帰るという設定がなされたのも、故なきことではないのである。

負の聖性を担わされた深川の、その負の聖性を象徴する二つの空間に介在して、直助は「ながら」を生きる。南北は、そのような直助に熱い眼差しを注ぐ。というのも、その直助にこそ、死と性の、負の聖性が生み出す劇的行動主体としての、何物にも替えがたい価値が認められるからである。

直助　因果のおこりは此お袖。つけつ廻しつくどひても、得心せぬは夫トが有ゆへ。与茂七ころした其上で、此身の願をかなへんと、裏田圃でのくらまぎれ、だまし打にころしたは、古主の御子そく庄三郎どのと、聞てしつたはたつた今。親姉夫の仇がたき、打てやろふといつわつて、だき寝をしたは情ない。此直介が血をわけた、妹としつたは此書物。やり一ト筋の親は侍。其子はちくしやう主ころし。末世に残る直介権兵衛。(注130)

事もなげに人を殺し、殺生を生活の手段として選び取り、兄妹姦を犯す。異常な死と性とを、身をもって体現する人物。

深川という負の聖域自体が劇の種子を宿し、深川に生活の場を求めた直助が、その種子を劇そのものへと昇華させるのを、南北は見た。そして、深川でなければ起こり得ない劇を書いた。

生世話

『東海道四谷怪談』が、『絵本いろは仮名四谷怪談』に転じるとき、深川は単なる風景へと後退し、深川の劇は失われる。かつて、「ごう悪」(注131)な生き方を伊右衛門に仕込んだ直助は、逆に、「首がとんでもうごいて見せるは」(注132)と言い放つその伊右衛門に対して、悪の主導権を譲り渡す。『絵本いろは仮名四谷怪談』が、作品の質において、『東海道四谷怪談』に劣っているからではない。両者が、劇としての性格を異にしているからである。

『東海道四谷怪談』は生世話である。それに対して、『絵本いろは仮名四谷怪談』はお家物、お家狂言である。

お家狂言とは、支配層に属する一個の家の、秩序の崩壊とその回復を主題とし、善悪それぞれの立場に立つ人間達の行動と反復とを葛藤の基本とする劇である。そこで重視されるのは、人間の立場と意志、及び、状況であって、所定の地域が孕む劇的因子や、その地域の空気を絶えず吸うことによってのみ、主人公たるの資格を獲得し得るような、生活者の存在ではない。従って、お家狂言において、人物が行動を展開するに必要とされる場面は、御殿一般、屋敷一般、神社一般、茶屋一般、川岸一般、山中一般など、常に、それらしく定型化された普遍的な風景でありさえすれば良いのであって、それ以上の、特定の実在性を求めようとはしないのである。成程、『絵本いろは仮名四谷怪談』も、その場面を隠亡堀とし、三角屋敷と指定する。けれども、そこで必要とされるのは、死体の浮びそうな〈とある川〉であり、貧乏という状況を印象付ける〈とある貧家〉なのであって、それが隠亡堀でなければならず、また、三角屋敷でなければならぬ必然性は、どこにもないのである。初世並木五瓶が、『五大力恋緘』を江戸で上演したとき、島の内の富田屋を洲崎の升屋に、西天満老松町の貸座敷を深川大和町の貸座敷に、北の新地の出来島屋を仲町の花屋にと、西の土地を、いとも容易に東に移し替えることができたのも、それがお家狂言だったからに外ならない。

五瓶といえば、彼はしばしば、場面に深川の地を選んだ。深川八幡、三十三間堂、仲町、土橋、亥の堀、洲崎、木場等々。それだけではない。彼は名題にすら、深川の地名を詠み込んでいる。曰く『富岡恋山開』、曰く『四紅葉思恋深川』。だが、その何れもがお家狂言であったが故に、五瓶にとって、深川は、所詮、風景の域を超えるものとはなり得なかった。

『絵本いろは仮名四谷怪談』は、『いろは仮名四谷怪談』の系統に属する全十冊の絵入根本で、天保五年（一八三四）八月及び六年正月の二度に分けて、大阪心斎橋の河内屋太助から刊行された。正しくは、前半を『絵本いろは仮名四谷怪談』（序幕～隠亡堀）、後半を『いろは仮名四谷怪談後編』（三角屋敷～回向院仇討）という。

周知のごとく、三世尾上菊五郎は、文政八年（一八二五）、河原崎座の秋狂言をお名残りに上坂、翌九年正月、角の芝居で『四谷怪談』を再演した。そのときの名題が『いろは仮名四谷怪談』である。作者連名によれば、立作者が金沢芝楽、二枚目が、南北の弟子で、菊五郎に付いて上坂した花笠魯助。菊五郎は、初演時と同じく、お岩・小平・与茂七の三役を演じ、伊右衛門には四世中山新九郎、直助には初世嵐団八が扮した。ともに、上方の役者である。

江戸と大坂とでは、観客の志向に差があり、役者の育つ土壌や演技の質に違いがある。また、『東海道四谷怪談』の大詰が、「此跡、雪を用て十一段目、愛度夜討」(注133)と『仮名手本忠臣蔵』に接続し、一日の芝居の大切という重荷を負わされていないのに対して、『いろは仮名四谷怪談』は、『けいせい伊達抄』の切狂言として上演され、正月狂言の、しかも、一日の打出しに相応しい、賑々しく、かつ、華やかな最後の場面を、単独で用意しなければならなかったはずである。これらの条件を勘案すると、『東海道四谷怪談』には、再演に当たって、ある程度改訂の筆が加えられたものと推測される。但し、台帳が残っていないために、部分的な異同を除き、全体がどのように書き替えられたのか、ほとんど分かってはいない。ただ、番付に見られる場割その他の事情から、このときすでに、お岩・小平・与茂七の行動、つまり、菊五郎が活動する場面には支障を来さぬことを前提にした上で、『四谷怪談』は、お家狂言として構成し直されて『いろは仮名四谷怪談』となり、それがさらに、絵入根本という形で定着したものと察せられる。

『絵本いろは仮名四谷怪談』は、お家狂言であることによって、隠亡堀や三角屋敷の持つ劇的な意

味を変質させてしまった。例えば、

本舞台三間の間向ふ上手弐間の高土手此前一面の中土手これに非人小家あり下手樋の口あり上り口跳への所にありぶたい一面の浪板同じく浪幕をはりよき所に芦のあしらひ都て深川隠亡堀の体よろしく(注134)

という舞台書きを、『東海道四谷怪談』の、「本舞台、後黒幕、高足の土手。上の方、土橋。其下にくさりし枯芦、干潟の躰。舞たいは流川の躰。能所に樋の口、石地蔵、稲村、松の大樹、釣枝。水草くさり、都而、十万坪おんぼう堀の景色」(注135)というそれと比較すれば、『絵本いろは仮名四谷怪談』における場面の扱いが、如何に後者を、普遍的な風景に還元しているかが知られよう。

南北は、生世話の作者といわれている。彼の生世話には、さまざまな定義の仕方がある。それらを要領よく紹介した上で、諏訪春雄は、「生世話の成立要件として（一）江戸口語の使用、（二）江戸下層庶民風俗の舞台化、の二点」(注136)を挙げ、「ことばはそれが用いられるにふさわしい主体と場を要求する。生世話がまず江戸口語の使用を条件づけられているとすれば、当然、その江戸口語が用いられるにふさわしい人物と環境が舞台上に設定されなければならない。それが、先に要件の（二）としてあげた江戸下層の庶民風俗である。南北の作品ではそれが切見世であり、非人部落であり、零落細民化した下層武士の家庭であり、両国や浅草の盛り場であり、そこにうごめく各様の人人の生きざまということになる」(注137)と指摘した。

「江戸口語の使用」については、寡聞にして、諏訪以前にそれを生世話の要件として挙げた例を知らず、従って、諏訪の卓見かと思われる。「江戸下層庶民風俗の舞台化」に関しては、伊原敏郎が、「南北が得意とせるは世話狂言にして、巧みに市井の風俗と流行とを穿ち」(注138)と述べて以来、多くの論者に取り上げられてきた生世話の条件であって、諏訪もまた、それを再確認しているのだが、これには、一つの限定ないし但し書が必要なのではあるまいか。それは、「市井の風俗」、「江戸下層庶民風俗」が、性と死の劇的因子を内在させているか否かにかかわる問題である。その限定が与えられなければ、『東海道四谷怪談』と『絵本いろは仮名四谷怪談』との、劇としての性格の差異は雲散し、意識的に選び取られた風俗と、風景として利用された風俗との、劇的な意味の相違は霧消してしまう。

南北は、漠然と「市井の風俗」を描いたわけではない。彼は、特定の地域とそこに生きる人間とに、劇を生み出す潜在的な可能性を見出し、それを舞台化したのである。深川は、南北にとって、そのような劇的因子を孕む町であったのだ。

(注1)『新群書類従　第三』、一六二頁。
(注2)『戯作者小伝』―『燕石十種　第二巻』(中央公論社版)、四二頁。
(注3)『鶴屋南北全集　第十二巻』、五三三頁。
(注4・5)『戯作者小伝』―前掲書、四三頁。
(注6)『伝奇作書　初編』―『新群書類従　第一』、三三三頁。
(注7)『新群書類従　第三』、一六二頁。
(注8)『新編武蔵風土記稿　一』、七五七頁。
(注9)同上、七五八頁。
(注10)『東海道四谷怪談』(岩波文庫本)、一九六頁。
(注11)同上、二一五頁。
(注12)『役者舞遊問答　江戸』、九ウ。

号』、八九頁。
(注14)『作者店おろし』―前掲書、一七〇頁。
(注15)『雨の釣』―『日本現代文学全集　6』(講談社)、四四三頁。
(注16)石川悌二著『東京の橋』、二八一頁。
(注17)『新編武蔵風土記稿　一』、七四五～六頁。
(注18)河竹繁俊著『歌舞伎名作集　上』―『評釈江戸文学叢書』、二二三頁。
(注19)同上、二二一～二頁。
(注20)『新編武蔵風土記稿　一』、七三二頁。
(注21)高梨輝憲著『江東区の歴史』(『東京ふる里文庫　9』)、三〇頁。

(注22)『大日本地名辞書　坂東』、二九八〇頁。
(注23)『岡場遊廓考』―『未完随筆百種　第一巻』(中央公論社版)、二九頁。
(注24)『増訂武江年表　1』(東洋文庫本)、八一頁。
(注25)『寛天見聞記』―『燕石十種　第五巻』(中央公論社版)、三二九頁。
(注26)山口昌夫著『祝祭都市』、二四九頁。
(注27)高梨輝憲著、前掲書、一四頁。
(注28)『新編武蔵風土記稿　一』、七二七頁。
(注29)松川碧泉「江戸の七不思議」―『江戸往来第二巻第四号』、一〇～一四頁による。
(注30)『増訂武江年表　2』(東洋文庫本)、三七頁。
(注31)『増訂武江年表　1』、八一頁。

(注32) 同上、一四四頁。
(注33)『増訂武江年表 2』、六頁。
(注34) 同上、二〇一頁。
(注35)『増訂武江年表 1』、一五五頁。
(注36)『岡場遊廓考』—前掲書、三三二頁。
(注37)『東海道四谷怪談』一六三頁。
(注38) 同上、一五一頁。
(注39) 同上、一四七頁。
(注40) 同上、一五一頁。
(注41) 同上、一五一頁。
(注42) 同上、一五一～二頁。
(注43・44) 同上、一三四頁。
(注45) 同上、一三四～五頁。
(注46) 同上、一一一頁。
(注47・48・49) 同上、八九頁。
(注50)『絵本いろは仮名四谷怪談　巻之五』、二オ。
(注51)『東海道四谷怪談』、一五二頁。
(注52) 同上、一七五頁。
(注53・54) 同上、一七六頁。
(注55) 同上、一七七頁。
(注56) 郡司正勝校注『東海道四谷怪談』(『新潮日本古典集成』本)、四二六頁。
(注57) 中山幹雄著『南北序説』、七六頁。
(注58)『岡場遊廓考』—前掲書、三三二頁。但し、「武野俗談ニ云」として引用されてはいるが、この記事は、『燕石十種』所収の『当世武野俗談』には見えない。
(注59)『東海道四谷怪談』、一九六頁。
(注60) 同上、一九八頁。
(注61) 同上、一六一～二頁。
(注62) 同上、二三一頁。
(注63) 同上、二六八頁。『絵本いろは仮名四谷怪談』(後編巻之五　十三オ)では、この場面が、此時ドロ〱、うち上ると下手の上よりあつらへの雲のうへに南無阿弥陀の箔紙のほりぬきの文字出るとみな〱これを見て手をあはしおがみ与「アレ〱亡成仏得脱」とあって、お岩が完全に成仏し得たことを明示している。
(注64) 廣末保著『四谷怪談』、六一頁。
(注65)『東海道四谷怪談』、四三頁。
(注66) 同上、一一八頁。
(注67) 同上、八二～四頁。
(注68) 廣末保著、前掲書、七二頁。
(注69) 七行百丁本、六三ウ。
(注70)『類聚近世風俗志　下巻』、一五四頁。
(注71)『岡場遊廓考』—前掲書、二四頁。
(注72)『寛天見聞記』—前掲書、三二九頁。
(注73・74)『岡場遊廓考』—前掲書、二三三頁。
(注75) 同上、二五頁。
(注76)『傾城禁短気』—『浮世草子集』(『日本古典文学大系　91』)、二五一～二頁。
(注77) 同上、二五頁。
(注78)『世事見聞録』(青蛙房版)、二四五～六頁。
(注79)『続飛鳥川』—『日本随筆大成　第二期・巻五』、四三四頁。
(注80)『東海道四谷怪談』、九七頁。
(注81)『世事見聞録』、二四八頁。
(注82)『東海道四谷怪談』、一〇三頁。
(注83) 同上、一一八頁。
(注84) 同上、一六五頁。
(注85) 同上、四〇～一頁。
(注86)「一日土堤」—『江戸時代文芸資料　一巻』、三〇五頁。
(注87)『東海道四谷怪談』、六〇頁。
(注88) 同上、五〇頁。
(注89) 同上、六五頁。
(注90) 同上、五三頁。
(注91) 同上、二二四頁。
(注92) 同上、八九頁。
(注93)『月堂見聞集　巻之十三』—『続日本随筆大成　別巻3』一一三頁。
(注94) 同上、一一四頁。
(注95)『江戸真砂六十帖広本　巻之六』—『燕石十種　第四巻』(中央公論社版)、八〇頁。
(注96)『婦見車紫鹿子』—『徳川文芸類聚　第五巻』、九七頁。
(注97)『岡場遊廓考』—前掲書、三九頁。
(注98) 矢田挿雲『江戸から東京へ(六)』(中公文庫本)、三二〇頁。
(注99) 三田村鳶魚「四谷怪談はお化け芝居か」—『歌舞伎　大正十四年七月号』、五九頁。
(注100) 磯部鎮雄著『江戸岡場所図誌　(上)』、一三頁。

(注101) 磯部鎮雄編『江戸府内町名里俗名等切図集覧　その八十四』。

(注102)『大日本地誌大系、御府内備考　五』、一九一～二頁。

(注103) 同上、一九三頁。

(注104)『東海道四谷怪談』、一六三頁。

(注105) 同上、一六六頁。

(注106) 今尾哲也校注『三人吉三廓初買』(『新潮日本古典集成』本)、二三八頁。

(注107)『東海道四谷怪談』、一九一頁。

(注108) 同上、一七八頁。

(注109) 同上、一八二～三頁。

(注110) 同上、一八一～二頁。

(注111) 郡司正勝著、前掲書、二五八頁。

(注112)『東海道四谷怪談』、一八七～九頁。

(注113) 同上、四〇頁。

(注114) 同上、一九九頁。

(注115・116) 同上、二三四頁。

(注117・118) 同上、一九八頁。

(注119) 同上、五一～二頁。

(注120) 同上、六三～四頁。

(注121) 同上、六七頁。

(注122・123) 同上、二三四頁。

(注124・125) 同上、六六頁。

(注126) 同上、一九六頁。

(注127) 同上、一七三頁。

(注128) 同上、一六三頁。

(注129) 同上、一七七頁。

(注130) 同上、二三六頁。

(注131) 同上、一五八頁。

(注132)『絵本いろは仮名四谷怪談　巻之五』七ウ。

(注133)『東海道四谷怪談』、二六九頁。

(注134)『絵本いろは仮名四谷怪談　巻之五』壱オ。

(注135)『東海道四谷怪談』、一四七頁。

(注136) 諏訪春雄著『近世戯曲史序説』、三九四頁。

(注137) 同上、三九六頁。

(注138) 伊原敏郎著『近世日本演劇史』、六七四頁。

怪談阿三の森◎三遊亭圓朝

校注―横山泰子

第一席

お噺《はなし》はチト当今の御時世に向《むき》の遠い怪談でございますが、深川に阿三《おさん》の森と申し、阿三様といふ小な祠《ほこら》のある処、古くは雀の森と申しました。森といつてもほんのちよんぼりとした森で、昔のお旗本のお邸などには此様森は幾千《いくら》もございます……久左衛門新田と海辺新田との間で黒船神社から余り遠く隔《へだ》つて居りません。洲崎遊廓へ通ふ早船の通る川筋からも、こんもりとした此《こ》の森は見えて居ります。全体この川は遠く砂村新田から出て、石小田新田と平井新田の間を流れまして、洲崎弁天のところへ出ると流れに沿ふて平野橋を潜《くゞ》り、入舟町数矢町の川岸を流れて蓬莱橋をくゞりますと、右は富岡門前の川岸、左は平富町、佃町、牡丹町などで、石島橋を越えると深川に有名な蛤町になつて松島橋の処から左へ越中島橋下をぬける、さうすると片側が大島町、片側が越中島で、そこを通つて、調練橋をくゞり熊井町の川岸伝ひに大河《おほかは》へ流れ出す小川でございますが、石島橋へまゐるまでに、今は古石場町と申す処の向ふに見える森がこの阿三の森で、只今《たゞいま》申し上げるお噺の土台となる土地でございます。ヅヽとの昔は此辺《このへん》はみな海で遠浅のところ、段々と打寄せる波が塵芥《ごみ》や砂を持て来て海が埋《うづま》り、追々に家も建ましたが、津波で家《うち》も攫《さら》はれたといふお噺もある場所でげす……。

さて是《こ》れより阿三の森に就《つい》て一条《ひとくだり》のお噺を申し上げまするが、享保の頃深川蛤町の漁師善兵衛の娘にお古乃《この》といふのがございまして、本所のお旗本松岡様と仰やる、お高《たか》は二千石を頂戴なすつて有福なお邸へご奉公に上がる、このお古乃さんは漁師の娘のやうでない、誠に優美《しとやか》で縹緻《きりやう》も好うございます、年頃も丁度十七八、番茶も出端なと申し沸《たぎ》つたお湯に入れるとサツと出たところは美味《おいし》い味のあるものでげすて……松岡様のお手がつき、酸物好《すゑものごの》みをするやうになつて、お邸にも置いておかれないと云ふので、お手厚いお手当を下され、親元へ下《さが》つて身二《みふた》つになり、産み落しましたがお三《さん》さんでございます。奥様の手前もあつて表向殿様とのお手は切れたことに成つて居りますが、斯《か》うしてお胤《たね》まで宿して見るとお古乃さんも思ひ切れません。殿様もまたお心残りのするは人情でございませう。時折お忍びでお出遊《いであそば》すこともある処から、裏の空地に二階家を建てまして殿様のお出でのときは此の新築の座敷で睦じくお話なされ、生れたお三も段々可愛らしくなるにつけ、お古乃さんも善兵衛夫婦も只だ大切に育て、立てば這へ這へば歩めと下へも置かないで、蝶よ花よと侍《かしづ》いて居りましたが、此儘《このまゝ》で参れば何事もございませんでげすが盈《みつ》れば欠くる浮世の慣ひでございますか、お古乃さんは不図《ふと》風邪の心地が原因《もと》で、十九の春弥生の花と共に散り失《う》せて了《しま》ひ、お三は善兵衛夫婦の手で育てねばならない事になる、続いて殿様もお逝去《かくれ》になつて、お手当も戴けないやうな始末に成りまする。善兵衛も娘に死なれてからは板子《いたご》一枚下は地獄の稼業も厭《いや》になり、漁師を廃《や》めて孫のお三が成人するを楽《たのし》みに暮しましたが、手を束ねて居喰《ゐぐひ》をしては続く訳のものでありませんから、亀戸天神《かめゐどてんじん》の近所へ越して小清潔《こざつぱり》した団子屋を始めまするると、是《こ》れが幸ひに流行《はやつ》て誰れ云ふとなく梅見団子で名代となりました。

月日の経過《たつ》のは早いもので、亀戸へ引越《ひきこし》たは昨日今日のやうに思つて居りましたが、何時か六七年もすぎて、お三は人目に注く年頃の十七となりました。母親の縹緻《きりやう》を承けて美女《いゝをんな》で愛嬌《あいけう》が溢《こぼ》れるほどありますから、梅見団子の小町娘だ金函娘だと評判をいたし、近所の壮者《わかいもの》は喰べたくもないお団子を喰《く》ひに来て朝店を明けるから夜る閉めるまで、二人《ふたり》三人《にん》のお客が絶えたことはなく、就中《とりわけ》梅の咲く時分より藤の散る頃までは、腰を掛けてお茶を喫《の》む処もない大繁昌でございます。斯《か》うなると爺さん婆さんの手では店が手張《てばつ》て間に合《あひ》ませんから、奉公人を置いて爺さん婆さんは自分で手を下《おろ》さなくても宜《よ》くなり、お三も給仕なんかはせず多く帳場に坐つて居りましたが、若い衆《しゆ》が二人連で朝ツぱらから遣《や》つて来て、

若「阿爺《おとつ》さん、今日は……」

爺「お早うございます、今日はお休みでげすかえ……朝焼のしてる塩梅ぢやア、昨夜《ゆんべ》は吉原《なか》でげせうね。」

若「違《ちげ》えねえ、阿爺さんも隅に置けねえ苦労人だからなア……」

爺「お手の筋でげせう……だが余《あん》まり凝《こ》ちやアお為になりますめえよ、親方を失敗《しくじつ》たら長い年期を棒に振り虻蜂取らずになつて了《しま》ひませうぜ、まア程々にお遣《や》んなせえませ……」

若「なアにね休むつもりもなかつたんだが、寝坊を仕過ぎた上《う》へに、一寸《ちよつと》一本仰《あふ》つたんで、帰る時が半間に成りあがつたもんだから、何《ど》うで仕事は半チク序《つひで》だ、叱言《いは》を言れるにしても顔の余焰《ほてり》だけでも冷《さま》して帰《けえ》らうと思つて……」

爺「さうですかい……まア辛抱なさいよ。」

と言つてゐる処へ、善兵衛の心易いお医者で松山玄哲といふのが、お出入屋敷の若旦那とでも云ひさうな立派な方のお供をして、梅見《うめみ》に来たといふ風で梅見団子の店先を覗き込みまして、

玄「善兵衛さん、何時も御繁昌で……」

と声をかけまする、善兵衛もフイと見ると玄哲といつて、一体は古方家ではありますが、実はお幇間《たいこ》医者《いしや》のお饒舌《しやべり》で、諸人助けの為めに匙を手に取つたことのない人物……大概なお医者なら如何《いか》な藪井竹庵《やぶいちくあん》でも紙入の中にお丸薬か散薬ぐらゐは、お医者といふ肩書に面じて入つて居りますが、此の玄哲の紙入には手品の種や百眼《ひやくまなこ》などが入れてあらうといふ、お幇間《たいこ》を看板にかけて居ります厄介なお医者様でございますから、

善「玄哲さんぢやアありませんか、梅見と洒落こみかい……先《ま》ア一服遣つてお出でなさい、久し振りぢやア……お茶代を取らうとは云《いは》ないから寄つて往きなさい。」

玄「お茶代なしとは有難い……御膳一服遣つて参りませう、此家《こゝ》の老爺《おやぢ》は愚老が昵懇の者で御遠慮はございませんよ……それにな時々噂をいたして居ります梅見団子の小町娘は此家でげす、お三と申して今年十七歳になる余程の別嬪《べつぴん》、串戯口《じやうだんぐち》の一ツも利き見るだけでも結構なもの、梅もよろしいが動きもしない口もきゝません、小町娘は口もきゝます動きもします、まア見るは放楽だお入りなさい……」

と自ら案内して奥の離れ座敷の椽《えん》に腰をかけまするると、善兵衛の女房と云ふと若さうに聞《きこ》えますが、

最《も》う白髪の婆さんでございます、お茶を二個《ふたつ》お盆に乗せ持て来て、
婆「まア玄哲さん久しくお見えなさいませんから、何《ど》うなすつたかと思つて毎度お噂を申して居りました……今日は何方《どちら》へ……」
玄「その後は存外御不沙汰いたしました、相変《あひかは》らずの御繁昌で結構でげすな、今日は臥龍梅《ぐわりうばい》へ梅見に出懸《でかけ》ましたが、梅見れば方図がないといふ譬《たとへ》の通り、まだ慊《あきた》らず梅見団子の小町娘を見やうといふのでな、はゝゝゝゝゝ。」
婆「玄哲さん、相変らず剽軽なことを云つてなさる、お前さんなんぞは生《うま》れ代《かは》つて来なければ……」
玄「イヤ御挨拶で痛み入りましたな……時に阿母《おつか》ア是れは愚老の御出入屋敷の阿部様の殿様だから、能く御挨拶を申しあげなさいよ。」
と言つて、婆さんに耳打《みゝうち》いたしました。婆さんも連《つれ》の若様を見上ると美男子《いゝをとこ》だ、年齢《としごろ》は二十一二でもあらうかと思はれまして、お忍びのことだから黒羽二重御紋附の着流しに、献上博多のお御帯には、研《みが》きの鮫鞘《さめざや》を落しざしになされ、雪駄ばきといふ当時意気なお旗本衆のお服装《なり》で、いかにも立派でございますから婆さん早桶へ両足を突込《つきこ》む好年《いゝとし》をしながらポツとして了《しま》ひました。
善「婆さんや、何をしてるのだよ、煮くたらしの番茶なんかを出して……そつちの玉露を入れてお出しなさい、殺ツ茶ぢやアいかんよ、団子なんか召食《めしあが》りもしめへ、彼《あ》の昨日貰つた羊羹を切つてな、いゝかね、余《あん》り薄く切つては吝《けち》くさツて外見《みつとも》ないから、程合にお切んなさいよ、いゝかね、未だ懵然《ぼんやり》して

るのか、好年《いゝとし》をしあがつて……お客様に失礼ぢやないか。」
と善兵衛は頻りに世話をやいて居ります。帳場格子の内に居ましたお三さん、爺婆《ぢゞいばゞあ》はまだ子供のやうに思つて居りますが、椽《えん》の下の小豆でも時節が来ると花が咲くもので、最《も》う臀《いしき》を撫でまはし後を振返つて見たがる年頃、美男子を見る目附は口ほどに物をも云ふ始末でございますから、離亭《はなれ》へ行《ゆ》くときチラと見た玄哲の同伴《つれ》の男、何だか極りが悪く態《わざ》と横向て了《しま》ひましたけれど、気になつて堪りませんから、窃《そつ》と横手の障子を開けて隙間から覗いて見ますと、玄哲の傍《そば》に坐つてゐるのは人品といひ縹緻といひ、女にしても見ま欲しき優男でございます、之《これ》を見ると恋風ゾツと身に沁み、何《ど》うした風の吹廻しで、彼様《あんな》綺麗な殿御が此処《こゝ》へ来られたかと思ふと、急にクワツと逆上《のぼせ》て耳朶《みゝたぼ》が火の如くクワツクワツとして真紅《まつか》になる、何となく間が悪くなりましたから礑《はた》と障子を閉切り、帳場の方へ向きましたけれど、障子を閉切つては、横目を使つても男の姿を見ることが出来ません、また窃《そつ》と障子を開て庭の梅の花を見る振をしながら、チヨイ〳〵と玄哲の同伴を見て彼方《あちら》で此方《こちら》を向《むく》と恥《はづか》しくなつて障子を閉める、障子を閉ては顔を見られないからまた開ける、開けるかと思へば閉め、閉めるかと思へば開け、出たり引込《ひつこん》だり、引込だり出たりモヂ〳〵して居るのを、玄哲が目早く認めまして、
玄「若旦那、先刻《さつき》から彼女《えてもの》がしげ〳〵と視て居りますよ、梅の花を見る振をしてゐても眼球《めだま》は全然《まるで》此方《こちら》を視て居ります、今日は御前にすつかり蹴られましたね。」
と言ひながらお三さんの方《かた》を眺め
玄「あれ又引込んだ、ソレまた出た、引込んだ、出た……」

と玄哲は一人で喋いでゐます処へ、婆さんがお三さんを呼んで何だか吩咐《いひつ》けて居る様子でございますから、玄哲は態《わざ》と仰々しく衣紋を繕ひながら。

玄「占た、お娘が只今お茶を持て参りまする……御前にばかりチヤホヤすれば持てまゐる羊羹はその間に愚老がせしめまするぞ、色気より喰気で割を合はせなければ……」

と諧謔《おどけ》を云つて居りまする。お三は急に頭へ手をあげて鬢《びん》の乱れを掻《かき》あげるやら、衣紋を直すやらして漸うのことで、お盆に急須と茶碗を載せて持て来ますと、その後から婆さんが羊羹を南京焼の菓子皿に象牙の箸をつけて持ち出しまする、二人の前に来ますとお三さんは只だ恥しいが一杯でございますから、

三「玄哲さん入らツしやいませ……貴郎《あなた》よく……」

と跡は口のうちでグヅ〳〵に云《いつ》て婆さんの後背《うしろ》にばかり附着《くつゝい》て居ますを、玄哲一人でお饒舌《しやべり》をいたして一座を照《てら》さないやうに斡旋《とりもつ》てゐましたが、お三は恥かしいのか嬉しいのか御前の顔を横目でヂロ〳〵視ない振して視てゐる、気があれば目も口ほどに物を云ふと申します譬《たと》へ通りで、御前〳〵と云はるゝ阿部新十郎様もお三の艶《あでや》かな容姿《すがた》に見《み》惚《と》れ、魂も天外に飛ぶばかりでございました。新十郎様は、

新「玄哲さん、便所《はゞかり》は何方《どちら》でせうか……」

玄「オツと合点……愚老が御案内申さう。」

婆「何ですね、玄哲さん、お三に御案内させますよ……お前さんはお起ちなさらずとも好《よ》うございますわ……お三や御前様を御案内申しあげなさい……手拭がお気味が悪からうから、用簞笥の二番目

にあるのを出してお出《い》でなさい。」

と婆さん中々に気前を見せる接待振《もてなしぶり》で、

婆「貴郎様《あなたさま》、何うか……汚《むさ》くツてお気味が悪うございませうが……」

と申します尾《お》について、お三さんも一生懸命な声を出しまして、

三「何《ど》うか此方へ……」

と先に立ちて案内いたしまするが、只だ夢中で足が椽側《えんがは》につかず空《くう》を歩いているやうな気がして、胸はドキ〳〵動悸が甚だしくいたしまする。新十郎は便所から出てまゐりますと、お三はたゞ〳〵恥しいが一杯で。お冷《ひや》水を灌《か》けませうとも何とも云はず、懵然《ぼんやり》柄杓を持つて立つて居りますを、見て取つた新十郎様は

新「これは憚《はゞか》りさまで……」

と両手を差出しましたが、お三は恥しいが一杯でげすから、目も晦《くら》んで見当違ひのところへお冷水を灌けますので、新十郎の手は彼方此方《かなたこなた》と追駈けまはつて漸うのことで手を洗ひまするると、今度は新しい手拭を差出してモヂ〳〵して居りまする、初々しい素振を差向ひで見ますと身体もブル〳〵ツと顫《ふる》へるやうで、ア丶美しい、い丶縹緻《きりやう》だと思ひ詰めながら、ソツと手を下して手拭を取らうといたしましても、未《ま》だモヂ〳〵遣《や》つて居て放しません、全《まる》で手拭の引張りこをして居るやうなものでげすが、此処《こゝ》に口でも言《いは》れなければ筆でも書くことの出来ない、何とも言ひやうのない電気《エレキ》が通《かよ》ひましたから、新十郎は恐々《こわぐ》ながら手拭の上から手をギツと握りましたが、この手を握るは誠《まこと》に愛情の深いものでご

ざいます。お三は握られた手をギツと握り返して真紅《まつか》になつて下向《したむい》た儘《まゝ》、決して放さうとはいたしません。此様《こんな》ことで大分手間取つて居りまするを、此方《こちら》に待つてゐる玄哲は、

玄「御前は便所に何処まで往かれたんだらう……若旦那やーい、迷子〳〵の若旦那やーい……」

と云つて一人で騒いで居りまする。新十郎は低声《こごゑ》で、

新「お放しなさい、若《も》し人に見られてはお互に為めになりません……」

と云つて握つた手を放さうとしてもお三は猶《な》ほ放さないで、覗くやうに見あげる眼は羞明《まぶし》さうで、嫣然《につこり》しまして、

三「また入らツして下さいませ……」

と申しまするを頷いて、再び三度キウーと握り合て惜《をし》き手を放しあひ匆々《そこく》に元の席《せき》に復《かへ》りました。

玄哲はます〳〵口を尖《とんが》らかせ、

玄「これは何《ど》うも……長い〳〵、最早未の刻に間もあるまいに、御出仕の遅《おそな》はるは……ハ、、、、飛んだ三段目のお茶番……いざ、いざ、いざ御帰館と仕つらう。」

と急き立てられまして新十郎は跡に気が残りますが、是非なく去らばとお立ちになるを、お三も残り惜気に見送りました。

さて此の御前と申しますは、食禄二千石を頂戴遊す天下の御直参でゐらせられる松岡半之進様の御三男で、遠縁の阿部家へ御養子にお出でなされ、阿部新十郎と仰やる方で、お年は今年二十二、お旗本切つて美男でゐらツしやるから御縁談も煩いやうにございますが、何ういふものかお気に召さない

ので、まだ御独身でゐらつしやる。お三の阿父様《おとつさま》は松岡様でゐらつしやるから、新十郎様は異腹《はらちがひ》のお兄様《あにいさま》にお当り遊《あそば》す訳《わけ》で……双方ともそんな事は些《ちつ》とも御存知なく、茲《こゝ》に怪しい因縁が初めてお顔の合《あつ》た御兄妹同士の間に纏《まつは》りつくのも、何か深い因果の回《めぐ》り来たのでございませう。是れが怪談の発端となつていよ〳〵阿三の森の由来と相成るのでございます。

第二席

松岡様のお屋敷は御総領清之丞様のお代《よ》となつて歴然《れつき》と遣《や》つておいで遊ばしますが、御次男は夭死《わかじに》なされ、お三男の新十郎様は御遠縁の阿部家の名跡をお継ぎなされましたけれど、奥様がおありなさるでもなく、御養父も御養母も素《もと》よりない、お屋敷の事は味噌擦用人《みそすりようにん》の服部金右衛門が取仕切て忠実《まめ》に遣つてくれますから、お気楽なものでございます。夫《そ》れに此の節はぶら〳〵御病気で鬱《ふさ》ぎ勝ちで居らツしやる処へ、お幇間医者《たいこいしや》の玄哲が参りまして梅見に誘ひ出され団子屋へ立寄つて小町娘のお三さんと手を握り合た後は、明けても暮れても忘れられませんから、玄哲が来れば好《よい》がと、玄哲の来るのを待つてお在《いで》なされまする。何もお幇間医者をお待ちなさる訳ではございませんが、彼《あ》れが来たらまた梅見団子へ入つてお三の顔を見やうとの思召しでございませう。処が玄哲老生憎一月ばかりも遣つて参りませんから、新十郎様はクヨ〳〵遊《あそば》して一層お鬱ぎの御容体で、この頃は最う夜具を引被《ひつかぶ》つた儘《まゝ》でうつら〳〵として、夢幻に恋しい女の姿を御覧になるを切《せめ》てものお楽《たのし》みとしてお在なさいました。

此様果敢《こんなはか》ない思ひをせずとも御自身でお出遊《いであそば》せば雑作もないことで、毎日でも顔を見せたり見られたりする位の事は自由でございませうに、世間知らずの内気な新十郎様であるから、幾千惚《いくらほれ》て居る女の処だからツて、強面敷《あつかましく》ノコ〳〵とお出懸《でかけ》に成ることは出来ません、毎日〳〵玄哲が来れば好いがと夫《そ》ればかり待て居らツしやる。

新「金右衛……」

金「はア。」

新「玄哲老が参つたら直ぐ予の部屋へ通せよ、今日等《ら》は来さうな日和ではなからうかのう。」

金「左様にございまする……玄哲老の参りさうな日和とも思はれませぬ……御用がござりますればお使《つかひ》を差出しませうや。」

新「おゝ、さうだな、参るやうにと申し遣はせい。」

金「畏まりましてございまする。」

と用人の金右衛門は早速使者を立てましたから、玄哲老〔は〕いそ〳〵遣つて参り

玄「御用人様、只今はお使ひで恐れ入りました……ハイ〳〵、御前様が……左様でございますか、夫れではお居間へ伺ひませう。」

と勝手知つたお屋敷内でげすから、無遠慮者の玄哲ズン〳〵お奥へまゐりまして、

玄「御前様……御前様、玄哲御機嫌を伺ひまする……又お鬱《ふさ》ぎでげすか、何うも困りましたね、チト浮々遊ばせな、気から病が出るわいな……はゝゝゝ。」

と来ると直ぐ諧謔《おどけ》を言つてゐる、新十郎様はお待ちかねの処でございますから、

新「おゝ、玄哲老か、能《よ》く来てくれた。」

玄「いや彼《あ》れ以来、存外の御不沙汰で恐れ入りました、はア御気分がお悪い、それは困りますな、全体御前は鬱気《うつき》で居らツしやるから、気から御病気を引き起して年中クヨ〳〵してお在遊《いであそば》すので……些《ち》と婦人にでも御関係あそばしてご覧なさいませ、又お気が冴え〳〵して面白いものでごわす、愚老などは斯《か》く頭を禿《はげ》らかしても、婦人対手ならまだ〳〵壮《わか》い者に負《まけ》ない積《つも》りで……なんでございますと、助平でづう〳〵しいからだと仰やいますか、是《こ》れは恐れ入りましたな、鳴く猫より鳴かぬ猫が鼠を取ると申す譬《たと》へもございますから、御前などは油断がなりませんよ、油断がならぬと云《いへ》ば、此間梅見のお供をいたした時に、梅見団子の小町娘をコロリとお手懐《てなづけ》なさるお手際は遠く愚老などの及ばない処でげすよ、芸妓衆とか花魁なら先方《さき》に血道を揚げさせたツてそりやね、売り物買ひ物でげすから構ふことはごわせんが、素人《しらうと》の小娘を玩弄《おもちや》になさる罪造りでげせう、はゝゝゝゝ。」

新「これ玄哲、そんな事は云ないでくれよ……それはさうと最《も》うそろ〳〵亀戸の藤が咲いたらうぜ、迷惑でも同行をして貰ひたいものだが……。」

玄「藤の花ですか……まだ〳〵でげすよ、今やつと桜の一重が咲いたばかり八重は蕾も固ふございまするぜ。」

新「最う咲きさうなものだ、往つて見やうではないか……。」

と頻《しきり》に亀戸行きを言ひ張られましたので、玄哲老もハヽア、藤は何《ど》うでも好《よい》のだな、お三さんの顔

が見たいのだ、巧く煽てゝ置けば寝酒の一杯ぐらゐは楽々飲《のま》れると、腹の中で懐中勘定《ふところかんぢやう》をいたします るは中々横着なお医者様でございますが、其処《そこ》は取巻きに馴れて居ります、お幇間医者の玄哲でげす。夫れではお供いたさふと云ふことになる、今まで寝てゐました新十郎様は勃然《むつく》とお起き出しになつて支度をいたし、本所割下水のお屋敷をお出懸になり、あれから法恩寺橋通りを真直ぐに太平町を通り、天神橋を渡りますと最う其処が亀戸の天満宮様でございます。その橋詰にあるのが梅見団子の店でげすから、玄哲は暖簾を押し分けまして、

玄「善兵衛さん居なさるか……」

と声をかけますと、丁度店頭へ出て居りました婆さんが、玄哲が阿部の殿様をお連れ申して来たのを見ますと、急に表へ飛び出してまゐり、

婆「これはようこそお出下されました、さア何うかお通りなさいませ……お三や、お三や、殿様がお出《い》で遊《あそば》した、奥の座敷を一寸《ちよい》と掃出しなさいよ……玄哲さんよくまアお連申して下さいました、彼《あ》れからね、彼れも毎日〳〵殿様のお噂ばかりいたして、何《ど》うして入らして下さらんのだと、妾《わたし》を責めてダヾを捏《こね》て困り切つて居りますよ、ホヽヽ……爺さんでございますか、ハイ、今日はお三の母の寺詣りにまゐりました、夕方には戻りませうから、何うか寛《ゆる》りとお遊びなされて下さいませ……」

と歯痕《はぐき》を出してお世辞たら〳〵でございまする。流石《さすが》の玄哲老も婆さんに喋舌《しやべり》つけられまして、この処チヨイとお株を取られたやうでございましたが、

玄「御前、首尾は上乗吉お誂へ向《む》きでごわすぜ……余程このお供は割の悪い役廻りで、昨夜《ゆふべ》の夢見

が何だか悪かつたと思つてました、御前、え、御前様え愚老へのお手当はヅンとふんだんに願ひまする……」

と煽てながら奥の離れに通りまするると、お三は恋焦《こひこが》れてゐます殿様が俄かにお出《いで》になつたのでげすから、恥《はづか》しいやら嬉《うれし》いうやらが混交《ごつちや》になつて、一寸《ちよつ》と会釈をしたまゝで勝手の方へ参ると、さア是《こ》れからが大変で頭髪《かんく》を直すやら、着物を着替るやら大騒ぎでございます。其のうち婆さんがお茶を持て来る、続いてお菓子が出るといふ段取で、お三さんも挨拶に参つて婆さんの後背《うしろ》にばかりゐて、ヂロ〳〵と新十郎と顔を見合せ、耳の根元まで真紅《まつか》にして、眼もうつとりとして居りまする。玄哲は婆さんを片蔭に呼んで、酒肴の注文をいたしますると婆さん大呑込みでお取持をいたさうと奔走して居る。やがて酒肴《さけさかな》が並ぶと玄哲老まづお毒味と云つて、グイと一杯をあけましたが。

玄「おい、お三さんや、お前から御前へお盃をお上げなさいよ……それ、御前から下さるのだ、戴かれるも戴かれぬもあつたものかね、さアお盃を持て……ハヽア何だかこれでは御婚礼の三々九度のやうでございまする。」

と徐々《そろ〳〵》お饒舌《しやべり》を始めました。新十郎はあまり嗜《たしな》まぬ酒でございますから、直ぐ真赤になつて、酔眼《すゐがん》朦朧《まうらう》として困《くる》しさうなのを、婆さんは早くも見て取りまして、

婆「玄哲さん、殿様はあまり召飲《めしあが》らないやうで……お困しさうにお見受申されまするが、チト横におなり遊《あそば》しては如何でせうねえ。」

と申しまするると、玄哲老は舌なめづりをいたしながら、

玄「それ結構、愚老はこゝで鱈腹《たらふく》頂戴いたしまする……何うか御遠慮なう御休息あそばしませ、婆さん、好《よい》かな、ナニお二階が閑静《しづか》でよろしからう……結構〳〵。」
と手酌でグイ〳〵と仰つて居りまする。
婆「お三や、殿様をお二階へ御案内申しあげなよ、此処では騒々しくツて到底《とて》もお寝《よ》られまいからね……お前がよく気を注けて御介抱申しあげなよ。」
と粋《すゐ》をきかした扱方《さばきかた》でございますから、お三は新十郎を案内してお二階へあがつて了《しま》ひまする。玄哲は猶《な》ほ夕日が座敷の奥の方まで赤々とさしまする時分まで飲み、最うへゞレケに成つて居りますから溜りません。
玄「御前、御前、最う徐々《そろ〳〵》帰りませう、玄哲十分に頂戴仕《つかまつ》りました、この上戴くときはお供が六《む》ケ敷《し》うごわります、ハヽヽヽ。」
と高調子に新十郎も最う日の入り近くなつたに吃驚《びつくり》いたし、二階を下りやうとしますのをお三は引き留めまして、
三「この品は母様《はゝさま》のお遺物《かたみ》として肌身離さず持て居りますものでございますが何うか妾《わたし》の紀念《かたみ》と思召してお邪魔でございませうけどれど、お預り下さいませ……」
と香合の蓋を差出し身は大切に守袋《まもりぶくろ》へ収めましたから、新十郎は手に取つて見ますと、源氏五十四帖のうち花散里《はなちるさと》の蒔絵のある立派なものでございます。
新「これを我等に……それでは確かに預かつた、私も其方に変らぬ印と之《こ》れを進じませう。」

と脇指について居た、割笄《わりかうがひ》を割き一本与へまして、此の日は別れを告げ、玄哲に伴はれ残り惜くも鴛鴦《をし》の翅《つばさ》をさかれる心地で帰りました。

濡れぬ前《さき》こそ露をも厭へとか申しまする通りで、新十郎は嬉しい逢瀬を遂げた後は、気も大胆になるものでございます。逢度見《あひたいみ》たいといふ一心から、色にはなまじ連《つれ》は邪魔といふやうなことになりまして、只《た》だ一人で梅見団子へ遣《や》つてまゐり、半日ぐらゐを遊んで往くことが度重なり、新十郎とお三は全然《まるで》夢のごとく嬉しい月日を送つて居りました。

お噺が変つて松岡様の御隠居様は七十余のお年にお成り遊しても、誠に御健全《ごぢやうぶ》で居らつしやいましたが、何といつてもお年齢《とし》がお年齢でゐらつしやるから中の虚《うつろ》になつた朽木と同じことで、大風が吹けば倒れかねないお身体でげす。処がお庭の花のちら〳〵散り出すころからお床にお就きなされた、素より御老病のことで……御当主清之丞様は申すに及びません、新十郎様にとつても阿母様でございます、お三のことも気になりますけれど、阿母様の御病気を余所に亀戸通ひも成され悪《にく》いので、昼夜殆《ほとん》ど御実家松岡様へ入り浸つての御看病を遊ばしてゐらつしやいました。お手当は十分で痒いところへ手の届くほどに遊して、名あるお医者様がお薬餌《くすり》も差上げられまするが、日に〳〵お疲れが増しお命も最《も》う旦夕に迫つて、今にも知れない御容体となりましたから、清之丞様新十郎様を始め御親類の方々も御心配なすつて居らつしやる。ご隠居様もお覚悟を遊したと見えて、お二人をお枕元近くお呼びなされ、重い枕を少しおあげ遊し、

隠「清之丞も新十郎もこの母が最期《いまは》に臨んで言ひ遺すことがありますから、能《よ》く聴いて下さいよ。」

と仰やいました。お二方もお心の中では迚《とて》も御本復は覚束ないとお諦めに成つて居らつしやるが、病人の阿母様《おつかあさま》に向《むか》つて其様《そんな》ことは申されませんから、

清「母上、左様にお気の弱いことを仰せられず、お心確かに御養生遊されませい。」

隠「いゝや、左様《さう》ではありません、今度は最う現世《このよ》のお暇乞で、阿父様がお側へ来いと云つて今日にもお迎ひに来て下さる程に、幾千《いくら》嘆いても詮ないことでありますぞ……夫れにつけ妾《わたし》が死んで了《しま》へば外に知るものゝのない事だから息のあるうちにお前方に知らせて置きたいのは、二人の外に一人の妹があつて、立派に阿父様の血筋でありますお前方には今一人の兄妹があるのです。斯《か》うばかりでは訳が解るまいがの、お前方は小供であつたから能《よ》くは覚えてゐないかも知れないが、深川蛤町の漁師の娘でお古乃《この》といふお小間使が邸へ来てゐたことは、薄々でも心に覚えがあらう……その娘はそれは気立の好《い》い柔順《すなほ》なものであつたから、大層阿父様の御意に召してお可愛がり遊したが間違ひの種でのう、お古乃は阿父様の胤《たね》を宿しましたが、妾もね、出来たことなら仕方がない寧《いつ》そお側妾《そばめ》にとお勧め申して見たが、夫れでは余り家事不取締になつて、親類縁者にも面目ないと阿父様の堅い思召しで、相応の御手当で宿へお下げあそばしましたが、其の後風《のちかぜ》の消息《たより》で聞けば無事に女の児を産みおとしてお三と名をつけ、阿父様も時折はお出でになるなどと告口《つげぐち》をして呉《く》れたものもありましたが、妾が彼《か》れ是《こ》れ申し上げては悋気嫉妬のやうに当《あた》ると差し控へ、其のまゝに過すうち阿父様はお逝去《かくれ》あそばし、お古乃の家も亀戸あたりへ引越したとの噂……妾はお古乃を露聊《つゆいさゝ》か憎いなどゝは思ひもしません、阿父様のお胤に違ひのないお三とやらいふ子供、仮令《たとへ》お前方と兄妹の名乗をさせるは、世間を憚《はゞか》

らねばならないにしても、切《せめ》て邸へ引き取つて手許で成人させ、身の落付を定めてやつたなら、阿当様も草葉《くさば》の蔭《かげ》で嘸《さ》ぞお喜び遊さうと、心には掛つて居ましたけれど、好機会《よきをり》もなくまた其様《そんな》ことを打明けて頼む人もないのでのう、ツヒ今日が日まで延々になりました、腹は違ひますがお前方に取つては一人の妹だから、妾のない後は何うか探し出して相応な処へ身を固めさせ妾の志《こゝろ》ざしを継いで下さい、是《こ》ればかりが死んでゆく此の身の心残り……」

と染々との昔語を聞いて居らツしやるお二方も思ひも寄らぬお話に、兄の清之丞様もお驚きなされました、総身にブル〳〵と顫ひが来て、お顔の色も変るまでに吃驚《びつくり》なされたは新十郎様でございます。母上のお話の様子から考へると梅見団子のお三は何うやら、そのお古乃といふ者の腹に宿つた、阿父様のお胤らしく思はれますから、腋の下より冷汗のだら〳〵流れるを我慢して差俯伏《さしうつむい》ておいでなされまする。清之丞様は弟の新十郎様にそんな関係《わけ》のあらうとは露御承知ないことでげすから、一層お枕元へ近く摺寄り、

清「初めて承はる、父上の落胤《おとしだね》お三とやら申す者の儀は、委細承知いたしてござりまする、弟とも力を協《あは》せ是非探し出し、仮令表向き兄妹の名乗はいたさずとも、いよ〳〵夫れに相違なしと認めが附きませば、内々にて名乗もして遣すでござらう、身の上に就《つき》ましては悪《あし》ふは取計らひませぬほどに、御懸念遊《あそば》さぬやう願はしふ存じまする……のう新十郎、左様《さう》ぢやないか……」

新「兄上の仰せられます通り、必ず我等兄弟にて目を懸け遣しますれば、御安心あそばしまするやうに……」

と口は重宝なもので、然《さ》り気《げ》なく申されましたが、言ふに言《いは》れない心の中での苦《くるしみ》は自業自得とは申しながらお気の毒なことでございます。御隠居様は御兄弟のお優しいお言葉に御安心遊し、

隠「それではお頼み申します……」

と仰やるもお口のうち、お枕にお頭《つむり》が着くとその儘《まゝ》、フーと吹き来る風にお仏壇の御燈明《みあかし》が消えまするやうに、息が絶えるを此の世のお名残に遠く西方弥陀の浄土へ旅立たれました。

第三席

さて新十郎様でございますが、病身でゐらつしやる上に、阿母様の御看病や何《なに》や箇《か》やのお疲れで、御気分も優れませんし、御忌中のお謹慎《つゝしみ》で、お頭へ剃刀もお当《あて》なさらず月代《さかやき》はのびる、お櫛梳《くしあげ》なども常《つね》のやうには遊しませんから、お鬢《びん》の毛は斯《か》う垂れ、お顔の色も誠に悪い。別《わけ》てお三とのことが始終《しよつちう》お胸に絶えず、彼《あ》れが母上の最終時《いまはのきは》に仰せられたお三であつたら、此の新十郎は何たる因果であらうぞ、知らぬことゝは云ひながら畜生に均しいものだ、兄上が若《も》し御承知になつたらお手打に成るとも仕方がない、忌中《きちう》でも明けたら亀戸へ立越えお三に能く素性を尋ねた上でと、御心配になつて居りますが、存魂惚《ぞつこんほれ》こんでおいでなさる女のことでげすから、お三が嫣然《にこり》とする顔が夢幻《ゆめまぼろし》のやうに眼先にちらつき、アヽ彼《あ》れも嘸《さ》ぞ待ち焦《こが》れてゐやう、我れを無情《つれない》ものと恨んでゐやうと思召すと、彼れに口留《くちどめ》さへしておけば世間では知らぬ二人の身の上だと恋にお心も乱れて、道ならぬ道に蹈み迷ひ一人で胸

を痛めておいでになります処へ、

玄「何うも申訳のない御不沙汰をいたしまして……御前、お身体《からだ》は如何でございます、両三日は厳《き》びしいお暑さに相ひ成りましたがお障りもごわせんか……」

と玄哲老が遣つてまゐりました。新十郎様は横に成つてゐらツしたが、お起き遊し、

新「いや是れは玄哲さんか、大分暑くなつたのう、先《ま》ア此方《こちら》へお這入り、そこは風通しが悪くツて暑いよ。」

玄「有難うございます、ナニ此処《こゝ》で結構で……一寸《ちよつ》と伺ふのでございましたが、追々お暑く成つてまゐツたので、藪医の愚老でも相応に病家も出来、イヤ最う何やかやで大御不沙汰……御前は何うも御血色が能くない、ナニ又お加減がわるい。それは〳〵。」

新「何うも加減がわるくて、母の歿後寝たり起《おき》たりで、飯も碌々咽喉へ通らんよ。」

玄「それはお困りでげすな、お加減の悪いと知つたら、今日伺ふのでは無かつたでごわすが……」

新「加減が悪くツても寝切りにしても居ない、咄相手もなく無聊に困《くる》しんで居るところだから、寛《ゆつ》くり咄て往つてもいいよ。」

玄「有難うございます……今日伺つたは実はアノお知らせに参つたので……」

新「何の知らせに来なしたのだ、無遠慮に何でも云ふお前が言渋ツてるは、聞捨てにならんよ、何の知らせに来たのか、奥歯に物の挟つたやうにジラさずと淡泊《あつさり》言て了つたら宜《いゝ》だらうに……」

玄「申し上げますよ、何《ど》うで言《いは》ねばならぬことで……実はあの可哀さうに梅見団子の小町娘が亡り

ましたよ。」
新「え丶彼《あ》のお三が亡つた。」
玄「はア全く亡りました……御前に三月越お目通りしないのを苦に病み、御隠居様のお逝去《かくれ》になつたことも承知して居ります、御前の御忌中でお慎《つゝし》みなされて居ることも承知して居りましたが、只だお目に懸りたい、お目に懸りたいの一心で病気にでも成りさうな処へ、生憎食傷《しよくあたり》が原因《もと》で真個《ほんとう》の病気を起し、御前がお遺しになりましたお笄《かうがひ》の片割を後生大切に抱き、息を引き取るまで御前のことを言続《いひつゞ》けに死にましたは、見てゐる者が惨《いぢら》しくツて、其《そ》の挙動《やうす》が目先にチラ付いてゐるやうだと、婆さんが来てオイ〳〵泣きながらの物語りでごわした、御前は真個の罪造りでげす、男も好く生れると思はぬ罪を造りまする……死んだものは今更仕方もありませんから、切《せ》めて念仏の一遍《ぺん》も唱へてお遣りあそばせ……」
と申しますから新十郎様は目を数叩《しばだゝ》いて何にも仰やいませんで、お手文庫の内からお宝をお出しになつて、紙に包《くる》んだのを二個《ふたつ》玄哲の前にお置きになり、
新「生者必滅で仕方がない、現世《このよ》に生れて来るものは何時か一度は死なねばならないのだから、如何に悔むとも詮がない、外出《そとで》でもするやうに成つたら、彼れは居なくとも尋ねもするが、是れは聊《いさゝ》かの志《こゝろざ》しだから、何うか届けて遣つてくれよ……此方はお前へ……酒の一献も上《あげ》たいのだが、未だ喪中にある身だから帰りに一杯やつて下さい。」
玄「これは〳〵、愚老にまで……甚だ恐れ入りました、早速先方《さき》へお届け申し、御前の篤い思召し

を言聞《いひきか》せまするで……一刻も早く爺い婆あを喜ばせて遣りませう、左様ならばまた近々に寛《ゆる》りとお見舞ながらに罷り出るといたします。」

と云つて玄哲は、新十郎の懵然《ぼんやり》してゐる間に往つて了ひました。

新「これ、玄哲老、ア、最う往つて了つたか、彼れが死んだのなら寺位は教へて往けば好《よい》に、聞かうと思つて居る間に往つて了つていけないことをした、ア、お三は可哀さうなものだ、腹異ひの兄とも知らず恋焦れて焦れ死をしたか……」

と一人言をいつて、人目がありませんから男泣きに泣き、クワツと逆上《のぼせ》が来て根が人の善良方《よいかた》だけに愛着の情が一層深うございまして、夫れからと云ふものはます〳〵気が鬱々して御病気が重くなりました。

いくら御病気でもお邸にお在遊《いであそば》しては、御親類方のお見舞に入らツしやる方もあつて、お面会《あひ》なさらぬ訳にもいかぬ、新十郎様は夫れが煩《うるさ》くツて堪りません、只だ人に面会《あつ》て口を利くのも懶《ものう》い、物臭太郎に成つてお了ひなされたから寧《いつ》そ向島の寮へでも出養生なさらうと、御忌中が明けると直ぐ御別荘の方へお越なされ、相変らず鬱々として一間に垂籠めてお在なされましたが、其のうちお盆にも成りましたことで、素《もと》より親に孝心《かうしん》の深い方でいらツしやるから、お居間へ亡母上のお位牌をお飾り遊し、その側へ彼のお三がまた逢ふまでの紀念《かたみ》にとお手渡した、香合の蓋をもお飾りになつて、是れをお三と思召して懇《ねんごろ》に吊《ともら》つてお在遊しました。此の御別荘には年取つた婆やと寮番の甚兵衛お富の夫婦ものばかりで、極閑静《ごくしづか》でございます。今日はお盆の十三日で何処でも霊祭《たまゝつり》の準備《したく》をして、夕方になるとお迎ひ火といつて麻殼を燃《も》しまするので、生垣一ツ隔てた向ふの家で、お迎ひ火を焚く烟りがスウと立昇るを見てゐらした新十郎様は、

新「婆ヤ、婆ヤ……」

婆「はい……何か御用でございますか。」

新「あのな、寮番の甚兵衛に麻殼《をがら》をチトばかり求めさせてくれ。」

婆「御前様、何でございます　麻殼《をがら》なんかをお召しになつて……先《ま》ア厭でございますよ。」

新「さうでない、今日は亡母上の新盆であるから、病気で斯《か》うして居ても心ばかりの供養をいたす積《つも》りで、お位牌だけは飾つたが、お迎火を焚くことを頓《とん》と忘れて居ました……今向ふの家から烟の上るを見て急に用意の足りないのを残念に存ずるから、気の毒だがホンの真似事だけすれば好《よい》のだ、整へさせてくれ。」

婆「はい、左様な思召しならば、直《す》ぐ爺やに整へさせまする。」

と婆やは起たうとするを、

新「寮番に左様《さう》いつたら、予が羽織を持つてまゐれ……」

婆「畏りました。」

と暫らくすると黒紗《くろしや》の五ツ紋附の羽織を持つてまゐり、後からお着せ申しまする　寮番の甚兵衛爺やはいそ〳〵麻殼一束抱へて、切戸口から這入てまゐり、

甚「御前様、遅なはりました、小梅まで一走り参《め》えりましたので……はい〳〵。」

新「あ、御苦労であつたのう。」
甚「御前様え、こゝでお焚遊《たきあそば》しますか。」
新「おゝ、其の飛石の上あたりが好からうのう。」
甚「はい、はい……」

と云つて、持つてまゐつて火打石にホクチを持ち添へ、火打金に当てましてカチ〳〵と火を打ち、フーフーと吹きながら附木に移して麻殻に火を燃《も》しつけまするると、烟《けぶり》はスウと一筋高く揚がつて、軒に群《むらが》る名物の蚊柱は散乱して了ひました。新十郎様は合掌してお在《いで》になられるうち、燃えた火も瞬く間に消えましたから、お仏壇に御燈明《みあかし》をあげお念仏を仰やつてゐらツしやつたが、やがて月は昼間のやうに差込む椽端《えんばな》に敷物をしかせて椽側《えんがは》にいで、蚊遣《かやり》を燻《くす》べ団扇で寄せ来る蚊を払つてお在なされました。短き夏の夜《よ》は更け易いもので、浅草寺の鐘がボーン〳〵と亥刻《よつ》（今の十時）を打ち出しまする、その頃の向島でげすから人つ子一人通るものはございません、四辺《あたり》は深々として鐘の音も陰に籠つて物凄く、気も滅入つてまゐるやうで、遠くで啼く梟《ふくろ》のこゑが寂しく聞えて居ります。お仏壇の御燈明は睡《ねぶ》さうにパツ〳〵と数叩《しばだゝ》いて、大《おほき》な丁子が落ちさうで今にも消えさうに成つて居りまする、行燈《あんどう》の火影も薄暗くお座敷の中は何となく陰鬱な気が籠《こも》つて来ました。
婆「御前様、まだお休みに成りませぬか、お床を展べませう……」
新「おゝ、最《も》う大分夜《よ》も更けたから休みませう、お前も床をとつたら休みなさい、余り好い月であるから雨戸は引かずに置いてくれ。」

婆「夜風にお当り遊しては、御病気の障《さわ》りに成りませうに……左様《さう》でございますか、それではお休み遊してから私が引きまする。何《ど》うぞ其《そ》の儘に遊してお置き下さいませ。」

と婆やは床を展べて勝手へ参つて了ひまするると、また寂寞《ひつそり》して来て新十郎はお三のことが胸に浮んで、アヽ可哀さうな　全く我れを思ひ込み、死ぬまであの笄《かうがひ》を肌身より離さなかつたと玄哲の咄《はなし》、アヽ可哀さうだと彼《か》の位牌の代りに仏壇に飾りおく、香合の蓋を手に取りまして、お三を思ふ外無念無想に撫でまはしたり、頰に押し当《あて》たりして居りまするると、カランコロン〳〵といふ下駄の音が不図耳に入りました。ハテ変だ、宵の口でも日が暮れると人通りがパツタリ絶えて了ふ此の辺に、夜も更けた今頃、いくら月の好晩《いゝばん》だからツて、彼《あ》の下駄の音は何うも女のやうで、連《つれ》もない一人の足音と思へるが訝《をか》しいと、新十郎様は耳を澄して聞いておいでになる。下駄の音は生垣の外でパツタリ止《とま》つて、自分の家でも覗いて居るのでは無いかと思はれまするから、是れはいよ〳〵不思議だ不思議なこともあるものだと、ヂッと生垣の方《かた》を見詰《みつめ》てゐらツしやると、またカランコロン〳〵といふ音をさせて三囲様《みめぐりさま》の後の方へ往つたやうでございましたから、近所では最う休んで了つたのに、此家《こゝ》ばかりが起きてゐて火影が映したから覗いたのだらう、アヽ往つて了つた。女は兎角に他人の家などを覗きたがるものでと思つてお在《いで》になると、又、カランコロン〳〵と引返《ひつかへ》して来て生垣のところでパツタリと足音が止る、おや又来たなと何となく気になつて其《そ》の方《かた》を見詰め、今夜は変な晩だ、是れが若い女かなんかであつたら嘸《さ》ぞ気味を悪がるだらうと思つてゐらツしやると、何だか御前様〳〵と呼んでるやうに聞えますので、婆やでも呼ぶのかと後《うしろ》を振向《ふりむき》ましたが居りません。ハテ不思議だ確《たしか》に呼んだに違いないにとキヨロ〳〵遊すと、又も御前様〳〵と呼ぶその声は正しくお三であります。おゝお三だ、お三が来たのだと庭へ飛び下りやうとしましたがツイと気が注《つい》て、お三は最う現世《このよ》に居ないもの、夫《そ》れが此の夜更に来る筈がない、これは全く自分の心の迷ひ、縦《よし》んば無事で居たツて、彼れは異母《はらちがひ》の妹だ、遂げられる恋ではないが、生てゐれば互に煩悩の種となつて、何様《どんな》間違ひが起らぬとも限らないとこであつた、可哀そさうではあつたが死んで呉れたが互の為め、畜生道に堕落《おち》た苛責もこの胸ばかりで済む、世間には親兄弟の名も出さずに了はれる、南無阿弥陀仏〳〵と口の中《うち》で唱へながら目を瞑《つぶ》つてゐますが、またも呼ぶ声が何うしてもお三でございますから、新十郎様はますます〳〵不思議で堪りません、到頭庭下駄を引掛け飛石伝ひに忍び足で、生垣の側まで忍び寄つて御覧になりますと、秋草を染め出しました浴衣に、大模様のある帯を当世流行の吉弥結《きちやむすび》に締め、月影をうけた蒼白い頬に鬢の後れ毛がバラ〳〵と垂れ、懵然《ぼんやり》と佇《たゝず》立んで居りますは、紛れもないお三でございますから、新十郎様は余りの意外に吃驚《びつくり》なすつて居らツしやる。

三「御前様……」

といつて何時ものやうに嫣然《につこり》しました。

新「おや、お三……お前は亡つたやうに聞いて居ましたが……」

三「あら、御前様、厭でございますよ、延喜でもない事を仰やいまする。」

新「まア此方へお這入り……生垣について右に廻ると非常口があるから、今明けて上げる。」

と新十郎は夢のやうな気で三尺の栞戸を明けまするを待ちかねたお三は、

三「御前様……」

と突然《いきなり》手に縋《すが》りついて嬉しさうに寄添ひました、新十郎もその肩へ手を掛け、よく戸外《おもて》でお小供衆の遊んでゐらツしやる、おぢやの塊りエツサツサと云ふやうな姿、二人の身体はまるで一ツになつてお座敷へ連れ込まれました。

新「お前は亡つたと玄哲から聞いてゐたに、何うして今ごろ此処へ来なしたか……」

三「おや、彼《あ》の方《かた》が其様《そんな》なことを申しましたか、まア呆れかへつて物が言《いは》れませんのね、彼れきり三月も入らつしやらんのですもの……妾は何様《どんな》に心配して居たか知れませんよ、それに家の方も都合《つがふ》があつて直《ぢ》き小梅に引越てまゐりますと、御前が此の御別荘に御病気でゐらツしやると承つて、何うかしてお目に懸りたいと存じましても、昼日中うろ〳〵して居て寮番の方にでも見咎められては大変と思ひますし、又爺い婆あも一人で外へ出しませんから、恐いことも怖《おそろ》しいことも忘れて、今夜そつと抜け出して参り、垣根の外から見ますと恋しい御前が居らツしやりながら、幾千《いくら》お呼申しても知らん顔を遊してゐらツしやるに妾は自烈《じれ》ツたくなつて了ひましたが、稍《やつ》とのことで思ひが届きお嬉しふございます。」

新「それでは無事でゐたのか、私は全く亡なつた事と思ひ、是れこの通り母上のお位牌に並べ、お前から預つた香合の蓋を仏壇に飾り、今夜も迎ひ火を焚いて新仏の気で回向をして居りました、何の事だ……」

三「有難うございます、夫れ程に思召して下さるは、染々お嬉しふ存じまする、妾は仮令《たとへ》どんな事があつても御前様より外の男は決して持ちませぬ……」

と密々話《ひそくはなし》ごえのしますのを変に思ひました婆やは、ソツと廊下の此方《こなた》から覗いて見ますると、新十郎様は只《た》だにこ〳〵して居らツしやる、其のお側に何だかポツと烟《けむ》のやうなものが座つて居りまするから、何だらう訝《をか》しい、妾の目が霞んだのか知らん、何だかお側にゐるやうだがと、目を擦り〳〵視《み》張《はり》ましたが、たゞ茫然《ぼんやり》と烟のやうに人が座つてるかと思はれるばかりでございます、婆やは不思議で堪りませんから、寮番の甚兵衛爺さんの処へ駈け附けて参りました。

第四席

夫れからといふものは毎晩〳〵、浅草寺の鐘がボーンと陰に籠つて物凄く聞える子の刻、只今で申す十二時頃ほひになりますと、若い女の声がして新十郎様は睦しくお話をなさる、寮番夫婦や婆やがソツと覗いて見ると、烟のやうなものが座つて居ますから、気味が悪くなつてお邸の御用人まで内々で申し上げますると、服部様もそれは怪《けし》からん事のあるものだと思召して、或夜《あるよ》お出《いで》になつて見ると、寮番からの話に些《ちつ》とも変りませんので、早速法恩寺の良観和尚は当代の名僧でございますから、此の方にお話になりますと、松岡様の菩提寺《ぼだいじ》でもあり新十郎様の御親父とは碁敵でお心易かつた事でげすから、

和「女と話声がする……ほう、烟のやうなものが座つて居ると云《いは》るゝかな。」

服「左様にござりまする、何とも合点の参らぬ始末で……」
和「はゝゝ、何も不思議な事はない、是れも過去の因縁でな、死霊に取附れて居らツしやるのだ、可《よ》し〳〵、私が参つて新十郎殿に因果を含め、怨霊退散をさせて進じませうが、遺恨を含む死霊でないから容易には退《の》くまい……荒立ては死《しな》れた半之進殿の名も出る、新十郎殿の御外聞にも成らうも知れぬ、まア私に任せてお置きなさい。」
と良観和尚は豪《えら》いもので、居ながらに因縁のまつはる処をお観破りになりましたから、お支度を遊して向島の別荘へお出になる、新十郎様は思ひも寄らぬ良観和尚のお尋ねに、寝てゐらツしたお床を上げさせ、お召物を着替羽織をお着し遊し、
新「これは能《よ》うこそお出下されました。」
和「御病気のやうに承はつて居つたで、お尋ね申さうと存じながらツヒ〳〵御不沙汰いたし居つたが……おゝ、是れは中々の御大病ぢや……」
新「寝てばかり居る程でもございませんが……」
和「いや左様《さう》でござらぬ、死相が現れて居る……一寸と此方《こちら》を向て御覧なさい、何様《なにさま》な、新十郎殿驚いては成りませぬぞ、貴下の処へ夜な〳〵若い女が忍んで参らう、ナニも吃驚《びつくり》なさることはない、其の女は生前から関係《わけ》があつたもので……私《わし》が察する処では是《こ》りや何うやら御兄妹のやうぢやな。」
と申されましたので新十郎様は大層お驚きなされ、只《た》だ〳〵赤面して差俯伏《さしうつむい》ておいでになりました。
和「何も左様《さやう》に恥入つてお在《いで》なさることはない、凡俗の眼から見たら畜生道へ堕《おち》たなどゝ申さうが、

是《こ》れも定まる因縁因果で前世からの約束ごとぢや、悔んでも仕方がない随性ぢや、貴下の処へ毎晩来る女は最《も》う疾うに幽冥界に往つて居るが、霊魂《たましひ》が貴下を恋慕つて往く処へ往かれず宇宙に迷ひ、煩悩の絆を切りかねてな、毎夜あゝして来る死霊でありますぞ、私の云ふことに能く心を落付けてお用《もち》ひなさらぬと、お生命《いのち》も二十日とは覚束ない、何《ど》うでござるな新十郎殿、私が申したことに偽りはござるまいがな……」

と云はれましたので新十郎は、閻魔の庁にありと聞いてゐた浄玻璃の鏡にても映されたやうな気がいたして、総身から冷汗をだら〳〵流し、

新「何とも御挨拶の申し上げる言葉もなく面目ない始末でございまする。」

和「お解りになれば結構……御寮番の衆に近所のお寺で新仏の俗名を尋ねさせて御覧なさい、お心に当る名が屹度《きつと》ございませう。」

と云《いは》れたので、甚兵衛に吩咐《いひつけ》て探させますると果して、直《す》ぐ傍の長命寺に新仏がございまして、亀戸の団子屋の娘でお三といふものだと知れましたから、新十郎様はます〳〵驚いて今は怖しくなつてまゐり、良観和尚に懺悔をいたして只管《ひたすら》に死霊退散の御祈祷を頼みました。

和尚様はお頷きになつて、夫れでは此の御札を間毎にお貼なさいと下され、大抵は死霊も出ますまいが、恋慕の執念は深いものだから、此儘では済まぬ、また変つたこともござらう、其の時は私が祈祷をして進じませうと仰やツてお帰りになつた。お札の力は怖しいもので、其の夜からお三の亡霊は尋ねてまゐりません、新十郎様の御病気も日の経過《たつ》に従ひまして、段々とお快くお成りあそばし、其

の年の秋の末には全く御本復といふ事になつて、割下水のお屋敷へ御帰りなされました。

その後は何のお話もなく年は無事に暮れ、新玉《あらたま》の年立ちかへる春となりました。新十郎様も何時《いつ》までお独《ひと》りで居らツしやる訳にもまゐりませんので、お目出度御相談がドン〳〵運び俄に正月の末に奥様のお輿入りがある事に略《ほ》ぼ定りました。何事に寄らずお話のトン〳〵拍子に運びまする時は、訳なく纏りの附くものでございますが、さア一ツコヂれたと成ると其のお話は容易に纏るものでなく、また纏つた処で満足なことは先づ稀《まま》れでげす。新十郎様の阿母様は去年の夏お逝去《かくれ》になつたので、当り前なら未《ま》だ服忌《ぶく》の掛つてお在《いで》なさるお身体《からだ》でげす、けれども御養子にお出遊したから、実親の方の服忌《ぶく》はグツと減《へつ》て居《を》りますので、御婚礼のお式をお挙げ遊されても批難はございませんが、お謹慎深《つゝしみぶか》い方《かた》でゐらツしやるから、親に対する服忌の終る一周忌まではと御辞退になりましたが、折角纏つた御縁だからと御兄上様始め御親類方からもお勧めになつて、夫れではとホンの御内祝言に止《とゞ》め御披露は追てといふ事に極《きま》りまして、黄道吉日《くわうだうきちにち》を選びいよ〳〵お輿入りは正月廿八日とお取極めになりました。

さて弥々当日となりまするると、幾千《いくら》御内祝言と申しても、熊さんや八さんが風呂敷包一ツを提げて来るお嫁さんを貰つたり、手前どもで能くやる引越女房と申して、やつとこさで裏店の一軒も借り、留守番が無くては困ると貰つた女房が、まだ祝言もしないうちに最《も》う世話女房か何か気取で、手拭を姉様被《あねさまかぶり》かなんかにして掃除もする御飯も焚くといふのとは違ひまする。対手は同じお旗本でも格式が違ふ大身でゐらツしやる麻布笄の大久保様のお嬢さんで、阿部の殿様の美男に惚込んでお乗込みになる方でございます。其のお交際《つきあひ》でげすから立派なことは申し上げるまでもございません、お客様は先方《さき》の御両親と此方《こなた》ではお兄上御夫婦、それに双方のお媒介人《なかうど》だけで三々九度の御儀式からお床盃、色直しなどとそれ〴〵にお式もすみ、新十郎様と大久保のお嬢様は嬉しい新枕をおかはせになつて、不図《ふと》お目が覚めますと、御夫婦のお休みになつて居らツしやる真中に、一疋の蛇がとぐろを巻いて居りますから、新十郎様は吃驚《びつくり》なされましたが、幸ひ奥様が知らずにお在なさるから蛇のゐた位に噪《さわ》ぎ散らすといふやうな事はなさいません、新十郎様はお煙管でお押《おさ》へになつて、其《そ》の儘お庭先へお捨になつて了ひ、この時は何のお気も注《つ》かずに再びお休みになりました。さて翌朝お起きになつて昨夜のことをお思ひ出しになり、今時分蛇の出る季節でもないに、何うして彼様《あんな》不思議があつたか、それにしても何うしたらうとお庭を御覧になると、蛇は煙管に頭を指貫かれたまゝに死んで居りますから、ギヨツとなすツて庭へお下りなされ、人目に掛らぬ処へ捨てやうと成されますと死んでゐた蛇がスル〳〵と這つて何処へか消えて了ひ、延《のべ》のお煙管だけは雁首に血汐がついて残つて居りますから、新十郎様は是れはと吃驚《びつくり》なされたが、未《ま》だ深い考へもございませんでした。処が奥様とお休みになるとこの蛇が毎晩毎晩現れますので、新十郎様はこんな怪しいことを奥は知つて黙つてゐるのか、夫れとも知らずにゐるのか試してみやうと思召し、

新「奥や、お前は蛇が好きかね。」

と仰いますと、奥様は優美《しとやか》に両手をお突《つき》なされまして、

奥「私は性質《うまれつい》ての大嫌ひでございます、途中で蛇の姿を見ましても身が縮むやうで、意気地がござ

いません。」
と御挨拶しまする、左様《さう》すると全く知らずに居るのだ、良観和尚がまだ怪しいことがあると仰やつたは是《こ》れだらうと、早速法恩寺に参詣いたしました新十郎様はお心易い間がらヅヽと方丈へお通りになり、良観和尚にお面会《あひ》なされると、

和「此頃はお目出度儀がござつたさうで、お喜びにもまだ出ません……はゝア、又始りましたかな……中々執念の深い女でござるのう。」

新「これは恐れ入つたお言葉で……実は祝言をいたして其の夜より、奥と一ツ寝さへすれば、屹度《きつと》両人の間に一疋の蛇がとぐろを巻いて居りまするが、奥には一向目《かうめ》に止らないやうでございますから、夫れとなく問ひ試ましたが、何うも全く存ぜぬ体にございます……」

和「左様《さう》であらう、奥様には見えまい、アヽ困つた執念ぢや……此《こ》の儘にして置《おい》たら新十郎殿は元の病人ぢや、其の蛇も容易に捕へる事は難《かた》からうのう。」

新「仰せの通り、捕へることは中々むづかしふございまする。」

和「左様《さやう》か、中々手捕へには出来まいぢや、先頃《せんころ》も申したが、新十郎殿の因縁は深しい因縁ぢや、何しろ口惜《くちをし》い〳〵で祟る幽霊ではなくて、恋しい〳〵と思ふ幽霊で、三世《ぜ》も四世《せ》も前からある女がお前さんを思ふて、生き代り死にかはり容態《かたち》はいろ〳〵に変て付纏ふてゐるのだから、遁れ難い因縁があり、何うしても遁れられまい、死霊除だけは出来たが、その身にまつはる悪因縁は何うも仏のお力にも六《むづ》かしい、只《た》だ苦限を薄くするまでのう。」

新「それでは貴僧《あなた》のお力でも、蛇を除《よけ》ることは出来ませんか……」

和「蛇を除けたら、今度は蛙、夫《そ》れから蛞蝓《なめくじ》といふやうに、形容《かたち》を変ては附纏ふのだから一ツ払へばまた一ツで果《はて》しがないぢや、はゝゝゝゝ。」

新「何うも仕様《しやう》がございませんね、お経の功力で何とか御工夫はつきますまいか。」

和「まだお前さんの驚きなさる事があるぢや、折角お貰ひなされた奥様ぢやがの、是れも短命ぢや、長《なが》ふて一年のうちに閻魔の庁へ再縁ぢやぞ、早ければ五十日ぢや……お前さんは何うでも独身で居ないと寿命がないよ……左様《さう》ぢや、因果を含めて蛇を封じ込んで見やうかのう、一ツ遣つて見やう……それには先《ま》づ蛇を生捕て来なさい、はゝア、心配しなくても好い、捕るやうにして捕へれば、落たものを拾ふより訳がないぢや、是れをお貸し申さうから、今夜にも蛇が出たなら上から被せて置けば最う逃る気遣はないが、気味が悪いと思つたらクルくと包《くる》んで置けば好いぢや、少しでもこの袈裟が蛇の身体《からだ》へ掛つたら動けるものでない、安心なものぢや、持て来なさるにも之《こ》れに包《つゝ》んで提げて来られると、動《いご》きも何うもしないで柔順《おとなし》くして居るよ。」

と一条の袈裟を貸して下されたを、新十郎様は喜んでお持ち帰りになり、今宵もまた蒲団の中にとぐろを巻てゐるか知らん、彼様《あんな》に大《おほき》なものが、二人の間へ這入てゐるを奥が知らないも不思議だと思召しました。此の夜もお休みになつてお目が覚るとチヤンと何時ものやうに、お蒲団の中でお二人のお休みになつてゐる真中に居ります。奥様もお目をお覚しになつたが少しも蛇のゐることは御存知がありません、新十郎様はこゝだと良観和尚から借りておいでに成つた袈裟を蛇の上からパツとお掛になりますと、蛭《ひる》に塩でも振掛ましたやうに小く縮みあがつて柔順《おとなし》くして居ます。新十郎様はそれを大手文庫の中に納め、また上から縄をかけ置き翌朝早々法恩寺へお出向きになりました。良観和尚は眼鏡をかけて書見をして居られましたが、新十郎より差出す文庫を、

和「あゝ其《そ》の儘《まゝ》にソツクリして置きなさい、私が見なくも好いぢや……首尾よく怨霊を捕へたら、今度は封じ込む場所だ、あの女は深川生れであつたのう。」

新「左様で……確《たしか》蛤町のやうに聞及びまするが……」

和「深川……生れた場所から東南の間の小山へ埋《うづ》めるのぢやが、扨《さ》て何処《どこ》ぢやの、蛤町から東南では丁度よいところがある、彼《あ》の雀の森ぢや、……まア埋る場所は極《きま》つたが、そこに新十郎殿小な祠を一ツ建《たて》て貰ひたい、私《わし》が怨霊をこの祠《ほこら》に祀《まつり》こめて、お三とやらの亡霊も得道解脱《とくだうげだつ》させやうが、お前さんの悪因縁はこれで消滅したでは無いぢや、今の奥様との間はまア無事ぢやが、先日も云ふ通り、不幸にして短命ぢやてのう……新《あらた》に女を持つたら又屹度怪異がある、その時私《わし》のところへ頼みに来てもいかんでのう、これは予《かね》て断つておくよ。」

と良観和尚に悃々《こんく》と因果を含められましたから、新十郎は聞けば聞くほど我が身に纏《まつは》る悪因縁が怖しく、一層腰の物を捨て墨染の法衣《ころも》に着替度《きかへたく》なりましたが、直《す》ぐそんな事もされません上に、偕老《かいらう》同穴《どうけつ》と誓ひまする妻が短命ときいては心持が好くないが、是れも因果だと断念《あきら》めまして、若党家来はお寺から帰して寺男と、良観和尚役僧二人に伴はれて深川の浜辺へ出でると、小な丘があつて建樹《たちき》の茂るはアレぞ雀の森、こゝへ文庫ぐるみ埋《うづ》めて良観和尚は丁寧に読経され、さア是れでよい此の上は

祠だと一同と共に新十郎様も帰りました。さて不思議なことには其の夜より蛇も出ませんし、怪いと思ふことも更にございませんから、新十郎様もお喜びで重荷を下したやうに御安心なさると、落胆《がつかり》して両三日はお疲れの為めにお休みになりました。

彼《か》れ是《こ》れいたすうちに五月雨の頃となりまして、祠も漸う出来《しゆつたい》いたし、先《ま》づ太平無事のお目出度お屋敷となつて、奥様の御披露を改めてなさらうと、お支度遊した日から奥様はお床にお就きなされ、次第〳〵に弱つてお出なさるのが目に見え、お医者様方も匙を投げて居らツしやいます。お薬は差上てるものゝ御病症が皆暮解《かいくれわか》りませんのには、流石の名医方も手の附やうがなかつたのでございませう。新十郎様は良観和尚から聞いて居りますから、是れも因果だと悃《ねんごろ》に介抱してお遣《つかは》しになつたが、定業の尽《つ》きるところは仕方がありません。良観和尚の言はれた通り到頭六月の二十日に亡《なく》なられて了ひました。新十郎様も跡《あと》懇《ねんごろ》に吊《とぶら》つた後は、阿部家へは更に御養子をして名跡《みやうせき》をお立てなされ、御自分は若隠居を遊し、剃髪して青同心となられ良観和尚の教へをうけて、雀の森《もり》の片辺《かたほとり》に小庵を結《むす》び愚凸《ぐとつ》と呼び朝な夕なに森の祠《ほこら》を世話して、数《す》十年《ねん》の後何事もなく歿せられました。

愚凸が小庵を結んでから、其の美しい青同心を見んと、浮気な女たちがちらほらと参りますうち、誰言ひ出すともなく此《こ》の祠をお三様と申しまして、雀の森もお三の森と呼ぶやうになり、それが又一転いたしお三とお産と語音の同じな処から、後にはお産の神様のやうに間違へて了つたのでございます。

赤坂与力の妻亡霊の事◎根岸鎮衛

校注―長谷川強

去去中年《きよきよさるどし》の事のよし。馬道《うまみち》に茶屋商売のもの、深川へ用事有《あり》て、夜に入《いり》霊岸寺の前を通りしに、赤青の陰火《いんか》二つ見へしがはつと消《きえ》けれど、心丈夫なる男故、右寺のはづれ迄何心なく行しに、若き女の声にて呼かけし故立戻《たちもどり》ぬれば、「我は赤坂何某といへる与力の妻なるが、病死に付《つき》当寺へ葬式なしけるが、後妻を呼迎へ候処、右後妻甚《はなはだ》嫉妬つよく、依之此《これによつてこの》者も成仏成兼《なりかね》候間、何とぞ右之訳夫《ヲツト》に伝へ給はり候様」申捨《もうしすて》、かき消すやうに失《うせ》ぬる故、夫《それ》なりとおもひけれ共《ども》、「つたへづば如何成《なる》事に逢はんも不知《しれず》」と、赤坂辺へ参りし折から右与力の許《もと》へ案内なし、面会之儀申入《もうしいれ》けれど、終に知人にも無之事《これなきこと》故断《ことわり》けれど、強て申入ければ逢《あい》ける故、しか〴〵のよし語りければ、彼《かの》与力答へけるは、「其《その》後妻の儀は甚嫉妬《しつと》つよく、我等も困り果《はて》候」よしにて、「亡霊の伝へ辱《かたじけなし》」と謝礼なし、則《すなわち》立別れぬる。

其後又深川へ用事有りて、夜に入《いり》霊岸寺前を通りしに、此度は陰火は見えず、呼掛《よびかけ》候者有之《これある》故立留り候処、彷彿《ほうふつ》と女の姿の立顕《たちあらわ》れ、「先達《せんだつ》ての事、言伝《ことづて》給りし事の忝《かたじけな》さ、右後妻も相果、今は我身にさわりなく得脱《とくだつ》の身と成りし」と、礼を述《のべ》ける故、不思議の事とおもひ、彼の与力の許へ至りて承りしに、彼与力申けるは、「後妻相果候得共《あいはてそうらえども》、一所に寺へ葬りなば事六ケ敷《むつかしき》と、里方の寺へ送りし」由、「右後婦は妬心の甚しき者にて、或時我等へ願ひ有りと言ひし故、何事ぞと尋し処、何卒《なにとぞ》先妻の位牌を我に給はり候へと言ふに、いか成《なる》事哉《や》と尋しに、強《しい》て申《もうす》故、心に任せ申と等閑に答ければ、やがて右位牌を片陰へ持行、薪割を以《もつて》微塵に打砕きけるが、其後より煩ひ付て相果し。恐ろしき妬女也」とかたりぬ。

海嘯が生んだ怪談◎矢田挿雲

（上）

享保二年（一七一七）八月十七日の海嘯《つなみ》は、砂村から今の洲崎遊廓以内の地点まで浸入し、家を流し人を屠り、幾多の悲劇を産んだが、その悲劇にからまる一つの怪談が、永く語り伝えられた。

海嘯のある数日前から、秋雨が降りつづいて、深川の町々へ、無数の蟹《かに》が這《は》いあがったから、不思議なことがあるものと、古老などは首を傾けていた。すると十七日の夕方、沖の方でゴーッと、恐ろしい海鳴りがしたと思うと、山脈のごとき黒い浪が押寄せてきて、砂村を一呑みにした。

名主源右衛門は古女房の手をとって、高みの寺へのがれ、大勢の者と屋根で夜明しして、危き一命を助かったが、親を失い子を見殺しにする者数知れず、鎮守の森の榎には、何千匹と覚しき大蛇小蛇が泳ぎついて「蛇の生《な》る樹」を現出した。

源右衛門は、老妻の手をひいて立退く際、預り娘のお八重の行方が気になった。

「お八重さま、お八重さま」

と声をかぎりに呼んだけれど、逆巻く浪の下敷になったものか、お八重の姿は皆目見当らなかった。

翌日から老夫婦は狂気のようになって、三隻まで船を雇い、

「せめては亡骸《なきがら》でも」

と捜したが、亡骸すらも見当らなかった。

「なんとも申しわけのないことになった」

と皺だらけの額を突き合して、しおれた。けれどもそのままには済まないから、源右衛門は勇気を起し、

「治太夫殿へ、知らしてこよう」

と首をうなだれつつ杖にすがって、水天宮前なる渋谷治太夫の浪宅を訪れた。その途々源右衛門は、治太夫の身にうちつづく不仕合せを考えて、

「今またお八重さんの亡くなったことを聞いたなら、気も狂われよう。なんというお気の毒なことだろう」

と思って、自然に足が重《おも》るのであった。

渋谷治太夫は、その前年まで一万石佐竹壱岐守の用人を勤めていたが、主君にしたがい、お国詰の不在中、妻のおさえが堺町の芝居に凝って、ついに花形役者の鳴海四郎三郎と割なき仲となった。四郎三郎はその時二十八、おさえは二つ年上の三十で、お弓という十歳の娘があった。

渋谷の家は小藩の用人でこそあれ、治太夫が、はでぎらいの実直一方で通してきたために、不義の財はないが内福であった。名主源右衛門の娘と生れ、乳母日傘《おんばひがさ》で育ったおさえは、治太夫とは反対に、はでずきのあだっぽい女であった。

四郎三郎とつまをかさねて以来は、金銀衣類、あるにまかせて持出し、女食いの役者の心を満たす

に忙しかった。夢のような月日を送るうち、はやくも一年たって、国元の治太夫から、近日江戸へ帰る旨を知らせてきた。おさえは、

「なぜ帰ってなど来るのだろう。なぜ十年も二十年も、向うにいないのだろう」

とままならぬ、浮世のさまを嘆いた。

四郎三郎は綺麗な女形に似ず、盆茣蓙《ぼんござ》の上へ、弁天小僧のようにあぐらをかいて、丁よ半よと、凄い眼を光らかすのが病付きであった。一方の女からとった金を、一方の女へ注ぎこむことも、決してしないではないが、主としてバクチに入れあげて、年中ピイピイしていた。人気役者と思えぬほど、四方八方に借りをこしらえたあげく、駿府から買いにきたのを幸い、渡りに船と都落ちの決心をした。

そのことをおさえに話すと、おさえは、

「どうか私をつれて行って下さい。私はあなたと別れて、治太夫と味気なき一生を送ることはいやです」

と駄々をこねた。四郎三郎は、元来気の弱い方であったから、今まで世話になったことを思えば、無下に振り切るに忍びなかった。年上ではあるが、美しく若やいでいる色香にも心ひかれて、おさえとともに駆落《かけおち》ちすることにきめた。

おさえは一子お弓を弊履のごとく捨てて、そのかわりに有金と貴重品を洗いざらい身につけて、家を出た。持出した品のなかに、かけがえのないものが三品あった。

それは治太夫の妹お八重が、佐竹の奥へ奉公中、若殿源次郎の寵愛を受けて身重になり、宿へ下げられる時、後日の証拠に、一口《ひとふり》の短刀と印籠と、書付を与えられた。おさえは何と思ったものか、そ

の三品を櫛笄《くしこうがい》の類と一緒に包んで持出した。それをもって何か一芝居企らもうとしたものであるかどうか、そのことはこの話の終りにいたるまで、わからないのである。

その時、本人のお八重は、身二つになるまで、おさえの実家へ預かってもらうことにして、治太夫は旅に出た。そしてお国詰の期が満ちて、江戸へ帰る数ヵ月前に、源右衛門から、お八重が男の子を安産した由を知らせてきた。折返して治太夫から、自分が江戸へ帰るまでお八重を頼むといってきた。

そうして江戸へ帰って見ると、空家にひとしき家の中に、お弓が奉公人に護られて、淋しげに父の帰りを待っていた。若殿から拝領の三つの品も、金子も、家具も、目星しい物は何もなくなっていた。女房さえは無論なくなっていた。このことが主家に聞え、治太夫は家事不取締りとあって、永の暇になった。

今日の法律は、姦夫姦婦を罰するけれど、それらの配偶者を罰しない。また罰しられてはたまらない。しかるに旧幕時代の武家は、女房が不義をすると、自分は免職になった。渋谷治太夫は砂村の源右衛門を訪れて、おさえの不都合をなじった。そうすると源右衛門もともに、娘おさえの不都合を鳴らして、治太夫の免職に同情し、果ては、

「これははなはだ軽少で、失礼ですが」

といって、金子五両を差出したので、喧嘩にもならず、

「ここしばらく、なにとぞ妹八重の面倒を見ては下さるまいか。若殿よりお預けの品々を探しあて、拙者再び世に出でし暁には、かならず御恩報じを致すでござろう」

ともらった金を押戴き、お弓の手をひいて松島町の浪宅へ帰ってきた。

いうまでもなく治太夫の考えでは、すぐにも回国に出でて、四郎三郎、おさえの在処《ありか》をつきとめ、拝領の品々をとりもどし、女敵《めがたき》を討って、旧主家へ帰参を願う所存であった。さりながら頑是ないお弓を一人残して、旅立つかと思えば、張りつめた気も折れる。永い間、母親に邪魔にされて、そのあげく置き去られたお弓は、片時も父のそばを離れようとしなかった。

一日一日と空しく暮すうち、治太夫は気病がもとで、夕方から眼がかすむ病となった。お弓は手桶の底へ井戸の水をすこしずつ汲んできては、馴れぬ水仕をしたり、膳拵えをしたり、治太夫の肩をもんだりした。ちょうどそこへ砂村の源右衛門が訪ねてきて、今度の海嘯に、お八重母子がさらわれたことを物語った。治太夫はそれを聞き終ると、あまりのことに涙も出なかった。ようやくにして気を取直し、

「イヤ何も彼も天命の致すところ、決してあなたの落度ではござらぬ。さるにしても私といい、お八重といい、親一人子一人の上にこの不運、この世には神も仏もなきものでござろうか」

とあきらめる口の下から愚痴が出た。お弓は顔に袖をあてて、シクシク泣いていた。源右衛門はなまじ慰めようとしても、慰める余地がのこっていなかった、口の中で二つ三つ慰めの文句をつくってみたが、どれも空々しいので、言い出せず、

「眼は大切ですから、くれぐれもお気をおつけなさい」

と最近の不幸に同情して、逃げるがごとく辞し去った。その夜から治太夫の眼は、焼きつくように烈

しく痛み出して、三日の後は盲になった。

（中）

浅草観音や深川八幡の境内に、かわいい娘の手引をつれて、謡を唄う浪人の物乞いが現われるようになったのは、それから間もないことであった。浪人の乞食は治太夫、かわいい手引は娘のお弓であった。乞食父子の上には、変った太陽も照らなかった。治太夫の眼は永久に盲《めし》いて、癒《い》ゆるあてもなく、お弓の着物はミルメのごとく切れ裂けて、買代えるあてもない。

治太夫は、勤勉正直にわたってきた世の中に、神も仏もないようで、生きている気はしなかった。それでも一思いに死ねないのは、お弓があるからであった。お弓を生んだ者のことを考えると、腸《はらわた》を掻きむしられるようであるが、お弓のことを考えると、惜しからぬ命もただこの子のために、永らえねばならぬと思った。

乞食の子が三年たって、お弓は十三になった。はじめのうちは、砂村の源右衛門からすこしずつ合力もあったけれど、それも次第に絶えて、ついには音信不通となった。おさえは鳴海三郎四郎と駆落ちして、旅先で男の子を生み、四郎太郎と名づけた。四郎三郎の芸は、次第にすさんだけれど、江戸下りの触れこみが、いたるところの人気を沸かした。三年目に、多少の蓄財もできて江戸へ帰った。そして親子三人して、源右衛門の宅を訪れると、源右衛門は、はじめはニガリきっていたが、四郎太

郎が、

「おじいちゃん」

とまつわるので、むつかしい顔が端の方からとけてきた。おさえは源右衛門の顔色を見ながら、

「あのう――治太夫どのは、どのようにしておられましょう。お弓にも変りはありませんか」

と小声で尋ねた。源右衛門は、

「それでもおぬしは、二人のことを忘れずにいたか。治太夫どのは、お前故に永のお暇となり、今は行方も知れずなられた。お八重どのも先年の海嘯で浪にさらわれ、重ね重ねお気の毒なことをした」

と涙片手に物語って聞かせた。その晩四郎三郎は、おさえにいやみをいった。おさえは、

「なんだネ、野暮《やぼ》なことをお言いでない」

と叱りとばした。

四郎三郎は、市村座へ詫びがかなって、近いうち出勤することになった。三月十五日、梅若の涙雨降るなかを、おさえと四郎三郎とは借家を探しに出た帰りに、永代橋にさしかかった。橋の袂の名物、永代団子のそばへくると、団子屋の軒下に、雨をさけていた盲乞食の手引娘が、

「アレ、おッ母さん」

と大きな声を立てながら、鉄砲丸のごとく飛び出して、おさえの袂をしかとつかんだ。おさえは驚いて見ると、ボロボロの扮装《なり》をしてはいるが、紛う方なき我が子のお弓であった。

「お前は、お弓」

と口まで出かかったのを、唾とともに飲み下して、

「何をいってるんだ。私は乞食の子に知り合いはないよ。さあ、放しておくれ」

と邪慳《じやけん》に振りもぎろうとした。お弓は狂気のごとく、

「お父さん、おッ母さんですよ。早くきてよ。お父さん」

と声をかぎりに呼んだ。治太夫は手さぐりで、おさえの襟首を地上にねじ伏せ、

「よくもよくも治太夫の顔に、泥を塗りおったナ。あまつさえ若君から拝領の品々まで持出し、我々親子兄妹に、この憂き目を見せ、天罰もあたらずに日の下をさまよいおるか」

と小突きまわした。三人五人と人立ちのするのに恥じて、離れていた鳴海四郎三郎は、物陰から躍《おど》り出で、

「太い乞食だ。人違いをして、何をしやがるんだ」

と治太夫を突倒した上、土足でさんざん蹴りつけ、なおも追いすがるお弓の胸をドーンと突いて、おさえを助けおこし、足早に逃げ去った。

しばらくあって起き上がった治太夫は、逆上していた。

「おのれ鳴海四郎三郎、人に怨みのあるものか、ないものか」

とやや女性的のことをいって、永代橋から身投げした。お弓は、

「アレー、誰かきて下さい。父さんが――」

と叫びつつ、自分も橋の欄干から、飛び込もうとするのを、

「待った、待った」

と帯きわをおさえて、引戻すものがあった。それは深川大島町で、掏摸《すり》の親分の紋次郎という悪漢だった。治太夫親子の身の上に、どこまでつきまとう不運であろう。紋次郎は、お弓をつれ帰り、四五日遊ばせておいてから、否応なし櫓下《やぐらした》の芸妓家へたたき売った。

治太夫を蹴とばした四郎三郎は、さすがにいい気持がしなかった。興行用で、贔屓客《ひいききゃく》の深川仲町尾花屋へ立寄る用があったから、おさえ一人を砂村へ帰し、自分は雨上りの月かげをふんで、仲町へまわった。尾花屋の亭主と、帰り新参の芸題の『いろは文庫』の役割など、四方八方《よもやま》の話に思わず夜をふかして、十二時すぎ尾花屋を出た。

北の割下水を隠坊堀まできて、何気なく水の中をのぞくと、治太夫の死骸が浮いていた。水死人の規則として、男はうつむき、女はあおむきときまっているが、もし怨みを呑んで死んだ者であれば、その反対になるべきものだそうである。治太夫の死骸は、あおむきになっているのみならず、生前にはヒタと盲いていた両眼が、カキの身のように白くひらいて、四郎三郎を睨んでいた。

四郎三郎は驚いて駆け出し、砂村へつくまで人心地もなかった。翌日永代橋へきて、団子を食いながら、様子を聞いてみると、案の定治太夫は身を投げて死んだものとわかった。その足で隠坊堀へ引返して、治太夫の死骸を引取り、砂村の善行寺手厚く葬った。元来深酷な悪党ではない四郎三郎は、それ以来神経を病み、昼となく夜となく、治太夫の恐ろしい顔が眼先にちらつくようになった。

（下）

帰り新参の蓋あけ前から、湧き立つような人気であったが、四郎三郎の心は、一向引立たなかった。初日の放楽芝居はいうまでもなく、大入満員、塩谷判官が鳴海四郎三郎、若狭之介が中村七三郎、高《こうの》師直《もろなお》が中村小伝次の役割で、夜に入って三段目の幕があいた。高師直、恋の遺恨で、約束通り、

「鮒《ふな》だ鮒だ、鮒武士だ」

と悪体をつき、塩谷判官くやしがって、

「すりゃ本心で、おいやったか」

と詰めより、コメカミをピリピリとふるわせて、師直の顔を正面から睨んだ。

　師直、憎々しく落着きはらい、

「本心ならば何とする」

とやりこめながら、きっと睨めかえした。その顔を見ると、四郎三郎の塩谷判官、

「南無阿弥陀仏、南無阿弥陀仏」

と変なことをいったから、見物も師直もあっけにとられた。いつまでたっても念仏を唱えていて、埒があかないから、師直気をいらち、

「早く切らねエか」

と催促した。見物は、

「オヤ、八百長ですな、こりゃあ」

と驚いた。するとガタガタふるえていた塩谷判官、猛然と立ち上り、

「おのれ治太夫、まだ迷いおるか」

と大喝し、力まかせに師直の額と肩とへ、二太刀斬りつけた。刃引の刀ではあるが、師直を勤めた中村小伝次、

「あ痛え、乱暴をするじゃあねえか」

と飛び上って、臆病口へ逃げ込んだ。塩谷判官は刀を振りまわし、

「治太夫、治太夫」

と舞台を狂いまわった。見物はわけがわからず、

「大分塩谷判官が、荒れますナ」

といっていると、大高源吾をつとめる沢村伝十郎という役者が、加古川本蔵を出しぬいて、

「殿中、刃傷刃傷」

と大手をひろげて、塩谷判官をさえぎり、

「幕にしろ」

と幕を引かせた。見物は、

「へえー、大高源吾が、塩谷判官をとりしずめましたネ」

と首をかしげた。

師直の小伝次は、楽屋へ四郎三郎を呼びつけて、

「何の意趣があって、小ッぴどく斬りつけたのだ」

と油をしぼった。四郎三郎は、

「さあ何の意趣だか、自分にもわかりません。あなたの顔が亡霊に見えたから、それで斬りつけたのです。まことにどうも済みません」

「高師直の亡霊が、あってたまるものか」

と真ッ赤になって怒った。トドのつまり四郎三郎は、詫証文を出して、江戸三座をお構いという処分を受けた。猿若町三座を封じられては、役者らしい役者の出る小屋は江戸にはなかった。四郎三郎は初日一日だけで、またさすらいの身となった。足手まといのおさえと息子の四郎太郎を、源右衛門のところに預けたまま、自分は名も新三郎と改めて、再び旅役者の群に落ちた。

そのような運命が、果たして亡霊の差金できまるものならば、治太夫は第一歩において、凱歌《がいか》を奏したものである。しかし新三郎の不運は、これにとどまらなかった。旅から旅へさすらう芸人生活は、面白いことよりもつらいことの方が多かった。江戸を出て三年の間、とにかくいい芽は出ないで、御難つづきのために、妻子の小遣すら仕送れぬがちだった。

年老いた父源右衛門に、いろいろの意味で、苦労をかける肩身せまさに、おさえはおさえで、すぎこし方を振りかえって見ることもあった。若気のいたりで、治太夫のもとを飛出した頃のことよりも、むしろ永代団子の前で、お弓を突き倒したときのことが、針のごとく胸を刺した。おさえも四郎太郎も、昔に変る垢じみた風装《なり》をして、刈田に落つる夕日を眺めつつ、いつ帰るあてもない新三郎の上を考えた。治太夫の亡霊が後から母子の姿を指さして、キッキッと笑った。

四郎三郎の新三郎は、田舎の劇場《こや》の汚い楽屋で、幾度となく治太夫の亡霊に見舞われた。江戸を出て三年目に、越後の新潟の蓬來座《ほうらいざ》へかかって、珍しく人気があった。

ある日、贔屓の客に招かれて、嬉し野という料理屋へ顔を出した。三四人きた芸妓のうちに、ずばぬけてすぐれた一人がすぐ目についた。新三郎はその芸妓へ媚びるような、気どったような役者一流の調子で、芸の話を仕向け、

「私も江戸」

「江戸はどこ?」

とセリフを渡し合う頃には、八重梅というその芸妓が、治太夫の妹のお八重であることがわかった。

お八重は海嘯の夜、土地の遊び人に救われて息を吹き返した。その時はもう松前行の荷船の底へ、押込められていた。松前で一年、津軽で一年、浮き川竹の勤めをして、新潟へ住みかえ、今は新潟で屈指の流行《うれ》ッ妓《こ》である。

「おうら山吹ですな、そっちの方は」

とひやかされるのも気がつかずに、新三郎はお八重の身の上話に聞きとれていたが、突然、

「コラ治太夫」

と叫びざま立上った。八重梅も、

「親方、どうなすったの?」

とつづいて立上ったから、新三郎は青くなって、次の間へ逃げ込んだ。

一座の男女は、鳴りをしずめてその方を見た。八重梅は、

「親方親方」

と恐ろしい見幕で、新三郎の後を追って、これも次の間へ入ると、新三郎は、

「許して下さい、治太夫殿」

とあとしさる拍子に、火鉢につまずいて転びざま、鉄瓶の沸え湯を浴びた。八重梅はそこではじめて、新三郎が昔の四郎三郎であることを知った。同時に兄治太夫の身の上に、何か変事のあったことが想像された。ただし新三郎が大火傷《おおやけど》をした騒ぎで、そんなことを聞くひまはなかった。新三郎が九死の中に一生を得て、かろうじて談話のできるようになった時は、髪も眉毛も落ちて顔は熔岩のごとくヒッついていた。

ある日、八重梅は病床に新三郎を訪ねて、治太夫の近況をなじった。新三郎は悄然として、

「知らず知らずつくった罪の恐ろしさを、今度こそ思い当りました。あなたにも申しわけがありません。この上は江戸へ帰り、妻子を離別して、きっとあなたの手にかかり、治太夫殿のカタキを討たれましょう」

と誓った。そして足腰が立つようになってから、江戸にかえり、おさえに四郎太郎の行末を頼み、法体になって奥州路を下った。すぐに新潟へ行けばいいのに、南部の戸川べりをうろついているところを、代官島田帯刀の家来中西良左衛門のため、試し切りにされた。

待ぼけをくった八重梅と、櫓下の芸妓に売られたお弓と、おさえ、四郎太郎等のめぐりあいに、面白い後日譚があるけれど、それはもう治太夫の亡霊とは没交渉であった。

海坊主◎田辺貞之助

桑名屋徳蔵というのが実在の人物であったかどうか分からないが、どういうものかいろいろの伝説がある。

その一――彼は大阪の船頭で、剛胆そのものの男であったらしい。明治七年に大阪で上演された「桑名屋徳蔵入船物語」（五幕十二場、並木正三作）によると、千石船の上に舞いおりた怨念の悪魔を物ともせずに退治たとあるが、この芝居は筋がひどく入り組んでいて、人物の数もおびただしく、日本文学事典で梗概を読んでみてもいっこう要領を得ない。私は二十年ほど前に明治座でその一部を見たが、あまり面白くなかった。

その二――彼は大阪の回船問屋の主人であったが、女中のお百という美人に惚れ、女房が邪魔になったので、姦通の罪をきせてなぶり殺しにした。だが、女房の怨念がたたって、家が丸焼けになってしまった。彼は土地にもいられず、お百を連れて東京に出て、深川あたりの荒屋を借りて屑屋になって糊口をしのいだ。

お百は生来の美貌を種に洲崎の遊廓の芸者になったが、悪辣で残虐な性質であったので、遊廓へ来る田舎の大金持ちをたらしこんで金を捲きあげた。そして、相手が一文なしになると情け容赦もなく殺してしまったので、妲己《だつき》のお百と渾名された。殷の紂王の妃で淫乱残酷な女として歴史につたわる妲己の名をとったのである。お百はまた徳蔵が生活に窮して絶えず金をせびりに来るのをうるさがり、これも殺してしまった。だが、後に大阪に残してきた徳蔵の息子が成人し、東京へ出て来て十万坪と呼ばれていた洲崎の東の茅原で首尾よく父の敵を討った。隠亡堀の岸に今でも六地蔵があるが、それは妲己のお百に殺された男たちの供養のために建てたものであった。

その三――これは母から聞いたものだが、深川一帯では桑名屋徳蔵が有名であったらしい。彼は深川のどこかの掘割の岸で回船問屋をやっていた。若い衆の数も多く、商売が繁昌していた。ある年の大晦日の夜、大事なお得意から今夜中に荷を運んでほしいという伝言があった。だが、深川あたりでは大晦日の夜はあの世のご先祖さまたちがお盆と同じように家へ帰って、家族と元旦の雑煮を祝うと信じられていた。私の家でもこの仕来りを守り、三元日には二十センチ四角ぐらいの朱塗りのお膳にこまごましたお椀を並べて、お雑煮をはじめ口取り、なます、煮豆、お新香などを仏壇に供える。こういうわけで、川で死んだ人々の霊も水からあがって来るので、その邪魔をしてはならないと、大晦日の夜は船を出すのを厳禁していた。

徳蔵は日ごろ恩になっているお得意だから、そんな迷信に構っちゃいられないと考えたが、若い衆はみんな休みを与えて出払っていたので、若い女房のとめるのもきかずに船を出した。

ところが、しばらく漕いで行くと、川いっぱいに大きな山がぬーっとせりあがった来た。剛胆な徳蔵は「しゃらくせえ真似をしやがる」と叫んで、その山へまともに船をぶっつけた。その途端に、山はすーっと煙のように消えてしまった。徳蔵は「ざまあ見やがれ」と北叟笑んでなお船を進めていった。が、今度は艫の川面に大きな海坊主があらわれてケタケタと笑った。海坊主とは首から上が目も鼻も口もない真赤な大入道で、胴体はこれも真赤なマントを着たような血の袋が水の上ににょっきと立ちあがっていたらしい。徳蔵は艫へ走っていって海坊主の頭を棹で叩きのめした。海坊主はギャッといって血しぶきをあげながら川の底へ沈んでいった。だが、それを切っ掛けに、船のまわりに大小の海坊主がにょきにょきとあらわれ、声をそろえてケタケタと笑った。徳蔵は夢中になって船縁を駈けまわり、片っ端から海坊主を叩きのめした。まさに悪戦苦闘であった。

そのころ、留守宅では女房が急に癪を起こして苦しみはじめた。まだ小さい二人の子供がおろおろして母親にしがみついた。だが、幸いにも表の通りから按摩の笛が聞こえてきたので、子供に呼ばせた。按摩は髭剃り跡の青く見える瓜実顔のいい男であった。そして、鍼を打たなければいけないといって、沢山の鍼を畳の上に並べた。女房は按摩がいい男なのに安心して鍼を打たせた。だが、鍼を打つたびに血がパッと天井へはねかえり、梁の上で小さい海坊主になってケタケタと笑った。仕舞には梁の端から端まで海坊主が並んでしまった。按摩は女房の癪がおさまると黙って出ていった。

徳蔵が仕事をおわって帰って来たときには、女房は全身の血を失って白蠟のようなむくろになっていた。

崎川橋にて◎加門七海

晩刻に、声の悪い鳥が鳴く。

そう思って川辺を見ると、仙台堀《せんだいぼり》に二三本、黒ずんだ板が浮いていた。

堤防の影が黒々と帯となって流れる辺り、声と聞いたは板同士、擦《こす》れて軋《きし》む音であったか。

川並《かわなみ》と呼ばれる筏師《いかだし》が、そこにしゃがんで背を向けていた。

「もう匂いもない」

声が呟いた。

「匂い？」

私は聞き返す。

「木の匂いさア」

洗い晒《ざら》した手拭《てぬぐ》いのほっかむりの下、顔は見えない。それでも日に焼けて逞《たくま》しい項《うなじ》の線は想像できた。

「昔はこの辺り全部が材木屋でよ。真っ暗ん中、歩っても、木場に着きゃすぐわかったもんだ。ツンとするような木肌の匂いと、潮混じりの水の生臭さ。夏の雨上がりの夜なんざ、潮目によっちゃあ凄くって、酔ったようにもなったもんだぜ」

いつの時代の思い出か。

夏の雨上がりは同じだが、今、鼻腔に触れるのは、崎川橋《さきかわばし》の欄干の鉄臭さばかりという様だ。

眼前、高く聳えているのは木場公園大橋の主塔。あの橋が架かって四半世紀。木場が公園となって半世紀。木の香は遙か遠のいた。海もこうまで退いては、磯臭い風も届くまい。

ただ、公園の木は黒々として、往事の闇を立て回している。

それをよすがに古の気配を見ようと窺えば、片翼を銀に光らせて、鷗が一羽横切った。

月を受けての翼の色か。

仰げど、生憎《あいにく》、

「月はまだ」

知らず、私は呟いた。

川並は得たりといった風情で頷く。

「まん丸の月が出た夜の木場は明るいもんだった。材木屋が並んだ辺りは、どこもかしこも鉋掛《かんな》けしたばっかりの板が立てかけられてたからな。それが月明かりを受けて、ぴかぴか肌を光らせて、町並みはどこより白く映えたよ。でもよ、月の名所といったら、小名木川《おなぎがわ》だろ。あの川は東西に流れてる。だから、川筋の上を月が行くんだ。月の出端は鏡映しにふたつの月で、お月さんが高くなるほど川にはまっつぐの影が流れて……。昔は月の名所として賑わったもんだぜ。知らねえか」

錆びた声だが、よく通る。

「生憎、本で読んだだけ。仙台堀に月は来ないの」

問いつつ、改めて水面《みなも》を見れば、鏡映しの月ならぬ大橋の影が逆さに揺らいだ。橋を支える鋼索《こうさく》が川に斜めの線を引く。

自転車で渡っていく人が、案外、はっきり映って見える。その影を目で追う束の間に、幾分、川が暗みを増した。

顔も知らぬまま、男はもう影ばかりになっている。足元に寄り添う材木が増えたようにも思われる。

「途切れ途切れに見えるばかりさ」

月の答えを、漸く男は口にした。

また、声の悪い鳥が鳴く。

川並の乗った板が揺れ、妙に陰気な軋《きし》みを聞かせた。同時に、異臭が鼻を掠める。磯の香に似た腥さ。

海が迫ってきているのか。

男は長い竿を取り、身軽に二、三、板を渡った。

斜めに浮いた短い丸木が、一本、微かに戦慄《わなな》いている。それを竿でつい、とつついて、男は流れに押しやった。

ゆっくりと弧を描きつつ、丸木は橋に近づいてくる。

その先に纏《まと》わりついているのは、乱れた長い髪の毛だ。とすると、丸木と判じたは、黒く膨れた人の体か。先の臭いは、そこからか。

「男の土左衛門《どざえもん》は仰向けで、女は俯《うつぶ》せに流れてくるんだ」

「それで、」

「土左衛門は深川沖に流しやる」

呟きと共に、女の体は橋の下に滑り込む。

崎川橋のこの辺り、大橋を前に見たならば、背後はすぐに暗渠となる。その先はもう、途切れ途切れの親水公園。あとは南北、丁字となっての大横川が水を分けているだけだ。その大横川すら北に上れば宅地の下に飲み込まれ、下る流れは心許ない。

無事に海まで着けるだろうか。

背後に淀む水の辺りで、無念の目を開きはせぬか。

「あの、悪さをしますか」

不安を、私は囁いた。

「たわいねえ」

乾いた声で、川並は笑う。

どこから流れてくるというのか、川面に木が増えていた。筏も堀に浮いている。それが水を覆い隠して、いつの間にか大橋の影は見えなくなっていた。

橋はまだある。だがそれも、遠のくごとく薄らいでいる。

ただ、川並の辺りだけ、やけにはっきり目に映る。

筏の縁につぶつぶと小さな気泡が浮いていた。昼でも水の底までは見えない仙台堀ではあるが、魚の住まないほどではない。

濁った水の音がした。

男はまた、竿を立てて持つ。

目を懲らすと、筏の周り、黒い影が過ぎって消えた。

魚にしては大きいような、と、思う間もなく、その影は黒い頭を突き出して、痩せた手で筏に縋《すが》りつく。

慣れた様子で、川並はそれを水に押し戻す。沈む刹那、甲高く、嗚咽《おえつ》に似た声が零《こぼ》れた。

「まだ、子供じゃない」

私は咎《とが》めた。

「ガキの遊ぶ場所じゃねえ」

男の声は容赦ない。

「危ねえからよすんだと言っても聞かねえ悪ガキだ。筏に乗って、丸太に乗って、足が挟まって抜けないまんま、骨を砕かれる奴もいる。滑って落ちる子供もいるさ。川一杯に木があるときは、浮かびどころも見つからねえ。それで溺れ死ぬガキもいる。木の浮島の下で藻掻《もが》いていても、次第によっちゃあ気づかぬものだ。俺たちの足のすぐ下でいくら丸太に爪を立てても」

声には痛みが宿っていた。

細っこい手がもう一度、川の中から伸びてきた。男は溜息をついて、竿で両手を払い落とした。

「頑是《がんぜ》ねえ奴ほど厄介だ。そういうガキは善悪の区別もつかねえ河童となって、筏の紐を千切ったり、川並を引きずり込もうとするんだよ」

仙台堀の河童の出自はそこにあるのか。

「深川沖には流れてかないの」

欄干に肘をつき、私は下を覗き込む。

「河童は融通自在だからな」

男は用心深い様子のまんま、竿を両手で握っている。川を覆う材木がまた一段と増えたみたいだ。

一体、どこから流れてくるのか。

木場公園の外灯は、いつの間にか消えていた。

古い時代の暗闇が息を吹き返してきたようだ。ならば、あの公園の殺風景な広場にも、古の水が満々と湛《たた》えられているのだろうか。

私は視線を横に移した。

崎川橋は真っ青で、袂と柱の照明は半円アーチ窓という、玩具のような可愛らしさだ。

この橋は関東大震災後に架けられた。しかし、崎川橋そのものは江戸時代にはもうあった。板橋だったその頃も、川は木で満ちていたはずだ。

橋は木場と共にあったのだから……。

そんなことを確認するのは、足元が覚束ないからだ。

遠い記憶が身震いすれば、板橋をもなかったものとして、丸太を堀に戻しはせぬか。

風が潮気を含んでいる。

鷗。

ああ、海が近い。

俄《にわか》に波の音が聞こえて、私は水面に意識を戻した。重たげな波に洗われながら、浮き沈みを繰り返し、新たな影が近づいてくる。

川並が渋い声で言う。

「お前さん、江戸を思い出したね」

思い出した。

だからこそ、近づくものの姿が見えた。

戸板だ。

その上に、ずっくり濡れた筵《むしろ》が掛けられている。

とっさに私は視線を逸らした。

「俺っちは伊右衛門《いえもん》でも鰻掻きでもねえんたが、めっけたもんは仕方ねえ」

声に続いて、息むがごとき気合いが漏れた。

男女ふたりを打ちつけた戸板は、やはり重いのだろう。ざわざわと波音を立てながら、そいつは橋の下を流れていった。

遠のいていく気配に、私は覚った。

地面の下に、時代の下に、川の流れは通じているのだ。

「土左衛門は深川沖に流しやる。河童は融通自在のものだ。そうして、戸板は隠亡堀《おんぼうぼり》に」

川並は少し息を弾ませている。それから、私に宿った怯えを払うごとくに声を放った。

「陰気なばかりでもねえさ。見なよ。お月さんが出てきたぜ」

顔を上げれば、銀盤の月が宙に掛かっていた。

仙台堀に月影はない。しかし、浮かんだ丸太や筏、殊に鉋を当てられた材木は白く輝いて、雪の八つ橋を見るかのようだ。

木場は暗い。が、周辺の材木問屋が加勢をするか、町全体はぼんやりと白い明かりに包まれていた。

木の香が満ちる。

磯の香もある。

「ああ、明るいね。本当に酔う気分だね」

胸一杯に吸い込めば、木場の意気地も心に点るか。

男衆《おとこしゆ》の威勢や、お侠《きやん》な女。深川芸者の粋な姿に漁師町の荒さを添えて、綺麗で、俗っぽく、それでいて寺町辺りは抹香《まっこう》臭く。

生死のすべてが旺盛だ。

思わず、口から息が零れた。

しかし、それも束の間だ。

雲が掛かって月が消えれば、景色は闇に。それから白けた電灯色に。
残るは、欄干の鉄臭さばかり。
背後を車が通っていった。
木場公園大橋の主塔が、水に揺らいでいる。浮かぶ木材は、一片だにない。
「棟梁」
男はどこに失せたか。
目を凝らして堀を見透かせば、遠く、夜に紛れる辺り、川並が竿を立てていた。
きっと、どこかの暗渠を抜けて、どこかに還っていくのだろう。
私もそろそろ戻る時分だ。
踵《きびす》を返すと、葛西橋通りを往き来する車の音が耳につく。
それに紛れて空耳のごとく、だが、はっきりとした一節の木遣《きや》りの声が、私を送った。
ヨーオ、えんやらりゃあァ……。

編者解説◎東雅夫

震災の年から始めた被災地支援のチャリティ・イベント「ふるさと怪談トークライブ」で、それこそ北は北海道から南は沖縄まで全国各地を巡っていて、ひとつ気づいたことがある。

このイベントは完全非営利（必要経費を抜くことなくイベント収益の全額を寄付）で運営されるため、各地で主催してくださる個人や団体には、全面ボランティアでの協力をお願いせざるをえない。

したがって、並外れた怪談好き、おばけずき諸賢が、それなりの人数いる土地柄でなければ、開催が難しいのだ。そうした難関をクリアして開催に手を挙げてくださる地域には、たとえば旧市街などと呼ばれる歴史的建造物や景観の保全地区があったり、郷土の文化を守り伝える博物館や図書館、文学館や美術館があったりするケースが、ことのほか多く、ときにはそこがイベント会場ともなる。

これは要するに、地域の歴史や文化を大切に思う人々が、数多く居住してきたという証《あかし》だろう。

怪談、おばけ話もまた、それが語り伝えられる土地土地の文化や風俗、人情、過去の歴史と分かちがたく結びついている。古くは奈良時代、日本初の官製地誌である『風土記』編纂に際して、「古老相伝の旧聞異事を記すこと」が朝廷から求められていたのも、あるいは明治中期、後に民俗学と呼ばれる分野を開拓しつつあった若き日の柳田國男が、「国民の歴史」や「国民の性質」を探究する手がかりを、近世以前の怪談奇聞に求めていたのも（柳田國男「幽冥談」参照）、それゆえであろう。郷土愛と怪談愛は、どうやら不即不離の関係にあるらしい。

さて、本書はタイトルのとおり、「深川」と「あやかし」に徹底してこだわった文芸アンソロジーである。もっとも「あやかし」とは本来、「海上にあらわれる妖怪」すなわち「あやかり」とも呼ばれる舟幽霊の類を指す言葉で、転じて、怪しいもの、妖怪変化全般を指すようになったという。また、妖気をあらわす能の男面も「怪士《あやかし》」と称され、『船弁慶』や『鵺』など水にまつわる怪異を描いた演目に使用される。

こうした本来の語義は、もともと隅田川が海へと流れ入る湿潤なデルタ地帯であり、近世以降、奇しくも「深い川」という意味の名を有する移民一族により開発が始められたこの土地（深川という地名の由来や土地造成に関わる経緯などは本書一八九〜一九二頁を参照）と、そこにさきわう河童や海坊主や舟幽霊など水妖たちの伝承世界に、いかにもふさわしいものだが、いかんせん、それだけでは狭義に過ぎよう。

そこで本書では、深川という土地の「あやかし」ならぬ「あやしい」側面と、そこに心から魅了され、この地へと引き寄せられた数多の文人墨客碩学らの夢の軌跡を跡づけることに主眼を置くことにした。そもそも「あやしい」とは『広辞苑』に拠れば——「不思議なものに対して、心をひかれ、思わず感嘆の声を立てたい気持をいうのが原義」なのであり、とりわけ「妖」の字を当てるときは——「なまめかしい。女のしなやかなさま。女が色気で人にこびるさま。なまめいた女のお化け。転じて、広く人をたぶらかす化け物。災い、あやしげな祟り」といった含意がある。

辰巳芸者や岡場所、七不思議や四谷怪談、大水や大火……思えば「妖しさ」とは、深川という土地の記憶のあれこれに、まことにもってふさわしい言葉ではあるまいか。

それでは、全四部より構成される本書の各パートごとに、識るところ若干を記す。

第一部◎七不思議篇

隣接する「本所七不思議」の盛名の陰に隠れるかのように、現在では知られること少ない「深川七不思議」の巷説。その主たる出典と目されるのが、大正から昭和初期にかけて江戸文芸や江戸風俗の研究家として活動した松川碧泉（本名は弘太郎）の考証「深川七不思議」である。

これは松川弘太郎が編集兼発行人を務める謄写版の研究誌「江戸往来」第二巻第四号（昭和三年六月一日発行／発行元は江戸文藝同好會）に掲載された一文で、正確に記すと連載「江戸の七不思議」の「第二　深川七不思議」となる。これに先立ち、同誌の第二巻第二号と第三号に「第一　本所七不思議」が掲載されている。

当該号は国会図書館にも収蔵されていないため（「本所七不思議」掲載分は所蔵されており、デジタル化されて館内閲覧可能）、これまで原典に接するのが難しかったが、本書の編纂に着手した途端、偶然にも入手することを得た。深川の地霊のお導きであろうか。

なお、碧泉は同時代の「風俗画報」や「郷土研究」などにも寄稿しており、弘太郎名義で〈江戸資料叢書〉（江戸採訪会発行）から『川柳江戸俗信類纂』や『狂歌江戸名物志』を上梓したり、「郷土文化時報」「関東兵衛」などの研究誌を編集発行していることを付言しておきたい。

碧泉は深川七不思議の流布を文化文政頃からと推測しているが、少なくとも明治も半ば頃までは、本所七不思議や麻布七不思議といったライバルに伍して人口に膾炙《かいしゃ》していたことを窺わせるのが、伊東潮花口演と銘打たれた講談速記本『深川七不思議』（浪上義三郎速記／明治三十三年／三新堂）である。同書の詳細については、抄訳と梗概紹介を担当した門賀美央子の解説を御参照いただきたい。なお、同書は「国立国会図書館デジタルコレクション」で閲覧が可能である。

なお、本書所収の今尾哲也「鶴屋南北の町」にも、深川七不思議に関する犀利な言及がある（本書一九三〜一九四頁）。とりわけ「人の死と怨念にまつわる怪異が圧倒的に多く、しかも、その過半が、川や橋に関係している」「水と死と怨念と。それが、深川七不思議の主題だとさえいえるようだ」というくだりは、七不思議のみならず、『あやかしの深川』全体の通奏低音といっても過言ではない、鮮やかな着眼というほかはない。

第二部◎小説篇

「小説」の部には、深川の地と所縁深い新旧の三作家による極めつきの逸品——それも主要舞台が深川であるばかりではなく、その内容が「妖」の字義に、いかにもふさわしいような作品ばかりを厳選収録してみた。

日本橋蛎殻町の繁華な巷《ちまた》に生まれ育った谷崎潤一郎にとって、水天宮界隈から足をのばして参入する深川は、仄暗い秘密を蔵した異界のごとき場所であったとおぼしい。

初期短篇のひとつ「秘密」（明治四十四年）には、次のような回想シーンが登場する。

何でも十一二歳の頃であつたらう。父と一緒に深川の八幡様へ行つた時、

「これから渡しを渡つて、冬木《ふゆぎ》の米市《こめいち》で名代《なだい》のそばを御馳走《ごちそう》してやるかな。」

かう云つて、父は私を境内の社殿の後《うしろ》の方へ連れて行つた事がある。其処《そこ》には小網町や小舟町辺の堀割と全く趣の違つた、幅の狭い、岸の低い、水の一杯にふくれ上つてゐる川が、細かく建て込んでゐる両岸の家々の、軒と軒とを押し分けるやうに、どんよりと物憂く流れて居た。（略）

私は其の時まで、たび〳〵八幡様へお参りをしたが、未《いま》だ嘗《かつ》て境内の裏手がどんなになつてゐるか考へて見たことはなかつた。いつも正面の鳥居の方から社殿を拝むだけで、恐らくパノラマの

絵のやうに、表ばかりで裏のない、行き止まりの景色のやうに自然と考へてゐたのであらう。現在眼の前にこんな川や渡し場が見えて、其の先に広い地面が果てしもなく続いてゐる謎のやうな光景を見ると、何となく京都や大阪よりももつと東京をかけ離れた、夢の中で屢《しば》〻《しば》出逢ふことのある世界の如く思はれた。

「水の一杯にふくれ上つて」「軒と軒とを押し分けるやうに、どんよりと物憂く流れ」る川の圧倒的な量感と質感。それは本書に収めた「刺青」における「日はうら〻かに川面を射て、八畳の座敷は燃えるやうに照つた。水面から反射する光線が、無心に眠る娘の顔や、障子の紙に金色の波紋を描いてふるへて居た」という光彩陸離たる描写にも直結している。

この「刺青」という、どこか神話めいた物語の舞台となる深川佐賀町は、錯綜する運河と隅田川が合流する地点にあり、それは同時に、日本橋区と深川区の境、大川を隔てて谷崎の暮らす蛎殻町や水天宮と向き合う位置にあった。その隠れ家めく水辺の一室に燦爛と幻成《げんじょう》する酷薄な美女／女郎蜘蛛こそは、蜘蛛手に水路が走る深川の精霊そのものでもあろうか。

ちなみに本篇は、明治四十三年（一九一〇）十一月、雑誌「新思潮」に発表された谷崎の処女作であり、翌年「少年」「幇間」などの作品とともに余人ならぬ永井荷風によって激賞され（「三田文学」明治四十四年十一月号掲載の「谷崎潤一郎氏の作品」）、谷崎が文壇に出るきっかけとなった。

両親が深川木場で鮮魚商を営んでいた日影丈吉、母方の祖父が木場の川並《かわなみ》（角乗りを得意とする木場の材木職人。本書所収の加門七海「崎川橋にて」参照）であったという宮部みゆき――共にミステリーから怪奇幻想文学まで多彩にして巧緻な作風で知られる両作家が、深川の水を産湯につかい、長じて後も深川を舞台とする妖しい作品を折にふれ手がけている事実には興味深いものがある。

日影の「鵺の来歴」は「オール讀物」昭和三十二年（一九五七）九月号に発表され、禽獣をモチーフとする怪奇幻想短篇を収めた東都書房版『恐怖博物誌』（昭和三十六年）に収録された。亀戸天神を舞台に、日影作品に特有のすがれた雰囲気と、「鵺」と呼ばれる妖物をめぐるペダントリーとがしっくりと融け合い、まさに燻し銀の味わいである。なお、謡曲『鵺』にも明らかなとおり、鵺の伝承が本来「水と死と怨念」に深く関わるものであることを指摘しておこう。

時代ホラー短篇集『あやし』（平成十二年／角川書店）の一篇である宮部の「時雨鬼」（初出は「オール讀物」平成十二年二月号）にも、深川特有の「水と死と怨念」は無気味に揺曳している。広漠たる十万坪の梅林に降りしきる時雨、お信が覗き込む水瓶……それらは「鬼」という言葉に象徴される人間性の底深い暗がりを映し出す、照魔の水鏡なのか。ミステリー的な趣向の冴えが、作中人物の心の闇をおのずから浮き彫りにしてゆく鮮やかな手際に、作者の真骨頂を見る心地がする。

ちなみに「鵺の来歴」では青年、「時雨鬼」では娘と、それぞれ初心な若者の視点から、恋路の果てのあやかしを暗示的に描き出している点において、ふたつの物語が合わせ鏡さながら、好一対を成している点にも御注目のほどを。

第三部◎随筆・論考篇

泉鏡花、永井荷風、種村季弘――深川の魅力を知り尽くした三文人による達意の随筆もまた、妖しい深川探訪の得がたい指南書となろう。

鏡花の「深川浅景」は、東京日日新聞社が企画した「大東京繁昌記」の一篇で、昭和二年（一九二七）七月十七日から八月七日にかけて同紙の夕刊に連載された。折しも梅雨時、同行の記者（作中には言及されないが挿絵を担当した鏑木清方も同行したらしい）との町歩きは諧謔味たっぷりだが、その端々に「水と死」が、河畔の泥亀《すっぽん》よろしくヌッと顔を出す。女郎の幽霊の話題もさることながら、「河童の児が回向院の墓原で」云々のくだりは、連載中の七月二十四日に当の芥川龍之介が自裁したことを思い合わせると、無気味な暗合というほかない。芥川の書斎の机辺には、届いたばかりの春陽堂版『鏡花全集』が開かれてあったという。なお、鏡花には「辰巳巷談」「芍薬の歌」など一連の深川小説があり、なかでも「三尺角」（明治三十二年）「木精（三尺角拾遺）」（明治三十四年）連作は、木場を舞台とする怪異譚として出色である（こちらも不実な恋の物語だ）。

「裏町を行こう、横道を歩もう」（『日和下駄』より）――文壇における深川人気の煽動者というべき荷風の「深川の散歩」は、「中央公論」昭和十年（一九三五）三月号に掲載された。震災後の様変わりした深川を、亡き知友の回想を交えて散策するという趣向は、図らずも「深川浅景」と軌を一にしている。なお、文中のA氏こと井上唖々（別号に深川夜烏など）の事績と、荷風や深川との関わりについては、野口冨士男「夜の烏」（昭和五十一年）に詳しい。

博覧強記の独文学者／翻訳家にして達意のエッセイストでもあった種村季弘の『江戸東京《奇想》徘徊記』（平成十五年／朝日新聞社）から抜いた「永代橋と深川八幡」は、現代の深川界隈を気ままにぶらつきながら、過去の怪しい深川を探訪する趣の好篇。まさしく達人の境地である。本篇に前後する「深川南北漫歩」「亀戸天神社と柳島妙見」などの章も、機会があればぜひ御高覧のほどを。

昭和六十二年（一九八七）十月に東京都江東区総務部広報課から発行された『深川文化史の研究』（高田衛・吉原健一郎編）は、上下通巻九〇〇頁近い大冊で、執筆陣も両編者をはじめ、前田愛、諏訪春雄、延広真治、槌田満文、武蔵野次郎、花咲一男ら、国文学研究者を中心とする錚々たる顔ぶれ。本格的な深川研究を志す者が、真っ先に机辺に備えるべき基本図書である。

充実した論考揃いの同書の中でも、何より瞠目させられたのが、歌舞伎研究で知られる国文学者・今尾哲也による「鶴屋南北の町」だった。学識に裏打ちされた犀利にして大胆な踏み込みと、学究らしからぬ（!?）闊達な語り口に、ほとほと魅了されたものだ。かぶきものの血が深川の水に反応したのでもあろうか。南北と深川の奇縁に限らず、あやかしの深川全般に及ぶ至高のガイダンスとして、長文にも拘らず、あえて本書に全文を収録した次第。なお、南北の『東海道四谷怪談』の本来の舞台が、雑司ヶ谷の四家町ではなく、実は本所中之郷村（現在の墨田区東駒形付近、そう、スカイツリーの直下である！）にあった四ッ谷ではないかという興味深い新説が、地元の郷土史家・松島茂により提唱されていることを付言しておきたい（メディアファクトリー版『ぼくらは怪談探偵団』所収の拙稿「スカイツリーとふるさと怪談」と加門七海「四谷怪談ゆかりの地に生まれて」を参照）。

第四部◎怪談篇

『怪談牡丹燈籠』速記本（明治十七年）によって、怪談文芸のみならず「言文一致体」による近代小説の誕生に深甚な影響を与えた天才噺家・三遊亭圓朝、大部の聞書随筆集『耳嚢』（『耳袋』とも）によって、現代怪談実話の祖と仰がれる江戸町奉行・根岸鎮衛――両者はそれぞれ、深川を舞台とする恩讐纏綿たる幽霊談を遺している。ちなみに、於三稲荷（江東区牡丹）も霊巌寺門前（江東区白河）も、共に伝承地が現在も特定できる得がたいケースとなっているので、深川探訪の際には是非お立ち寄りいただきたいと思う。

ジャーナリスト、時代小説家として、明治・大正・昭和の三代にわたり息長く活動した矢田挿雲の代表作『江戸から東京へ』全十二巻（大正九年から十二年にかけて「報知新聞」に連載）の中には、本書に収めた「海嘯が生んだ怪談」のほかにも、「妲己のお百と海坊主」「安宅丸と血を噴く柱」「雀の森のお三様」などの名高い深川怪談が含まれている。これまた必読必携の書といえよう。

ユイスマンスやゴーチエなどの翻訳も手がけた仏文学者の田辺貞之助は、生粋の深川ッ子で、最晩年に往時を回顧した随筆集『江東昔ばなし』（昭和五十九年／菁柿堂）一巻を遺した。東西の風流小咄研究でも知られた洒脱な語り口が印象的な同書には、「海坊主」のような迫力ある怪談話も含まれており、深川のあやかしたちが、近代に至ってもしぶとく息づいていたことを窺わせてくれる。

巻頭口絵に掲載した版画「深川七不思議」の作者である北葛飾狸狐は、高橋理加名義で現代美術家として活動するかたわら、おばけずきの本能に促されるまま（!?）「化けもの人形師」として妖しい造形作品を手がけてきた。平成二十二年（二〇一〇）に「深川怪談」と銘打つ個展が、深川資料館通りのアート喫茶「深川いっぷく」で開催された際、私はたまたま木場公園の施設でチラシを入手して瞠目、早速駆けつけるや、虚実綯い交ぜた趣向の妖怪展示に、これまた感心することしきり。その場で「深川怪談」への協力を申し出た。以来このイベントは多くのおばけずきたちを巻き込み、年々規模を拡大して継続中である。

その「深川怪談」イベントや怪談専門誌「幽」で、いつもお世話になっている加門七海の書き下ろし小品「崎川橋にて」を、本書の掉尾を飾るにふさわしい珠玉の一篇として掲載できたのは、編者にとって望外の悦びである。近著『墨東地霊散歩』（平成二十七年／青土社）に臆面もなく表明されているとおり、産土《うぶすな》の地である墨東一帯に寄せる作者の思い入れには並々ならぬものがある。同書もまた、深川のあやかしを探訪するのに必携の最新の収穫であった。

以上、いささか駆け足ではあるが、本書収録作品についての解説を記した。

近年、深川界隈では、舶来のコーヒーショップや、幻想文学やアートを扱う古書店など、これまでになかったタイプの新規出店が続き、街角に新たな風が吹き始めている。夏ともなれば、地域住民の御理解・御協力のもと、おばけや怪談系のイベントが活況を呈するようにもなった。

深川という土地の歴史や文化に関心を抱く人々が、着実に増えている手応えを感じる。

このささやかなアンソロジーが、そうした関心に応えるとともに、新たなるあやかしの文芸を、ここ深川の地に根づかせる一助となるならば、これに優る歓びはない。

それでは最後にもう一度、あのルフランを御一緒に――

深川へ行こう、あやかしの深川へ逃げて行こう！

二〇一六年六月二十日

著者一覧（収録作品順）

北葛飾狸狐（きたかつしか・りこ）
東京都葛飾区柴又生まれ。化けもの人形師。怪談や妖怪をテーマにした張子作品を手がける一方、現代美術家・高橋理加としても国内外で造形作品を発表。深川怪談実行委員会代表をつとめる。

三木淳史（みき・あつひと）
一九五七年、千葉県生まれ。木版画家・彫師・摺師。一九九一年より版画工房HAND WORKSを主催し、イラストレーター、木版画講師として活躍。二〇一四年に急逝。

松川碧泉（まつかわ・へきせん）
生年、出身地不詳。日本各地の習俗について考察した論文を多く残している。主として大正時代に活躍した。

伊東潮花（いとう・ちょうか）
一八一〇年生まれ。講談師。「天草軍記」など軍談を専門とし、江戸後期から明治時代にかけて活躍した。

門賀美央子（もんが・みおこ）
一九七二年、大阪府大阪市生まれ。文筆家。主として人文系の書籍、雑誌を中心に執筆、編集など幅広い活動を手がけている。著作に『ときめく妖怪図鑑』、共著に『史上最強図解仏教入門』など多数。深川会談実行委員会のメンバーとしても活動している。

谷崎潤一郎（たにざき・じゅんいちろう）
一八八六年、東京日本橋生まれ。『痴人の愛』『春琴抄』などの耽美的な作品のみならず、サスペンスや幻想系の作品まで、多彩な作風の作品を残した。近代日本文学を代表する小説家の一人として評価されている。

日影丈吉（ひかげ・じょうきち）
一九〇八年、東京深川生まれ。雑誌『宝石』に投稿した「かむなぎうた」が江戸川乱歩に認められ作家活動を開始。一九九〇年には、短篇小説集『泥汽車』で第十八回泉鏡花文学賞を受賞。

宮部みゆき（みやべ・みゆき）
一九六〇年、東京都江東区生まれ。一九八七年、デビュー作「我らが隣人の犯罪」でのオール讀物推理小説新人賞を皮切りに山本周五郎賞、直木賞など数多くの文学賞を受賞。深川を舞台にした時代小説も多数執筆している。

泉　鏡花（いずみ・きょうか）
一八七三年、金沢生まれ。尾崎紅葉門下の小説家として「高野聖」「夜叉ヶ池」など幻想的な作品を多く残した。一九一七年に書かれた戯曲「天守物語」は映画やアニメにもなったほか、舞台作品として今なお高い評価を得ている。

永井荷風（ながい・かふう）
一八七九年、東京小石川生まれ。江戸の戯作文学に傾倒する一方、欧米への留学で西洋の芸術にも精通。「あめりか物語」「ふらんす物語」などの洋行小説が人気を博したほか、下町散策を題材とした随筆も多数執筆した。

種村季弘（たねむら・すえひろ）
一九三三年、東京池袋生まれ。ドイツ文学者、評論家。一九六八年に評論集『怪物のユートピア』を発表。マゾッホをはじめ多くのドイツ作家の作品を翻訳し、一九九九年には『種村季弘のネオ・ラビリントス』で泉鏡花文学賞受賞。

今尾哲也（いまお・てつや）
一九三一年、中国大連生まれ。近世演劇研究者、玉川大学名誉教授。歌舞伎研究に大きな功績を残し、一九九三年に『役者論語評註』で芸術選奨文部大臣賞を受賞した。

三遊亭圓朝（さんゆうてい・えんちょう）
一八三九年、江戸湯島生まれ。幕末から明治時代にかけて活躍した落語家で人情噺、怪談噺を得意とした。「死神」「牡丹燈籠」「真景累ヶ淵」など、圓朝による創作落語の多くが、現在では古典落語として上演されている。

根岸鎮衛（ねぎし・しずもり）
一七三七年生まれ。江戸中期から後期にかけて、旗本として南町奉行などを歴任した。さまざまな身分の人々の膨大な奇談・珍談を集めた『耳嚢』は、現在でも多くの作家の創作活動に影響を与えている。

矢田挿雲（やだ・そううん）
一八八二年、金沢生まれ。報知新聞に記者として在職するかたわら随筆や歴史小説などを発表した。戦後には句誌『挿雲』を主宰するなど俳人としても活躍した。

田辺貞之助（たなべ・ていのすけ）
一九〇五年、東京生まれ。フランス文学者。埼玉医科大学名誉教授。ゾラ、モーパッサンなど自然主義文学の翻訳を多く手がけたほか、ユーモア溢れるフランスの小咄を軽妙なタッチで綴った著書が多数ある。

加門七海（かもん・ななみ）
東京都生まれ。一九九二年『人丸調伏令』でデビュー。オカルト、風水、民俗学に造詣が深く、小説、怪談実話、エッセイ、絵本など多岐にわたり活躍中。『うわさの神仏』『猫怪々』『墨東地霊散歩』など著書多数。

＊

東雅夫（ひがし・まさお）——編者
一九五八年、神奈川県生まれ。アンソロジスト、文芸評論家。「幻想文学」編集長を経て、「幽」編集顧問。『遠野物語と怪談の時代』で日本推理作家協会賞受賞。『江戸東京 怪談文学散歩』ほか著書、編纂書多数。

【収録作品一覧】

松川碧泉「深川七不思議」・・・『江戸往来』第2巻第4号　江戸文藝同好會
伊東潮花「深川七不思議」（口演）・・・『深川七不思議』　三新堂
谷崎潤一郎「刺青」・・・『谷崎潤一郎全集1』　中央公論新社
日影丈吉「鵺の来歴」・・・『日影丈吉全集5』　国書刊行会
宮部みゆき「時雨鬼」・・・『あやし』　角川文庫
泉鏡花「深川浅景」・・・『新編 泉鏡花集4』　岩波書店
永井荷風「深川の散歩」・・・『荷風全集17』　岩波書店
種村季弘「永代橋と深川八幡」・・・『江戸東京《奇想》徘徊記』　朝日文庫
今尾哲也「鶴屋南北の町」・・・『深川文化史の研究・下』　江東区
三遊亭圓朝「怪談阿三の森」・・・『円朝全集12』　岩波書店
根岸鎮衛「赤坂与力の妻亡霊の事」・・・『耳嚢・下』　岩波文庫
矢田挿雲「海嘯が生んだ怪談」・・・『新版 江戸から東京へ6』　中公文庫
田辺貞之助「海坊主」・・・『江東昔ばなし』　菁柿堂
加門七海「崎川橋にて」・・・本書のための書き下ろし

＊本書のテキストは右の各書を底本としています（書き下ろし作品を除く）。
＊ルビは適宜、加減してあります。
＊本文中、現在の人権意識に照らして不適切な表現が見受けられますが、作品発表時の社会背景と作品の文学的価値を尊重し、原文のまま掲載いたしました。

あやかしの深川

受け継がれる怪異な土地の物語

２０１６年７月５日　初版第１刷発行

編　者　東雅夫

発行者　古川聡彦
発行所　株式会社猿江商會
〒135-0003
東京都江東区猿江　2-1-7-403
TEL：03-6659-4946
FAX：03-6659-4976
info@saruebooks.com

カバーイラスト　三善千愛
装丁・本文デザイン　園木彩
印刷・製本　壮光舎印刷株式会社

ISBN978-4-908260-05-6 C0095 Printed in Japan